ITALIA

Genova

Lucca

Firenze
Galluzzo

San Gimignano
Siena

Assisi

Bassano Romano

Tivoli

Roma   Subiaco

묵

상

묵
상

건축가 승효상의 수도원 순례

승효상 지음

2019년 6월 6일 초판 1쇄 발행
2023년 5월 8일 초판 8쇄 발행

펴낸이 한철희 **펴낸곳** (주)돌베개 **등록** 1979년 8월 25일 제406-2003-000018호
주소 (10881) 경기도 파주시 회동길 77-20 (문발동)
전화 (031) 955-5020 **팩스** (031) 955-5050
홈페이지 www.dolbegae.co.kr **전자우편** book@dolbegae.co.kr
블로그 blog.naver.com/imdol79 **트위터** @Dolbegae79 **페이스북** /dolbegae

주간 김수한
편집 김서연
디자인 디자인비따
마케팅 심찬식·고운성·조원형 **제작·관리** 윤국중·이수민
인쇄·제본 상지사 P&B

ⓒ승효상, 2019

ISBN 978-89-7199-961-5 03610

이 도서의 국립중앙도서관 출판예정도서목록(CIP)은 서지정보유통지원시스템 홈페이지(http://seoji.
nl.go.kr)와 국가자료종합목록시스템(http://kolis-net.nl.go.kr)에서 이용하실 수 있습니다. (CIP제어번
호 : CIP2019018951)

묵
상

승
효
상
지음

건축가 승효상의
수도원 순례

돌베
개

일러두기
· 인명과 지명 등 외래어는 국립국어원의 외래어 표기법을 따랐다.
　다만 일부 표현의 경우, 지은이의 뜻을 반영하여 표기했다.
　예) 베네딕트 → 베네딕토, 시세션 → 세세션, 카타콤 → 카타콤베
· 지명과 건축물명의 원어는 현지어를 우선해 표기하고자 했다.
· 본문에 실린 성경 구절은 '성경전서 개역한글판'을 따랐다.

차례

이에 빌라도가 다시 관정에 들어가

예수를 불러 가로되 네가 유대인의 왕이냐

예수께서 대답하시되 이는 네가 스스로 하는 말이뇨

다른 사람들이 나를 대하여 네게 한 말이뇨

빌라도가 대답하되 내가 유대인이냐

네 나라 사람과 대제사장들이 너를 내게 넘겼으니 네가 무엇을 하였느냐

예수께서 대답하시되 내 나라는 이 세상에 속한 것이 아니니라

만일 내 나라가 이 세상에 속한 것이었더면 내 종들이 싸워

나로 유대인들에게 넘기우지 않게 하였으리라

이제 내 나라는 여기에 속한 것이 아니니라

빌라도가 가로되 그러면 네가 왕이 아니냐

예수께서 대답하시되 네 말과 같이 내가 왕이니라

내가 이를 위하여 났으며 이를 위하여 세상에 왔나니

곧 진리에 대하여 증거하려 함이로다

무릇 진리에 속한 자는 내 소리를 듣느니라 하신대

빌라도가 가로되 진리가 무엇이냐 하더라

요한복음 제18장 33절~38절

르 토로네 수도원

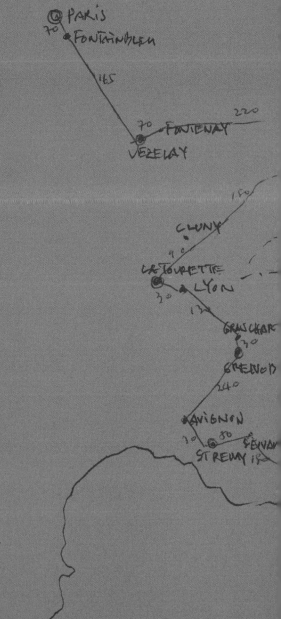

로마에서 파리까지 2,500여 킬로미터의
수도원 순례 루트를 그린 그림.
열흘 동안 하루 평균 250킬로미터를
가야 하는 고된 길이지만,
이 여정에서 만날 숱한 수도사의 사연과
그들이 만든 역사, 그리고 아름다운 풍광으로
어느 순례길보다 더 풍요하다.

PILGRIMAGE
TRACKING ON
THE SPACES OF
THE SELF-DEPORTED PEOPLE
2580K TRACK
~~11 NIGHTS 13 DAYS~~
10 NIGHTS 12 DAYS

RONCHAMPS
BELFORT
MONCON

MONASTERO
GENOA   170
            250
SP VENCE
CABANON

LUCCA FIRENZE
          GALLUZZO
PISA   SANGIMIGNANO
        SIENA
              130 ASSISI
                   PORZIUNCOLA

                   165

            MONASTERO SAN VICENZ
            ROME
            DA VINCI

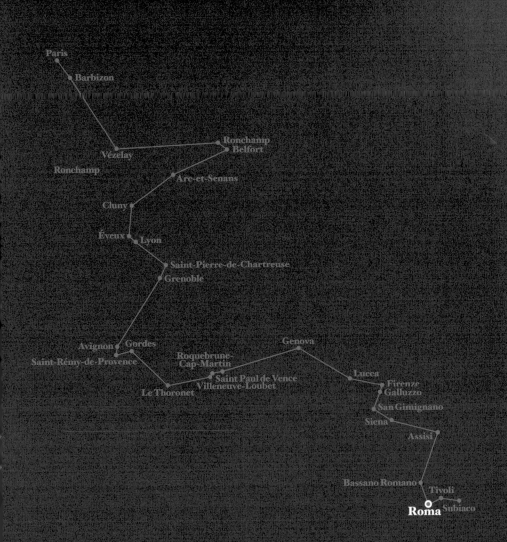

Paris

Barbizon

Ronchamp
Belfort

Vézelay

Ronchamp

Arc-et-Senans

Cluny

Éveux • Lyon

Saint-Pierre-de-Chartreuse

Grenoble

Genova

Avignon • Gordes

Saint-Rémy-de-Provence

Roquebrune-
Cap-Martin

Saint Paul de Vence
Villeneuve-Loubet

Lucca

Le Thoronet

Firenze
Galluzzo

San Gimignano

Siena

Assisi

Bassano Romano

Tivoli

Roma Subiaco

여행을 위하여 주머니나 두 벌 옷이나
신이나 지팡이를 가지지 말라

Seoul 서울
Roma 로마

ITALIA

바사노 로마노

ABRUZZO

LAZIO

티볼리

수비아코

로마

● 레오나르도 다빈치 공항

동숭학당

잠은 어젯밤에도 저 멀리 있었다. 참으로 지긋지긋한 이 불면. 어제오늘의 일이 아니건만 요즘 들어 더욱 악화되었다. 나이 들어 더욱 그런가 보다 여기지만, 그보다는 뭔가 오래전부터 내 속에 자리한 불안이 더 커져서일 게다. 이번 수도원 기행으로 그 불안이 치유되기를, 아니 치유의 실마리라도 찾을 수 있기를 바랐다. 기행지 대부분이 이미 내게 익숙한 장소이더라도, 혹시 다시 새로움을 얻어 달라진 내 모습을 확인하고 그래서 내가 지금서 있는 지점을 알게 된다면 이 고질적인 불면의 습관을 끝낼 수 있지 않을까… 기대하며 시작한 여행이었다.

아내가 옷가지와 여행 도구를 챙겨 늘 그렇듯 캐리어에 말끔히 넣어주었다. 내가 집 떠나는 일이 하도 잦아 이력도 생겼겠지만, 이보다 완벽할 수 없어 은근히 아내의 결벽을 걱정하기도 한다. 사무실로 가서 나머지 필요한 도구와 소품을 다시 확인했다. 가이드북을 먼저 챙겼다. 이번에도 이고은이

이번 수도원 순례 가이드북.
길을 떠나기 전에 이 책자로 방문하는 장소를 우선 상상하게 되면,
실제 현장을 만나는 일은 사전 지식 없이 조우할 때와
비교되지 않는 극적 감동을 주며 그 기억은 오랫동안 남는다.

책자를 만들었는데, 내가 몇 가지 지침을 주긴 했어도 참으로 잘 만든 가이드북이다. 이런 여행을 할 때마다, 동행하는 이들을 위해 방문 장소에 관한 지식을 나누는 책자를 만든 바 있다. 이들을 모두 모아 단행본으로 만들면 매우 좋은 여행 가이드북이 될 것이 틀림없다. 이고은을 만나면 출판기념회를 해줘야지…. 내 비서였던 이고은은 지금 시카고에서 유학 중인데, 로마 Roma에서 합류하기로 했다.

여권, 국제운전면허증, 노트북, 필기구, CD집, 각종 전기 소도구를 정리해 넣고, 무슨 책을 가지고 갈까 망설이다 마크 A. 놀Mark A. Noll(1946~)이라는 성서학자가 쓴 『그리스도와 지성』Jesus Christ and the Life of the Mind(2011)이라는 책을 뽑아 들었다. 오직 믿음을 강조하는 신앙인과 합리적 추론을 무기로 하는 지식인, 이 둘의 상관관계를 서술하며 그 합일을 시도하는 책이니 어쩌면 수도사가 가질 법한 내적 갈등을 엿볼 수 있지 않을까…. 이 여행 중의 독서로 잘 맞을 듯했다.

공항 가는 길에 평창동으로 가서 화가 임옥상을 픽업했다. 내가 '형'이라 부르는 그와 여행길에 같이 오른 횟수가 셀 수 없이 많지만, 여럿이 가는 길에는 그 존재감이 퍽이나 크다. 사회 정의에 대한 의지와 우리 인간의 존엄성에 대한 믿음이 그의 예술을 밑받침하는 데다가 특유의 유머 감각으로 주변을 늘 따뜻하게 만든다.

'동숭학당'이 주최하는 여름 기행은 이번이 다섯 번째다. 동숭학당은 내가 만든 강좌 형식의 모임이다. 오래전에 그래픽디자이너 안상수 교수로부터 비제도권 건축 학교를 하나 만들 것을 제안받은 바 있다. 그는 이미 '파티'PaTI라는 디자인 교육 기관을 만들어 성공적으로 운영하고 있는데, 그런 특별한 학교를 직능별로 만들어 서로 연계하자고 제안했다. 그런데 건축계에서는 '서울건축학교'SA라는 모임을 결성하여 지난 1990년대 중반부터 10여 년간 기존 제도권 밖의 건축 교육을 행했고, 그 결과로 한국의 건축 교육 제도뿐 아니라 한국 건축계에도 많은 영향을 끼쳤다. 구태의연한 교실의 학습을 떠나 현장적 실무와 논쟁적 수업으로 건축 교육 방법을 획기적으로 바꾼 이 서울건축학교는 급기야 한국예술종합학교 미술원 건축과의 대학원 과정으로 개편되면서 활동을 마친다.

나는 서울건축학교의 시스템과 내용 구성에 애초부터 적극적으로 참여했다. 실무와 이론뿐 아니라 담론 생성을 위한 토론과 세미나 그리고 무엇보다 답사 여행을 같이하자고 주장했고, 1994년에 제주도에서 첫 번째 서울건축학교 여름 워크숍이 열렸을 때 내가 여름 학교 교장을 맡아 기본적 시스템을 실험한 바 있다. 이 시스템이 성공을 거둔 직후 나는 선두에서 슬쩍 물러난다. 그리고 조성룡, 정기용, 민현식, 이종호 등 쟁쟁한 선배·동료 건축가들이 더욱 알찬 기획과 내용으로 채워 진화한 이 학교는 건축계 사회운동의 중요한 플랫폼으로 인식되기도 했다.

그러니 내가 다시 새로운 건축 교육 기관을 만들자고 하면, 이제는 사회 개혁을 위한 기관이 아니라 내 개인의 학교를 만든다는 말과 마찬가지여서 주저할 수밖에 없었다. 게다가 서울시 초대 총괄건축가 등 여러 다른 공공 영역에서 감당하지 못할 소명이 내게 봇물 터지듯 주어져 새로운 건축 교육

파주출판도시에서 '파티'라는
특별한 디자인 학교를 운영하는
안상수 교수가 만든 동숭학당 로고

기관을 만들고 운영하는 일에 집중할 수가 없었다. 이런 일에 늘 좋은 지혜를 주는 후배 건축가 김영준·박철수 교수 두 사람과 긴밀히 의논했으나 현실적으로도 여러 문제가 있다는 것을 확인할 뿐이었는데, 그럼에도 불구하고 안상수 교수의 당부를 무시할 수 없기도 하고 또한 건축의 근본에 관한 주제들을 놓고 내 건축을 다시 정리하고 싶은 생각도 들어 2014년도에 동숭학당을 창설한다.

동숭학당은 1년 단위의 강좌로 운영되는 조직이다, 줄여서 '동학'이라고도 불러 반동의 느낌도 풍긴다고 한다. 연초에 운영위원회(박철수, 김영준과 나로 구성되었다가 2018년에 이화여자대학교 강미선 교수가 합류했다)에서 1년의 주제를 정하고, 이 주제와 관련해서 건축·미술·문학·영화·음악·공연·사회·역사·과학 등 학문 전반에 걸쳐 적합한 강사를 선정한 후 20회 가까운 강좌를 확정한다. 그리고 학생을 반⁺공개로 모집하여 대략 60명 정원의 숫자를 채워 매월 두 번의 강의를 내 건축 작업장인 '이로재'의 지하 강당에서 진행한다. 또 주제에 맞는 해외 장소를 택해 열흘가량 여름 기행을 하고, 가을에는 국내의 적절한 장소로 답사 여행을 하는 게 전체 얼개다.

2014년 첫해 주제는 '거주'였으며, '죽은 자의 거주 풍경'을 찾아 바르셀로나를 기점으로 지중해 연안과 이탈리아 티치노Ticino 지역의 공동묘지를 파헤치고 다녔다. 묘역은 죽은 자를 위한 장소가 아니라 남은 우리를 성찰하게 하는 곳임을 다시 깨닫고 지금 우리의 삶을 돌아보았다. 2015년은 '장소'를 주제 삼아 영국과 아일랜드에 있는 문학의 장소를 답사했다. 아일랜드 보리밭에 부는 세찬 바람은 그곳 사람들이 함께 외치는 소리고 그들의 역사임을 절감하며 동병상련했다. 세 번째 해인 2016년에는 '풍경'이 주제였다. 모로코의 아틀라스Atlas산맥을 종주하고 지브롤터Gibraltar 해협을 건너 스페인에 이르기까지 이슬람 문명이 남긴 달빛 풍경의 아름다움에 한껏 취한 바 있다. 2017년 주제는 '기억'이있는데, '기억과 신화 속, 자유를 향한 행선'이 여행 가이드북의 표제였다. 그리스 바다가 지닌 기억의 크기와 깊이는 헤아릴 길이 없었다. 그리스인이 그토록 찾는 자유가 그 바다에서 연유한다는 것도 확인할 수 있는 기행이었다. 아직도 기억한다. 예수를 재해석하며 쓴 『최후의 유혹』ο τελευταίος πειρασμός으로 신성모독죄에 걸려 파문당한 카잔차키스νίκος καζαντζάκης(1883~1957), 그는 주검마저 크레타Κρήτη섬 헤라클레이온Ηράκλειο의 성 밖으로 추방되어 바다가 보이는 언덕 위에 홀로 묻혔다.

나는 아무것도 바라지 않는다. 나는 아무것도 두려워하지 않는다.
나는 자유다.

그의 묘비에 적힌 그의 글이 비수처럼 내 가슴을 후비고 들어와, 그때까지 덕지덕지 붙어 있던 찌꺼기를 도려낸 짜릿한 순간이었다.

2018년은 '공간'을 주제로 5년 차 동학이 열렸다. 수도원 기행을 하자는 요청이 오래전부터 있었는데, 공간이라는 주제와 잘 맞았다. 수도사들이 일상의 공간을 떠나 굳이 광야나 산속으로 들어가 밀폐된 공간을 찾는 까닭을 살피고 그들의 영성으로 충만한 공간을 탐문하는 일은 지금 우리가 사는 현

카잔차키스의 묘비와 묘비석

실을 반추하여 성찰하는 일과 다름이 없었다. 그래서, '스스로 추방당한 자들의 공간, 그 순례'를 기행의 제목으로 정했다. 그리고 여행이 끝나면 수도원 순례에 대한 글을 써야겠다고 말한 것이 이 책을 쓰는 계기가 되었다. 그동안 이 주제로 남보다 훨씬 많이 여행한 듯하니, 이제는 글로 남길 수 있을 것 같았다.

여행의 기술

여행은 어떻게 가는 게 좋을까? 『여행의 기술』The Art of Travel 을 쓴 알랭 드 보통Alain de Botton(1969~)은 여행은 현실에서 만나는 노여움과 천박한 욕망을 벗어나기 위해 하는 것이라고 했다. 그의 말이 옳다면, 여행은 도피 수단밖에 되지 않으며 일상을 증오로 몰 뿐이어서 불건전하다. 내 생각으로는 여행은 일상으로 다시 돌아올 힘을 얻고자 떠나는 것이니, 나는 그의 견해에 동의하지 못한다. 우리가 현실에 살면서 얻는 정보나 지식으로 나도 모르게 어떤 사물이나 장소에 대해 환상을 쌓게 되는데, 그 환상은 부서지기 쉬운 달걀 껍데기 같아 힘이 없다. 심지어 우리의 삶을 허위로 내몰 위험도 있다. 믿건대, 힘은 진실로부터 나오며 진실은 늘 현장에 있어, 현장에 가는 일인 여행은 그 장소가 가진 진실을 목도하게 하여 결국 우리에게 현실로 돌아가 일상을 다시 시작할 힘을 얻게 한다. 적어도 나에게 이 말은 항상 사실이었다.

여행이라는 것, 스스로 추방당한 자들의 순례

그런 여행은 혼자서 하는 게 가장 좋다. 스스로 추방당한 자가 되어 모든 걸 객관화할 수밖에 없는 입장이어야 그 진실을 정면으로 마주하게 된다. 또한 혼자 하는 여행은, 아무리 철저한 계획을 세웠어도 경우에 따라 얼마든지 바꿔도 되며 여행지에서는 익명의 존재로서 넘쳐나는 자유가 보장되는 이점이 있다. 둘이 가는 여행은, 서로 싸울 경우 해결할 방법이 없으며 사이가 줄곧 좋아도 상대의 눈치를 봐야 하기에 그 여행은 결국 반만 하는 것이나 다름없다. 셋이서 가면 한 사람은 왕따가 되기 쉽고 방 잡기와 밥 먹기 다 불편하며, 넷이 가서 편이 갈라지면 속수무책이 되고, 다섯은 택시 타기, 방 잡기, 밥 먹기 모두 불편하다. 정히 여럿 가려면 여섯이 좋다. 9인승 밴을 빌리면 넉넉한 공간으로 여행이 수월할 뿐 아니라 식당이나 호텔을 잡기도 좋고 무엇보다 여섯 명은 토론이 가능한 숫자여서 여행 중 대화 내용이 풍부해진다.

단체 여행은 훈련이지 여행이 아니다. 그래서 수십 명이 우르르 가는 일은 한사코 피했는데, 언젠가부터 내가 단체를 이끄는 일이 불가피해지고 말았다. 그래서 고안한 방법이 단체여도 개인처럼 여행하자는 것이다. 여행지에 관한 정보나 지식을 먼저 습득시키고, 여행지에서는 되도록 자유를 주며 저녁 식사도 가급적이면 개별 혹은 조별로 하게 한다. 이런 경우에 내 경험으로는 그 숫자가 스물여섯 명 정도면 적당하다. 버스 안의 좌석도 여유롭고, 남자 열넷 여자 열둘로 구성하면 성비도 적절하고 그룹을 구성하기도 수월하다. 편견일까? 그러나 내가 조직하는 여행에 이런 기준은 있어야 한다.

수도원 기행 참가자들을 정한 다음, 기행 두 달 전부터 안내를 시작해 평균 일주일에 한 번씩 모두 여덟 차례의 글을 보내며 스스로 준비하게 했다. 불쑥 떠나는 여행도 나름의 맛이 있을 게지만 준비한 만큼 얻는다는 것은 틀림없는 사실이다. 혹시 수도원 순례를 지금 이 책과 함께 마음으로라도 떠나고자 하는 이들을 위해, 몇 사람에게만 보낸 글을 굳이 다시 밝혀 싣는다. 다음의 글이다.

제 1 신

이 기행은 우리의 내적 충만과 영적 성숙을 위해 마련한 여행입니다. (⋯) 이번이 다섯 번째 동학 여름 기행입니다. (⋯) 동학 기행은 편의상 그룹 형태지만 단독 여행의 성격도 다분히 가지고 있습니다. 그러니 기행을 시작하기 전에 스스로 방문할 장소, 답사할 건축을 학습하고 숙지해야 합니다. 전체가 모이는 장소도 서울이 아닌 로마 공항이며, 해산하는 장소도 파리 시내입니다. 그 이전과 이후는 모두 개인의 일입니다. 또한 단체로 식사를 하기도 하지만 몇몇이 혹은 홀로 식사를 하기도 합니다. 기행을 하는 동안 저와 몇 사람이 나누어 안내도 하고 강의도 하겠지만, 어떤 곳에서는 혼자 놓이시게 되며 간혹 말씀을 청해 듣는 경우도 생깁니다. 그러니 혼자 여행하듯 준비하셔야 합니다.

이번에도 가이드북을 만들어 나누어드립니다. 아시는 것처럼 대단히 유효한 자료집인데, 이번에는 6월 초까지 배부해 미리 공부하실 수 있도록 할 예정입니다. 이번 기행은 2,500킬로미터의 장거리를 오가는 여행인데, 하루 평균 250킬로미터 이상 이동하며 숙소가 매일 바뀝니다. 수도원에서 3일 밤

동안 불편한 숙박을 하기도 합니다. 짧은 시간 속에서도 수도사의 공간을 적극 체험하기 위한 것으로, 다른 곳에서 가질 수 없는 평화를 가지리라 믿습니다. 우선 보시기를 권고해드리는 영화 한 편이 있습니다. 필립 그로닝 감독이 찍은 〈위대한 침묵〉입니다. 2시간 49분의 러닝타임이 길기도 하고 대화가 거의 없으니 무척 지루할 수 있습니다. 그러나 모두 보시면 좋겠습니다. 그리고, 막스 피카르트가 쓴 『침묵의 세계』도 혹시 아직 읽지 않으셨다면 일독하시기 권합니다. 우리 수도원 기행은 이 책이 출발점입니다.

제 2 신

이번 기행에는 대략 여섯 개의 세부 주제가 있습니다. 기행 지역의 사상적 바탕으로서 ①기독교이며, 시대적 배경으로서는 ②중세 도시입니다. 또 무대로서는 ③수도원이고, 각본은 ④베네딕토 수도 규칙서일 겁니다. 주인공은 당연히 ⑤수도사이며, 특별히 20세기 최고의 건축가 ⑥르 코르뷔지에가 카메오로 등장합니다. 현장에서 저와 몇 분이 그 내용을 들려드리기도 하겠지만, 아는 만큼 보이는 게 사실이니 이에 관련된 공부를 하시고 가면 좋겠지요…. 기행 일정의 세부에 관해 기술하면 다음과 같습니다.

6월 26일(화): 각자 알아서 인천 공항에서 비행기 탑승합니다. (…) 우리가 모두 모이는 시간과 장소는 이날 저녁 6시경 로마 공항 입국장 로비입니다. 다 모이면, 대기하고 있는 버스를 타고 공항에서 북쪽으로 80킬로미터를 달려(로마 시내를 들르지 않습니다) 산 빈첸초라는 수도원 호텔에 대략 8시 반에 도착하여 이

날 첫 밤을 보냅니다.

6월 27일(수): 아침 일찍 기상해서 150킬로미터를 북쪽으로 달려 아시시에 도착해서 성 프란체스코의 흔적과 성지를 답사하고 점심을 먹은 후, 130킬로미터 떨어진 곳에 있는 경사진 원형 광장의 중세 도시 시에나로 갑니다. 여기서 오후 나절을 보내다가 50킬로미터 남짓 달려 탑상 도시 산 지미냐노에 황혼 시간에 맞춰 도착하고 거기서 묵습니다.

6월 28일(목): 이날은 아침에 산 지미냐노를 산책하실 수 있도록 조금 늦게 출발해서, 50킬로미터 떨어진 곳에 이웃한 갈루초 수도원을 방문합니다. 이 봉쇄 수도원은 젊은 르 코르뷔지에에게 중요한 건축적 영감을 불러일으킨 곳입니다. 오전 방문을 마치고 바로 피렌체로 입성해서 시내 중심의 두오모 인근 호텔에 체크인을 하고 같이 점심을 먹은 후 자유 시간을 가집니다.

6월 29일(금): 아침에 피렌체 외곽 성 세례 요한 교회를 방문하고, 루카로 65킬로미터 이동해서 도시를 산책하고 점심 후에는 170킬로미터 떨어진 제노바의 산속에 있는 산 펠레그리노 수도원 호텔에 투숙합니다.

6월 30일(토): 지중해 연안으로 250킬로미터 주행하여 르 코르뷔지에의 마지막 은거지인 네 평짜리 작은 통나무집 카바농 답사를 마치면, 생 폴 드 방스로 올라가서 점심을 먹고 마을을 둘러본 뒤 지중해변으로 다시 내려와 호텔에 체크인을 합니다. 이날은 그룹별로 식사합니다.

7월 1일(일): 이 수도원 여행의 하이라이트 가운데 하나인 르 토로네 수도원을 방문합니다. 되도록이면 오전 내내 머무를 예정이고, 인근 마을에서 점심을 먹고 나서 다소 멀리 떨어진 세낭크 수도원을 방문합니다. 라벤더가 거기 활짝 피어 있기를…. 가급적 일찍 나와서 생 레미 드 프로방스 교외에 있는 성채 숙소로 가서 체크인을 한 후 야외에서 전체 만찬을 가질 예정입니다.

7월 2일(월): 오전에 아비뇽 교황청을 가면서 중세 교회의 분리라는 대사건에 관해 생각하고 아비뇽 축제를 엿봅니다. 그리고 그르노블까지 올라가서 저녁을 시냅니다. 이 도시에서 숙박하는 까닭은 〈위내한 침묵〉의 헌장인 그랑드 샤르트뢰즈 수도원을 찾기 위함입니다.

7월 3일(화): 아침에는 알프스 첩첩산중 험한 길에 숨은 그랑드 샤르트뢰즈 수도원, 그 2킬로미터 밖에 있는 안내 센터를 찾아갈 뿐이지만 그래도 갑니다. 다시 나와서 리옹을 거쳐 르 코르뷔지에의 라 투레트 수도원으로 들어갑니다. 아마도 이 여행길에서 가장 중요한 목적지일 것입니다. 모두 홀로 있을 수밖에 없는 곳이며 시간입니다.

7월 4일(수): 라 투레트 수도원에서 100킬로미터 위에 있는 클뤼니 수도원 폐허를 찾아 프랑스 수도원의 영욕을 답사합니다. 점심을 먹고 르두의 이상 도시가 있는 브장송을 잠깐 들른 후 성채 도시 벨포르로 들어가 숙박합니다.

7월 5일(목): 벨포르 인근 롱샹 성당 답사가 이번 여행길의 백미라면, 이날 오후에 가는 퐁트네 수도원 폐허나 십자군 원정의 막을 올린 베즐레 성당 답사는 우리 여행의 후기일 겁니다. 베즐레 입구에 있는 작은 호텔의 식당에서 마무리 저녁 만찬을 합니다.

7월 6일(금): 파리로 올라가는 길에 바르비종에 들러 밀레를 만나고, 점심을 마친 후 파리에 가서 노트르담 대성당 뒤편 '추방당한 순교자 기념관'이라는 이름이 붙은 장소를 답사하면서 우리 여행은 마지막 부호를 찍습니다.

제3신

공지영의 『수도원 기행 2』(2014)를 오늘에야 다 읽었습니다. 한 개인의 신앙 고백 또는 수도록 같은 글을 읽는 동안 제가 가진 수없이 많은 가면을 확인하며 부끄러워했지요. 수도원 기행을 여러 번 갔다 왔지만, 이번 기행으로 저도 진실을 마주하고 제 가면들을 털 수 있으면 얼마나 좋을까 내내 생각했습니다.

오늘은 기행 중의 식사에 관해 알려드리고자 합니다. 이번에는 수도원에서 숙박하는 날이 3일 있고 외딴곳에서 묵는 날도 있어서 비교적 자주 모두 함께 식사하게 됩니다마는, 그중에서 3일 차와 5·7·9일 차 저녁 네 번은 조별로 나누어 합니다. (…) 조장은 미리 그곳 식당들을 탐구하여 당일 배정되는 5~6인의 조원들과 최고의 식사를 할 수 있도록 준비하시면 좋겠지요. 제가 임의로 선정한 조장은 다음과 같습니다. A조장 강미선, B조장 이은, C조장 이충기, D조장 임옥상.

제4신

동학 기행 가이드북은 6월 초까지 우편으로 송부하겠습니다. (…) 미리 나눠드리는 이유는 사전에 공부하시게끔 함이니, 가급적 미리 받으셔서 이 가이드북으로 가상의 기행을 다녀오시기 바랍니다. 지난 주말, 밀양의 명례성지 준공 미사에 다녀왔습니다. 19세기 순교한 신석복 마르코를 기념하는 성지인데 우선 1단계가 마무리되어 봉헌 행사를 했습니다. 이 성지는 제 생애의 과업으로 알고 헌신해야 할 일이라고 공언했습니다. 훗날 이곳에 순례를 위해 찾아올 수도 있겠지요. 마침 임옥상 형이 참으로 마땅한 조상彫像을 만들고 순교자상이라고 명명해 제 초라한 벽을 감동적으로 바꾸어주셨습니다.

제 5 신

베니스 비엔날레에 다녀왔습니다. 베니스 비엔날레라는 게 워낙 서구 건축계 중심이기도 하고 건축을 미술 작품처럼 취급하는 게 싫기도 하고 진보적 담론이나 연대 같은 것 없이 소비적 행사로만 끝나는 게 지겨운지라 결국 제 관심 밖으로 멀어져가는 게 사실이어서 가기조차 진부한 일이 된 지 오래지만, 맡은 일이 있어 부득불 갔다 왔습니다. 역시 그랬습니다. 그런데 한 가지 일이 새롭게 등장하여 저를 오랫동안 생각에 잠기게 했는데, 바티칸에서 올해 처음으로 베니스 행사에 참가하면서 열한 개의 작은 성소를 열한 명의 건축가에게 만들게 하여 산 조르조 마조레San Giorgio Maggiore 섬에 전시하고 있는 것이었습니다. 열한 개의 작은 성소가 전나무 숲속에 서로 적당한 거리를 두고 지어진 풍경이 참으로 뜻밖이었습니다. 왜 그런 전시를 기획했을까요? 현대 사회에서 점점 사라지는 영성을 회복하려는 바티칸의 적극적인 자세라고 합니다. '영성이 실종된 현대 사회의 공간', 어느 참여 건축가의 설명문에 있는 구절입니다. 그럴지도 모릅니다. 그래서 이번 동학 기행의 성격을 다시 생각하게 되었습니다.

제 6 신

요즘 우리 땅이 너무 뜨겁습니다. 급변한 남북 관계가 몰고 오는 열기 때문에 그렇고, 급변하는 정세와 더불어 곧 일어날 이 땅의 변화는 가히 세기적일 게 분명합니다. 그리고 우리는 보름 후에 그 소란을 떠나 수도원 순례길에 오릅니다. 여러 번을 갔다 온 제게는 이 순례길이 익숙하지만, 부디 관성으로 대하게 되지 않기를 바랍니다. 그리하여 저도 적지 않게 설렙니다.

동행하는 분의 숫자가 스물여섯으로 최종 확정되었습니다. 남성 열네 분, 여성 열두 분입니다. 제 경험으로는 무엇을 하든 단체에게 가장 좋은 숫자입니다. (…) 그룹별 저녁 식사를 위한 조별 명단은 당일 아침 알려드립니다.

제7 신

북미 정상이 처음 만난 지난주는 우리가 반드시 기억해야 할 주간이었습니다. 엄청난 변화가 몰려왔지요. 그렇게 시대와 세대가 이미 변했는데 혹시 저만 변하지 않고 있는 건 아닌지 슬며시 두렵기까지 했습니다. 마침, 이 수도원 기행이 있어 다행이라는 생각마저 들었습니다. 이제 다음 주면 기행을 시작합니다. 이미 떠나신 분도 있고 이번 주부터 시작하시는 분도 있습니다. 저도 사실은 이번 토요일 서울을 미리 떠나서 26일 로마 공항에서 여러분을 맞게 됩니다. (…)

모두 기행 가이드북을 받으신 줄 압니다. 그것으로 이미 이 기행을 시작하셨겠지요. 가이드북을 따라 참고 자료도 찾으면서 사전에 답사하고, 이를 현장의 진실과 비교하면서 얻는 유익은 어떤 가르침보다 큽니다. 그게 환상과 현실의 차이여서, 간극이 클수록 감동의 크기도 크며 깨달음의 깊이도 깊습니다. 그러니 꼭 가이드북으로 사전 여행을 하시길 강권합니다. 여행하는 동안 버스 안에 있는 시간이 꽤 많습니다. 그 시간에 다음 기행지에 대한 정보를 알려드리겠지만, 저와 몇 사람만 마이크를 잡고 있으면 피차 불편할 게 분명해서 동행 모두에게 기회 있을 때마다 마이크를 드릴 예정입니다. 좋은 생각을 나눠주시기 바랍니다….

제 8 신

저는 내일 먼저 떠납니다. 현지 기온은 서울과 비슷하거나 다소 낮을 거라 예보되고 있습니다. 물론 미세먼지가 전혀 없는, 청명하고 건조한 지역이라 혹시 기온이 높아도 상쾌한 날씨가 계속될 것으로 압니다. 다만 그늘이 없는 곳은 남프랑스의 태양으로 뜨겁지요. 여기에 맞는 의상을 준비하시기 바랍니다. 드레스 코드가 설혹 산만하거나 난해해도(?) 다 자유입니다만, 우리가 가는 곳 대부분이 수도원이나 성당이라는 점도 감안하시는 게 좋겠지요. 의사이신 김윤식 선생이 동행하여 의료적 문제에 대해 이만저만 안심이 되는 게 아니지만, 특별한 개인 의약품은 각자 준비하시기 바랍니다.

성경의 마태복음 제10장을 보면 예수께서 제자들을 여러 지방에 떠나보내며 당부하는 말씀이 이러합니다.

> 너희 전대에 금이나 은이나 동이나 가지지 말고
> 여행을 위하여 주머니나 두 벌 옷이나 신이나 지팡이를 가지지 말라 (…)
> 아무 성이나 촌에 들어가든지 그중에 합당한 자를 찾아내어 (…)
> 그 집에 들어가면서 평안하기를 빌라

길 떠나는 이의 바른 태도라 여깁니다. 모두들, 화요일 로마 공항 3터미널 도착홀에서 뵙겠습니다.

로마 입성

이 기행은 공식적으로는 6월 26일 화요일부터 시작이지만, 이번 수도원 기행을 완성하려면 수도 규칙을 만든 베네딕토Benedict/Sanctus Benedictus de Nursia(480?~543?)에 관한 흔적을 찾지 않을 수 없어서 나는 사흘 먼저 와야 했다. 베네딕토가 최초로 수도원을 만든 수비아코까지 동학 기행 일정에 포함하자니 이틀이 늘어나는 소요 기간과 추가 경비가 못내 부담이 되어 생략했는데, 모두 같이 왔으면 좋았을 것이라는 미련을 내내 떨치지 못했다.

임옥상 화백은 내가 청해서 로마에 같이 먼저 가기로 했지만, 그렇게 앞서가는 이들이 우리 둘 외에도 여럿 있었다. 사전에 상의가 없었으나 이들도 로마에서 지내는 일정을 내게 맡긴 듯했다. 결국 출국 게이트에서 강미선 교수, 북디자인 회사 '디자인비따'의 김지선 실장, '이안알앤씨'의 김종규 대표, 서울시립대학교 이충기 교수, '운생동건축사사무소' 장윤규 소장 등 다섯 명을 만나게 되었다. 장윤규는 동학 기행이 모로코를 향했을 때 생전 처음으로 건축 기행에 참가한다고 해서 내가 다소 놀란 적이 있다. 그는 어느 누구의 문하를 거친 적도 외국 유학을 한 적도 없는 후배 건축가인데, 기발한 형태의 건축으로 곧잘 화제를 불러일으키곤 했다. 여행은 스스로 학습하고 또한 자신을 객관화시키는 가장 유효한 방법이니, 억지로라도 틈을 만들어 기행에 참여하라고 그때 권유했다. 더 반가웠다.

비행기는 열두 시간 걸려 로마 레오나르도 다빈치 공항Aeroporto internazionale Leonardo da Vinci di Fiumicino에 오후 5시 50분 착륙했다. 비행 중에 『그리스도와 시성』 중간 즈음의 한 내목을 읽고 한참 생각에 잠기고 말았다. 역사가 헤로도토스Herodotos(기원전 484?~기원전 430?)의 개념으로 본 역사라는 말은 성경에 등장하는 단어가 아니며, 철학이라는 용어는 오히려 경멸의 뜻으로 나타난다고 했다. 그러나 진리라는 말은 100번, 지혜는 200번이나 성경에 등장하는데, 이 단어는 우화나 전통·역사·철학 등과 달리 그 속에 있으면 자유롭게 된다는 것이다. 진리를 믿으면 얻는 것이 자유이니, 성경의 요한복음 구절 중 "진리를 알찌니 진리가 너희를 자유케 하리라"와 같은 말이다. 진리가 무엇일까. 이 물음은 빌라도Pontius Pilatus(?~?)가 법정에서 예수에게 던진 말이었다.

공항의 렌터카 구역으로 건너가서 차를 찾고 나니 저녁 8시가 넘었다. 로마 공항의 입국 심사 대기 줄은 대여섯 겹 되건만 심사 창구는 달랑 다섯 곳이어서 빠져나오는 데 한참 걸린 탓이다. 이탈리아의 한심한 현황이라 단정짓는 게, 우리가 인천 공항 같은 빠른 시설에 익숙해진 까닭도 있을 것이다. 렌트한 차는 오펠OPEL 9인승 밴으로, 예상보다 커서 다소 당황했다. 겨우 공항을 나와 호텔로 가서 모두를 내리게 한 다음, 혼자서 주차할 공간을 찾느라 여간 애를 먹은 게 아니다. 좁은 길 양쪽에 주차된 차들 사이로 간신히

진리를 알찌니
진리가 너희를 자유케 하리라

빠져나가며 몇 차례 돌고 나서야 겨우 한 주차 빌딩을 발견할 수 있었다. 온몸이 땀에 젖었다.

강미선 교수 일행이 바티칸 구역에 위치한 아파트를 빌렸다고 해서 나는 그 부근에 아파트를 개조하여 레지던스 호텔로 만든 트리아농 보르고 피오 Trianon Borgo Pio에 체크인을 했다. 징시간 비행으로 고단해진 몸을 먼지 씻으려 했으나 샤워 부스와 변기 배치가 나빠서 샤워하기가 보통 불편한 게 아니었다. 조금만 생각하면 욕조도 넣을 수 있는 크기이건만…. 그래도 방은 비교적 넓고 조용해서 그럭저럭 사흘은 지낼 만했다. 모두 모여 인근의 식당에서 저녁을 먹고 돌아오니 밤 12시 가까이 되었다.

Paris

Barbizon

Ronchamp
Belfort

Vézelay

Ronchamp

Arc-et-Senans

Cluny

Éveux · Lyon

Saint-Pierre-de-Chartreuse

Grenoble

Avignon · Gordes

Saint-Rémy-de-Provence

Genova

Roquebrune-
Cap-Martin

Saint Paul de Vence
Villeneuve-Loubet

Lucca

Le Thoronet

Firenze
Galluzzo

San Gimignano

Siena

Assisi

Bassano Romano

Tivoli
Subiaco
Roma

청빈과 순결 그리고 순종

Subiaco 수비아코

Tivoli 티볼리

ITALIA

바사노 로마노

ABRUZZO

LAZIO

티볼리
빌라 아드리아나

수비아코
베네딕토 수도원

로마

베네딕토와 수도 규칙

식당은 호텔 7층의 테라스에 있었다. 아침 식사를 위해 올라가 테라스로 나가니 바티칸의 산 피에트로(San Pietro, 성 베드로) 대성당이 시야에 불쑥 들어왔다. 전 세계 가톨릭교회의 본산이요, 세계에서 가장 큰 영향력을 행사하는 교황이 신의 이름으로 지배하는 곳이다. 그 바탕에는 베드로(Petrus)의 순교가 있고 그의 무덤 위에 저 건축이 들어섰으니, 이 수도원 기행은 어쩌면 저곳이 시작점인지도 모른다. 순교라는 것. 예수의 죽음을 좇아 자기 목숨을 기꺼이 내어준 이들의 믿음, 혹은 그럴 기회가 없어 차라리 일상에서의 죽음을 택해 세상 밖으로 길을 떠난 이들의 믿음, 그게 무엇일까…. 이번 기행으로 밝혀야 할 과제였다.

이고은이 시카고에서 도착했다. 내 비서로 오래 일하다 작년에 시카고 IIT 대학으로 문화 경영을 공부하려고 떠났는데, 1년 만의 해후인데도 늘 옆에 있었던 듯하다. 비서로 있을 때 동숭학당의 사무까지 맡아 챙겼고, 지난 네 번의 동학 기행을 진행할 때도 발군의 실력을 나타낸 바 있었다. 미국 유학 중이지만, 이번 여행의 준비 과정에서부터 참여하라는 내 권유를 지체 없이 받아들였다. 지난 몇 달 동안 여행사와 나 사이에서 온갖 복잡한 절차를 말끔히 끝내고, 학교의 학기도 끝나 합류한 것이다. 모습은 변함이 없지만 더 영근 속내가 풍겼다.

그런데, 강미선 교수가 발을 절뚝였다. 어젯밤 저녁 식사 후에 로마의 밤 풍경을 즐기려고 산책하러 나갔다가 단 차이가 있는 꽝장 바닥을 잘못 디뎌 발을 접질렀다고 했다. 이제 막 시작한 여행이며, 여행 내내 걷는 일이 많은데… 생각해보니 모로코를 갔을 때도 그랬다. 또 다치다니… 몹시 걱정되었다. 괜찮다고 하지만 본인도 불안해하고 있는 듯했다.

모두 같이 렌터카 주차장으로 가서 차를 타고 로마에서 동쪽으로 80킬로미터 떨어진 수비아코Subiaco로 방향을 정해 달렸다. 시내 한복판을 지나 지방도로를 타야 해서 한 시간 반은 족히 달릴 것이다. 오펠 밴이라는 차가 아직 내 몸에 낯설었고 내비게이션이 이탈리아어로만 되어 있어 조작하기도 어려웠지만, 이럴 때 내가 당황하면 모두 불안해할 게 뻔해 의식적으로 능수능란한 척했다. 임옥상 형이 조수석에 앉아 내비게이션 역할을 감당하니 옛 생각이 났다.

GPS 같은 시스템이 없던 시절 몇몇 건축가와 유럽의 땅을 누빌 때, 지도와 길 안내판에 의지하며 다녔다. 내가 으레 운전대를 잡고 민현식 형이 지도를 들고 조수석에 앉아 생전 처음 가는 길을 잘도 찾아다니곤 한 것이다.

2,000킬로, 3,000킬로… 낯선 이방의 시골길이며 산간벽지에 묻힌 건축과 장소를 군이 찾아 무수한 날을 보냈다. 수없이 많은 이야기가 운전하는 내내 쏟아졌고 때로는 감동하고 때로는 분노하면서 우리는 같은 지대에 있음을 확인하고 즐거워했다. 그게 벌써 20년이 훨씬 지난 시절인데…. 그사이에 떠난 정기용 형과 이종호… 너무도 그립고 야속하기 짝이 없다.

회한에 잠깐 잠긴 사이, 차는 고속도로를 벗어나 지방도를 탔다. 굽이굽이 도는 길을 달리는 동안 산속 높은 지대에 있는 오래된 마을 하나가 눈길을 끈다. 길가에 마라노 에쿠오 Marano Equo 라는 마을 표지판이 보이는데, 아마도 교역과 왕래를 지배하려고 세운 다음 오늘날까지 지속된 마을일 게다. 저렇게 늘 조망하는 삶을 일생으로 가지면 어떻게 될까? 이런저런 생각을 하는 사이 차는 수비아코를 지나고 베네딕토의 동굴 수도원에 1시가 넘어 도착했다. 수도원의 문 앞에 붙은 안내판을 보니, 아뿔싸, 오전 관람은 12시 반에 종료된다고 적혀 있다. 일찍이 와야 했으나 이고은을 합류시키느라 늦은 것인데, 오후에 가야 하는 빌라 아드리아나 일정을 감안하면 오후 입장이 시작되는 3시까지 기다릴 수 없었다. 거듭 고민하다가 다음을 기약하기로 하고 수도원의 바깥 경내만 보기로 했다. 체념은 평화와 행복에 이르는 가장 빠른 길이라 했던가….

수도원으로 들어가는 길은 가파르고 좁았다. 지금에 와서 잘 정비한 길이 이 정도인데, 그 옛날 6세기 초엽에 이 길은 그냥 벼랑이었을 게다. 세상의 끝 어딘가에서 자신을 기다리는 신을 찾아 끝까지 간 흔적이다. 세상과 완전히 결별한 삶을 살고자 한 절박함 아니면 도무지 이 벼랑에 발을 디딜 수

계곡 속 산벼랑에
절박하게 붙어 있는
수비아코의 베네딕토 수도원 Monastero di San Benedetto

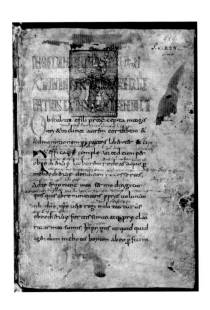

생 갈렌 수도원에 보관된 베네딕토 수도 규칙서.
이 문서는 914년에 손으로 필사한 것이며
생 갈렌 수도원은 이런 종류의
필사본 문서를 2,000권 넘게 수장하고 있다.

없다. 그 절박함으로 지은 수도원은 마치 수직 같은 벼랑이 땅이며 건축은 거기에서 튀어나온 듯했다. 험하고도 험한 이곳을 굳이 찾은 베네딕토의 절박함은 무엇 때문일까?

성 베네딕토는 로마 패망 직후인 480년경 이탈리아 중부 지방의 누르시아에서 태어났다고 기록되어 있다. 귀족 가문의 자제인 그는 로마에 수사학을 배우고자 유학 왔지만, 영성이 충만했던 이 젊은이는 이교도와 퇴폐적 풍경에 휩싸인 도시를 보고 크게 실망하여 수비아코의 깊은 산속을 찾아 홀로 수도를 하게 된다. 그런데 그가 가진 영적 능력이 컸던 모양이다. 세상의 끝인 이곳까지 그의 영험에 대한 소문을 듣고 찾아오는 이들이 늘어나면서 수비아코에 열두 개의 수도 공동체를 세우게 된다. 그 숫자는 갈수록 더욱 커지고 또한 각종 잡다한 형태의 수도사도 출몰하자, 베네딕토는 수도적 삶의 본연을 찾아 몬테카시노Monte Cassino에 새로운 수도원을 세워 거처를 옮기고 말았다. 그 과정에서 수도사와 수도회를 위한 올바른 규칙을 만들 필요를 느껴 쓴 게, 73장으로 구성된 '베네딕토 수도 규칙서'Regula Benedicti다. 이 수도 규칙서가 만들어지기 전에 '스승의 규칙서'Regula Magistri 같은 문서가 있었지만, 제대로 체계를 갖추지 못한 기록이었다. 그러나 이런 규칙서에서도 수도사가 지켜야 할 기본적인 규율의 바탕은 청빈과 동정, 그리고 순종이었다. 베네딕토는 이런 문서들을 참고해서 체계적이고 자세한 규칙서를 만든다.

베네딕토는 제1장에서부터 이 규칙서가 공동체를 이루어 운영되는 수도회를 위한 내용이라고 규정하며, 수도승의 종류부터 기술하고 있다. 수도원

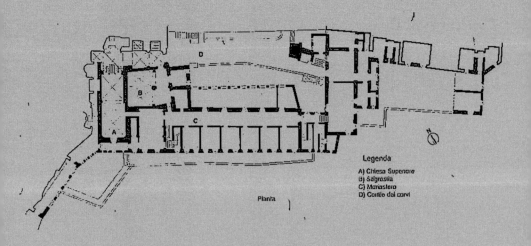

Planta

수비아코 수도원 평면도.
기둥과 계단 등 가파른 벼랑에 공간을
구축하고자 안간힘을 쓴 흔적이
평면 속에 나타나 있다.

스콜라스티카 수도원에 내걸린 푯말.
'오라 에 라보라'ORA ET LABORA,
즉 찬양하고 노동하라.
베네딕토 수도 규칙서가 제시한
수도사적 삶의 형태였다.

을 다스리는 원장Abbot이나 십장Dean 등의 조직을 분명히 했고, 그들의 임무와 태도에 관해 적었다. 수도원에서 행하는 기도회는 물론이고 수도승의 삶, 심지어 의상과 소유물 등에 이르기까지 그 내용이 대단히 자세하다. 음식의 분량이나 음료에 관한 내용도 적었는데 유난히 내 눈을 끄는 대목이, 마시는 것에 대한 규칙인 제40장에 나오는 6항이었다. 이를 읽자마자 혼자서 낄낄댔고 안도감마저 느꼈으니 나는 어쩔 수 없는 속물이었다. 다음과 같다.

> 제40장 6항 술이 수도승에게 결코 합당하지 않은 것으로 우리는 읽고 있지만, 우리 시대의 수도승들에게는 이를 설득할 수 없으므로 적어도 과음하지 않고 약간씩 마시는 것으로 합의하도록 하자.

베네딕토 수도 규칙서에 따라 만든 게 베네딕토 수도회지만, 사실 이 규칙서는 오늘날까지도 베네딕토 수도회든 아니든 세상의 거의 모든 수도회가 중요한 지침으로 삼는다. 우리말로 음차를 하여 '분도 수도회'라고 하는, 이 베네딕토 수도회의 분파와 종류를 파악하는 것은 서양 수도회의 전개 과정을 이해하는 일과 같다. 그러니 성 베네딕토는 서양 수도회를 조직한 이라고 할 수 있다. 수비아코의 수도원에는 그가 홀로 묵상하던 사크로 스페코Sacro Speco, 즉 '거룩한 동굴'이라는 은거지가 있는데 그 바로 앞에 갔음에도 들어가서 보지 못해 참으로 안타까웠다. 이럴 때 늘 쓰는 말로 위안할 수밖에… 성경에도 안 보고 믿는 게 더 귀한 믿음이라 했다.

베네딕토가 온몸으로 받아들인 자연과 가파른 지형을 그의 눈으로 보고자 노력했다는 데에 만족하며 이곳을 떠났으나, 어쩔 수 없이 눈길은 연신 뒤돌았다. 인근에 베네딕토의 쌍둥이 여동생인 스콜라스티카 Scholastica(480?~543?)를 위한 수도원이 있는데, 지금은 호텔로도 쓰이고 있었다. 12세기에 다시 긴립되었다고는 해도 이곳 역시 베네딕토가 세운 열두 개의 공동체 중 하나로 출발한 수도원인데 다소 상업적 분위기로 변해 있어 탐탁지 않았지만, 여기서 우리는 점심을 하기로 정하고 앉았다. 마침 베네딕토의 일생을 그린 그림 앞 식탁이었다.

빌라 아드리아나

점심 후에 다시 차를 몰고 로마에서 30킬로미터 떨어진 티볼리Tivoli의 빌라 아드리아나Villa Adriana로 향했다. 5시 반에 문을 닫는다고 했다. 36만 평이나 되는 경내를 돌아보는 데 최소 두 시간은 필요하니 서둘러 가야 했다. 일행 모두 처음 오는 곳이라고 했다. 나는 이곳에 처음 온 게 1994년이었다. 그즈음 로마대학교에서 건축사를 공부하던 김진욱 씨의 안내를 받아 설명을 들으며 방문했는데, 빌라 아드리아나의 내용보다는 그의 학문적 깊이와 넓이에 놀랐다. 당시 로마에서 5년째 공부하고 있다고 했고, 끝나는 시한을 알 수 없다고도 했다. 공부할수록 더욱 많은 연구 과제가 나와 골치 아프다고도 했지만, 그는 공부를 즐기고 있는 게 틀림없었다. 그가 서울에 잠깐 들

빌라 아드리아나의 폐허는 그 자체만으로도 충분히 아름답지만,
만약 역사적 지식으로 상상 속 공간을 복원할 능력이 있다면
이 폐허의 현장은 너무도 아름답고 장엄한 건축으로 변해 감탄을 이끌어낸다.

렸을 때도 우리는 그의 끝나지 않을 듯한 공부에 관해 같이 즐겁게 이야기
했다. 그런데, 몇 년이 지난 다음 어떤 자리에서 남이 하는 소리를 듣고 아연
실색하고 말았다. 그가, 로마 외곽 도로에서 교통사고로 숨졌다는 것이다.
아, 이런 세상에…. 빌라 아드리아나와 관련한 이야기가 나올 때마다 그의
해쓱한 얼굴이 겹쳐지는 것은 그 후로 정해진 일이 된다. 경내를 들어서며
속으로 그에게 안부를 물었다.

빌라 아드리아나의 지금 모습은 이 세상 모든 폐허지의 종합이라 해
도 과언이 아니다. 로마 5현제 중 한 명인 하드리아누스 황제Publius Aelius
Hadrianus(76~138)는 선제인 트라야누스 황제Marcus Ulpius Trajanus(53?~117) 때 넓
힌 로마의 영토를 성공적으로 관리한 것으로 평판이 높다. 그는 이를 위해
지중해 연안과 인근 아시아 지역 곳곳을 여행했다. 여행을 많이 한 이는 보
편성의 가치에 대한 믿음이 커지기 마련이며 나름대로의 이상적 세계를 꿈
꾸게 된다. 그는 로마에서 30킬로미터 떨어진, 자연 풍광이 좋은 티볼리를
택해 이상을 실현하기로 했다. 재위 기간이 117년부터 138년까지인데, 건
설은 118년에 시작하여 세 단계를 거치며 138년까지 이루어졌으니 그의
이상 세계인 이 도시 건설은 필생의 과업이었다. 아마도 당시 로마의 중심
인 포로 로마노Foro Romano가 각종 신전과 기념비 등의 난립으로 하드리아
누스 황제의 미적 안목을 충족하지 못했을 듯하다. 그래서 그는 줄곧 공식
업무를 여전히 공사가 계속되는 빌라 아드리아나에서 관장했으며, 로마의
새로운 행정 중심 도시가 된 이곳 안에서 필요한 물자가 거의 모두 생산되
고 소비되었다고 하니 빌라 아드리아나는 자급 도시인 셈이다. 그러나 하드

리아누스 황제와 동의어처럼 여겨진 이 도시는 그의 죽음으로 생명을 멈추게 되었고, 야만족의 침탈까지 더해져 아름다운 도시는 파괴되고 몰락하여 오늘날의 폐허에 이른다.

풍경을 주제로 많은 글을 쓴 존 B. 잭슨John B. Jackson(1909~1996)은 『폐허의 필요성』The Necessity for Ruins(1980)에서 폐허는 원형으로 돌아가기 위한 단초를 제공한다고 말하며, 역사는 중단하기 위해 존재한다고 했다. 세운 자의 영광을 영원히 기리고자 아무리 튼튼하게 지었다 해도, 도시와 건축이 반드시 무너진다는 것은 거역할 수 없는 사실이다. 그래서 돌 너머의 폐허에 서면 원래 모습을 상상으로 복원하고 그 속에 있었던 삶들을 추론하는 일이 흥미진진하지만 그 일의 끝에는 늘 허무가 기다리고 있다. 건축과 도시는 사라지는 숙명을 피할 길이 없으며 남는 것은 오로지 우리가 거기에 있었다는 기억뿐이라는 것, 이 사실만이 진실이다. 앞으로 이 기행에서 만날 무수한 폐허의 풍경에서 우리가 깨달아야 할 것은 그런 불가항력에 대한 순종 아닐까?

강미선 교수가 부은 발을 절뚝거리면서도 폐허지 곳곳을 다녔다. 저러다가 더 부어올라 치명적이 되면 어떡하나… 몹시 신경이 쓰였다. 우리는 6시가 훨씬 넘어서 폐허지를 나와 로마의 숙소로 향했다. 이제는 차에도 익숙해져서 마치 로마 거주자처럼 좁은 골목길을 누비고 주차도 했다. 내일은 시내에서만 다니는 일정이라 차는 모레 아침에나 찾으면 된다고 여기며 해방감을 느꼈으니, 차로 인해 다소 긴장한 게 틀림없었다. 저녁 먹을 곳을 수소문하여 숙소에서 가까운 해산물 식당을 찾아갔다. 모두 좋아했지만, 오랜 시간을 걸으며 다리를 혹사한 강미선 교수는 혼자 숙소에서 휴식을 취해야만 했다. 혹시 내일 귀국해야 하는 상황이 될지도 모른다. 자비를 베푸소서. 키리에 키리에 Kyrie Kyrie….

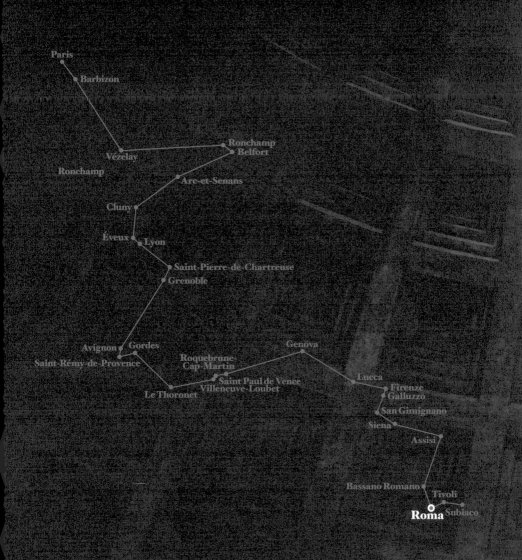

Paris

Barbizon

Ronchamp
Belfort

Vézelay

Ronchamp

Arc-et-Senans

Cluny

Éveux Lyon

Saint-Pierre-de-Chartreuse

Grenoble

Avignon Gordes

Saint-Rémy-de-Provence

Genova

Roquebrune-
Cap-Martin

Saint Paul de Vence
Villeneuve-Loubet

Lucca

Le Thoronet

Firenze
Galluzzo

San Gimignano

Siena

Assisi

Bassano Romano

Tivoli

Roma Subiaco

제 3 일

명료함보다 더 신비로운 것은 없다

Roma 로마

ITALIA

바사노 로마노

LAZIO

ABRUZZO

티볼리

수비아코

로마

판테온

불면

5시 반에 일어났다. 자정에 잠을 청했으니 다섯 시간 반을 잔 셈이지만, 지난밤에도 중간에 대여섯 번 깼다. 이 정도면 평상 수준은 된다. 내게 붙은 불면의 습관은 너무도 오래된 일이다. 고등학교 3학년 때였다. 사춘기를 지났음 직한데도 대학 가는 일에 의문이 들어 방황이 끝나지 않았던 때다.

내 부모님은 해방 직후 더 자유로운 종교적 생활을 찾아 월남했다. 한국전쟁이 일어나자 우여곡절 끝에 부산으로 피난했고, 나는 구덕산 아래 피난민촌에서 태어났다. 독실한 신앙을 가진 부모님은 구덕 교회를 만들다시피 했고 나는 그 교회에서 자랐다. 내게 교회 마당은 놀이터였고 교회 골방은 공부방이었다. 찬송과 기도 소리는 늘 내 몸 안팎에 머물렀다. 기독교와 교회는 그냥 내게 주어진 환경이었다. 그러니 이 종교를 나 스스로 가진 게 아니라는 것을 깨달은 중학교 시절부터 격심하게 정신적으로 방황했다. 신이란 무엇이고 내가 왜 기독교를 믿어야 하는지, 어린 가슴에 끊임없는 질문이 솟았다. 교회 일을 그렇게 열심히 하면서도 목사에게 늘 대들었고, 심지어 고등학교에 들어가자마자 스스로 술과 담배에도 손을 댔다. 혹독한 사춘기였다. 그래서 결국 신학을 전공하리라고 마음먹었다. 더구나 그 당시 신학교에 다니는 몇 사람을 보면 대부분 학교 공부에 뜻이 없어 하는 수 없이 신학교로 간 경우로 보였다. 그런 이들이 신학을 공부하고 성직자가 되는 일에 분노가 일기도 했으니, 이런 이유로도 그들보다 내가 신학을 하여야 한다고 다짐했다. 부족한 건 성경에 관한 공부여서 학교 공부와 시험은 관심에서 밀리고 말았다. 그러나 독실한 기독교 집안이긴만 신학교에 가고 싱직자가 되겠다는 내 생각은 집안의 반대에 부닥쳤다. 피난민 가족에다 몰락한 집안의 장남이므로 신학을 공부하는 일은, 집안을 일으켜야 한다는 내게 부여된 인간관계의 임무를 저버리는 행위였다.

어떻게 방향을 정해야 할지 도무지 모르고 있을 때, 누님이 건축과를 택할 것을 권유했다. 그림도 곧잘 그리는 나에게 맞는 일이라고 여긴 것이다. 건축이 무엇인지 알지 못했지만, 내가 누님을 워낙 좋아했으므로 그냥 말을 따랐다. 건축과로 방향은 틀었으나 신학을 향한 뜻은 여전히 내 마음 한구석에서 떠나지 않아 학교 공부가 그리 절실하지 않았고 대학 진학도 간절하지 않았다. 그러다가 누님이 결혼한 날인 10월 15일, 누님의 간곡한 당부를 받게 된다. 반드시 서울대에 가야 한다는 것이다. 기울어진 가세를 바로 세우라고 눈물로 이르는 말을 거부할 수 없었다. 그날은 서울대 시험 날까지 불과 석 달이 남은 때이며, 그날을 시작으로 나는 그간 못한 모든 공부를 해야 했으니 그 이후로 도무지 잠을 잘 수가 없었다. '아나뽕', '나이트스루'라는 이름이었던가? 잠을 못 자게 하는 이런 각성제가 늘 내 옆에 있었고 급기야 치사량이라는 일곱 알을 넘겨 마지막에는 스무 알을 먹을 정도가 되어서야 서울대 입시 날을 맞았고 시험까지 무사히 치렀다.

그러나 시험이 끝나고 나서도 나는 잠을 잘 자지 못하게 된다. 습관적 불면이 된 것이다. 내여섯 시간을 자면 도중에 대여섯 번은 깬다. 거친 삶을 살 때였으니 그러려니 하고 젊은 시절을 지냈지만 나이 들면서도 불면의 습관은 나아지지 않았다. 오히려 점점 심해져 완벽한 암흑, 완전한 무음, 쾌적한 온도의 수면 환경이 아니면 잠들기조차 어렵다. 그러니 아내가 이만저만 신경 쓰는 게 아니어서, 내색하지 않으려 애를 쓰는데 머리는 늘 무겁고 멍하다. 지난밤처럼만 잠을 자도 성공이랄 수 있어, 이런 날은 그런대로 하루를 잘 시작하게 된다.

판테온

오늘은 로마 시내를 둘러보는 일정이다. 숙소를 떠나기 전, 모두에게 오늘의 루트를 설명했다. 숙소 위치를 감안해서 나보나 광장Piazza Navona을 들른 다음, 판테온Pantheon, 트레비 분수Fontana di Trevi, 그리고 캄피돌리오 광장Piazza del Campidoglio까지를 오전 일정으로 한다. 콜로세움Colosséo 부근의 식당에서 점심 식사를 마치고 콜로세움과 포로 로마노를 산책한 후 오늘 일정을 끝낸다. 강 교수를 살피니 지난밤 휴식을 취해서 괜찮다고 했다. 그러나 걸

어야 하는 거리가 만만찮아서, 다리가 불편한 강미선 교수에게는 필요하면 중간중간 택시를 이용하라고 강권했다.

내가 로마에 마지막으로 온 게 2010년이었으니 꽤 오래전이지만 이 도시는 여전히 친숙했다. 관광객으로 잔뜩 붐빌 곳은 이번에는 내 관심 사항이 아니다. 그러면서도 다시 확인하고 싶은 두 곳이 있었는데, 판테온과 카타콤베Catacombe다. 카타콤베는 로마 성벽 밖에 있어 내일 공항으로 가는 길에 들르기로 하고, 오늘은 판테온만이 나 개인의 목적지였다.

지금의 판테온은 125년 히드리아누스 황제에 의해 건립된 신전이다. 무려 2,000년 가까운 세월이 지났지만, 외벽에 붙어 있던 대리석재는 뜯겨 나갔어도 전체의 풍모와 내부는 완벽히 보존되어 있다. 앞에 언급한 대로 하드리아누스는 팍스 로마나Pax Romana, 즉 '로마에 의한 평화'를 실천하고자 여행을 통해 보편성과 포용성의 가치를 익힌 황제인 까닭에 신전마저 하나의 신이 아니라 모든 신을 모시도록 지어 '판-테-온'Pan-The-On이라 했으니 한자어로는 범신전汎神殿이 딱 맞는 말이다.

이 건물은 콘크리트로 지어졌다. 콘크리트는 로마인이 발명한 재료다. 흙, 나무, 돌 같은 자연 소재로만 집을 짓던 만년의 건축 역사를 로마인이 콘크리트를 발명하면서 혁명적으로 뒤바꾼 것이다. 내가 판단하건대 이 일은 건축의 역사를 통틀어 가장 획기적 사건이었다. 어떠한 형태를 상상하며 설계하든 나무로 거푸집을 짜서 이어 붙인 후 석회·자갈·모래·물을 배합한 콘크리트를 부으면 한꺼번에 전체가 완성되는 경이적 방식은 나무와 돌이 가질 수밖에 없는 크기의 한계를 뛰어넘게 하는 혁신적 기술이었고, 요즘 말로 하면 하이테크 중의 하이테크였다. 이로써 우리의 문명과 삶이 얼마나 혁신되었는지 모른다. 참으로 대단한 일이다.

판테온 건축을 설명할 때 중요하게 등장하는 치수가 있다. 43.2미터라는 치수. 일부에서는 43.3미터라는 수치로 설명하기도 하는데, 이 숫자는 아무 구실을 못한다. 43.2가 되어야 30센티미디를 기준 단위로 써서 12의 배수가 되며, 이 건물을 구성하는 여덟 개의 공간 구조로 나누어도 정수가 되고, 2나 3으로 더 분할해도 정수를 가질 수 있다. 43.3이라는 치수가 정히 맞는다면, 이를 144로 나누어 30.07센티미터가 되는 이 크기가 당시의 기준 단위여야 한다. 그럴 만큼 144라는 숫자가 이 건축을 이해하는 데 중요하다는 것이다. 북극점에서 적도까지의 길이를 천만으로 나눠 1미터라는 단위를 정한 미터법, 우리 인체와 무관한 이 계량법이 나타나기 훨씬 전에 이 건축을 수치로 이야기하자면 완전수의 일종인 '12×12'로 표기했을 게다. 특히 별자리를 나타내는 황도대黄道帶, zodiac의 전체 원을 나누는 숫자가 12여서, 원형의 개구부인 오쿨루스Oculus를 천장 정점에 가진 이 건축에는 12가 더욱 특별한 숫자다. 게다가 그리스 올림포스에는 12신이 존재하여 세계를 지배한다고 하니, 헬레니즘Hellenism 문화에 깊이 빠진 하드리아누스 황제에게 12는 매혹적인 수치일 수밖에 없었다. 이 수치를 바탕으로 크기를 정한 반구가 만드는 지붕과, 이와 같은 수치를 지닌 바닥에서 천창까지의 높이는 이 건축의 완전성을 상징한다. 그리고 특히 격자로 구성된 돔의 패턴은 장식이 아니라 구조의 원칙이 형태로 나타난 것이어서 모자람이나 더함이 없이 또한 완전하다.

판테온을 지은 건축가가 트라야누스 황제 시절 중용된
다마스쿠스Damascus 출신의 아폴로도루스Apollodorus라는 주장도 있고
하드리아누스 황제 시기 여러 건축가의 작업이라는 설도 있지만,
누구든지 그는 필경 건축에 관한 모든 것에 능통했음이 틀림없다.
이 건축은 완벽함, 그 자체다.

돔 가운데 부분을 원형으로 뚫어 대기를 순환시켜 내부 공기를 맑게 하는 오쿨루스는 이 건축가가 콘크리트 구조를 완벽하게 이해했을 뿐 아니라 공기 대류의 원리까지 파악하고 있었다는 것을 뜻한다. 그래서 이 건축은 명료하다. 폴 발레리Paul Valéry(1871~1945)가 말했던가.

명료함보다 더 신비로운 것은 없다.

개념적으로 이 원형의 오쿨루스는 마치 하늘과 소통하는 건축의 영혼인 듯, 이곳을 찾는 이들에게 숨 막히는 감동을 준다. 오쿨루스를 통해 쏟아져 내려 돔의 내부 곳곳에 꽂히는 원형의 햇살 다발은 너무도 눈부시니 이곳에 모신 만신의 축복 아닐까? 가히 무한 공간이며 절대 공간. 때때로 날아들어 유영하는 비둘기들조차 신들의 전령인 양 경건하고 신비롭다. 그러니 천재 미켈란젤로Michelangelo di Lodovico Buonarroti Simoni(1475~1564)마저 판테온을 가리켜 천사가 지은 건축이라 하지 않았나…. 저 변방, 서울에서 온 이 초라한 건축가는 그저 신의 불공평함을 탓하며 한숨 쉬고는 군중에 묻혀 빠져나갈 뿐이었다.

저녁은 로마를 잘 아는 한 친구가 추천한 식당을 찾아 스페인 계단Piazza di Spagna Scalinata di Trinità dei Monti 부근으로 갔다. 로마에서 유학하며 스테인드글라스 공예를 공부한 손승희 작가도 식당에서 합류했다. 식당에 관광객은 보이지 않았고 정장을 비교적 잘 차려입은 선남선녀가 차 있었다. 내가 식당 분위기 핑계를 대고 티냐넬로 와인을 시켰다. 슈퍼 토스카나 와인 중 하나다. 이 와인과 사연이 있다.

20년도 더 되었는데, 정기용·민현식 두 선배 건축가와 디자인회사 'KDA'의 박기준 소장과 나까지 넷이서 이탈리아 남부를 여행한 적이 있다. 로마에서 태양 도로Autostrada del Sole를 타고 시칠리아Sicilia까지 잊지 못할 시간을 보내다가 나폴리Napoli에 저녁 늦게 도착하여 꽤 유명한 식당에 갔다. 늦은 시간에 행색이 남루한 동양인 네 명이 식당에 들어가 좌석을 달라고 하자 웨이터가 주저하다가 다른 손님 눈에 잘 띄지 않는 구석 자리로 안내했다. 다소 우리를 무시하는 듯했던 그가, 내가 티냐넬로를 시키자 태도를 바꾸기 시작하더니 이 와인을 네 병이나 해치우자 주방에서 셰프와 소믈리에까지 다 다가와서 온갖 아양을 떨었다. 그런 와인이었다. 사실 국내에서 사는 값에 비하면 3분의 1도 들지 않으니 먹을수록 돈을 번다고 농을 하기도 했다.

그 와인을 시키자 아니나 다를까, 이 식당의 웨이터들도 더욱 친절하게 서비스하는 듯했다. 그런데 식사 후 나온 디저트에 이물질이 들어 있는 것을 손승희 씨가 발견했다. 그녀는 즉시 웨이터를 불러 항의하고 정중한 사과를 받았는데, 활달하여 괄괄하던 마산 여자가 이탈리아 말로 노회한 웨이터를 꼼짝 못 하게 하는 게 너무도 재미있어 속으로 희열까지 느꼈다. 맛있는 와인과 유쾌한 분위기로 기분이 한껏 달았다. 여행에서만 가질 수 있는 재미다. 밤공기 냄새에서 초콜릿 향이 났다.

Paris
Barbizon

Ronchamp
Belfort

Vézelay

Ronchamp

Arc-et-Senans

Cluny

Éveux Lyon

Saint-Pierre-de-Chartreuse
Grenoble

Avignon Gordes Genova

Saint-Rémy-de-Provence
Roquebrune-
Cap-Martin

Lucca

Le Thoronet Saint Paul de Vence Firenze
Villeneuve-Loubet Galluzzo

San Gimignano

Siena

Assisi

Bassano Romano

Tivoli

Roma Subiaco

인연

ITALIA

산 빈첸초 수도원 ●

• 바사노 로마노

LAZIO

로마 국립현대미술관
●

• 티볼리

• 수비아코

로마 ○

●
산 칼리스토 카타콤베

로마 국립현대미술관

아침 5시가 되지 않아 눈을 떴다. 두어 번 깬 다섯 시간 반의 수면. 이 정도면 나쁘지 않은데, 대신 꿈을 심하게 꾸었다. 내가 무슨 일에 연루되어 조사를 받게 되는데, 도중에 대통령에게 한 후배의 군대 면제를 부탁하고 어떤 선배를 만나 회계 처리를 잘하라고 충고하기도 했다. 그러면서 그 선배가 북경 천안문 앞에 짓고 있는 건축물들을 보았다. 검은 벽돌로 육중하게 쌓은 거대 건축군이 질서 정연하게 놓인 풍경을 보며 은근히 질투하고 있었다. 그러다가 깬 것이다. 개꿈 중의 개꿈이다. 문제는 이런 꿈을 너무도 자주 꾸는 것이니, 그럭저럭 수면에 들었다고 해도 그 질은 참 나쁘다.

오늘은 전체 인원이 합류하는 날이다. 마침 어젯밤에는 박민영 씨도 파리에서 로마로 왔다. 그녀는 결혼하자마자 한 통신사의 특파원으로 떠나게 된 남편을 따라 1년 반 전에 파리로 와 거주하고 있다. 파리로 떠나기 전에 건축, 환경과 관련한 여러 진보적 모임에서 늘 궂은일을 맡아 헌신하던 재원이었다. 우리 기행이 로컬 가이드를 대동하지 않아 프랑스 지역에 가면 프 랑스어를 아는 이가 필요하다는 명분으로 참여하길 은근히 권했는데 쾌히 합류하겠다고 했다. 활동적인 그녀인 만큼 파리 생활도 대단히 적극적으로 꾸리고 있는 것을 SNS를 통해서 접하던 차였다. 이탈리아어를 잘하는 손승 희 씨와 더불어, 그녀는 이 기행의 원활한 진행에 혁혁한 공을 세운다.

서울에서 비행기를 타는 이들이 카카오톡 단체방에 소회를 밝혔다. 혹시 누가 빠지나 염려가 있었는데 모두 잘 출발했음을 확인할 수 있었다. 이번 기행은 SNS의 역할이 매우 컸다. 돌발 상황에서도 모두에게 모이는 장소와 시간을 신속히 전달할 수 있었고 의견 수렴도 너무 쉽게 이루어졌다. 이런 편리한 SNS가 없던 시절에는 어떻게 그룹을 이끌며 여행할 수 있었을까⋯. 그렇지만, 더 마음 졸이고 기다리고 상상하며 안녕을 빌던 그때의 우리 삶 이 더 드라마틱하고 신비로웠을 것은 틀림없다.

서울에서 출발한 일행이 오후 5시 넘어 공항에 도착하기 전까지는 여 유가 있어 두 군데를 들르기로 했다. 하나는 이번 기행의 성격과도 관련 이 있는 카타콤베여서 이미 가기로 마음먹은 바 있어 다른 한 군데만 정 하면 되는데 나는 폐허의 모습마저 장엄한 카라칼라 욕장Terme di Caracalla 을 다시 가보고 싶었지만, 대부분 이제 폐허는 그만두고 자하 하디드Zaha Hadid(1950~2016)가 설계한 미술관을 가보고 싶은 눈치다. 다만 내가 그 건축 과 건축가를 탐탁지 않게 여기고 있을 게라고 지레짐작해서 말하지 못하고 있는 듯하니, 내 선택은 내 맘을 따르지 못한다. 내가 먼저 미술관으로 가자고 했다. 쓸쓸하지만 모두 환호했으니 어쩌랴.

　그런데, 우연이란 참으로 이상한 것이다. 로마 중심부를 기준으로 북서쪽에 위치한 국립현대미술관^{MAXXI, Museo nazionale delle Arti del XXI secolo}으로 가자마자, 내가 로마에서 유일하게 아는 건축가 루카 갈로파로^{Luca Galofaro}를 만났다. 그를 만날 줄이야…. 그렇지 않아도 연락을 힐까 주지주지하다가 그냥 지나치기로 했는데 미술관 정문에서 바로 마주쳤다. 얼마 전 서울에서 만났을 때 나의 로마행을 알린 적도 있고 로마에 가면 연락하기로 했는데…. 한동안 웃으며 조우를 기념하는 사진을 찍었으나, 다시 만나자는 말만 또 할 수밖에 없었다.

　인연을 설명하는 불교의 가르침을 따르면, 옷깃을 스치는 인연이 되려면 500겁이 쌓여야 한다. 한 겁은 우주가 생성되어 소멸할 때까지의 시간이며 43억 2천만 년이라 했다. 이는 사방 4킬로미터의 바위섬에 선녀가 1년에 한 번 내려와 옷을 스쳐서 섬 전체가 다 닳아 없어질 때까지 걸리는 시간이라니 어마어마하다. 한데 그 시간의 500배가 지나야 이 세상에서 서로 모르는 이들끼리 옷깃을 스칠 수 있다는 것이다. 그러니까 루카와 나 사이의 인연은 1,000겁은 족히 쌓았을 게다. 친구와 하루 동안 길을 동행할 인연은 2,000겁이 걸린다고 하며, 하룻밤을 한집에서 자는 인연은 3,000겁을 쌓아야 이뤄진다니 적어도 이번 여행에 동행하는 이들은 모두 각별하지 않을 수 없다. 아무튼 루카에게는 서울에 오면 나처럼 하지 말고 꼭 연락하라고 웃으며 이르고 헤어졌다.

로마 국립현대미술관 내부.
건축가 특유의
흐르는 듯한 공간.

자하 하디드의 건축을 보고 나면 늘 허무한데, 또 그랬다. 기존 건물을 증축하여 확장한 미술관이어서 그녀가 설계한 것치고는 비교적 온건한 외관을 가졌으나, 이 건축의 내부 공간도 논리적으로 모순이 있었다. 현란하게 흐르는 곡선의 외형이 대단히 몽환적이어서 공간의 조직을 잘 감지하지 못하는 많은 이를 환호하게 하지만, 그 현란함을 걷으면 그녀의 공간은 대부분 관습적이며 때로는 그 형태가 공간의 구성마저 뒤죽박죽으로 만드는 것을 나는 안다. 여기도 그랬다. 건축가를 지식인적 건축가와 예술가적 건축가, 이 두 가지로 분류할 수 있다면 그녀는 철저히 후자에 속한다. 어디에서든 그녀의 예술혼을 심으며 땅이 가진 사연과 주변의 맥락을 무시하니, 우리 삶이 새겨진 장소의 기억을 중요하게 여기는 나와는 반대편에 있다.

세계 건축계의 정상에 있던 그녀는 2016년에 66세의 나이로 아깝게 세상을 떠났다. 그녀와 나는 제법 인연이 있다. 첫 번째는 중국의 손꼽히는 디벨로퍼developer인 '소호 차이나'SOHO China가 중국 베이징에 짓는 대규모 상업 건물을 놓고 나와 그녀 그리고 일본의 이토 도요오伊東豊雄(1941~)와 네덜란드의 비니 마스Winy Maas(1959~)를 지명 공모로 초청했는데 내가 이겼다. 그래서 베이징 무역 센터中国国际贸易中心三期 인근의 '챠오웨이 소호' 朝外 SOHO 라는 대형 건축이 2005년에 지어졌다. 두 번째는 같은 건축주가 발주한 베이징 근교의 아파트 단지 설계를 놓고 다시 그녀, 비니 마스, 나 셋이 겨뤘는데 그녀가 이겼다. 내가 보기에는 얼토당토않은 안이었다. 그런데 건축주가 내게 미안했는지 이 아파트 단지를 그녀의 마스터플랜을 기본으로 나와 비니 마스가 동참하여 나눠서 세부 설계를 진행하면 어떠냐고 제안했다. 비니 마스는 그렇게 하겠다고 했는데, 나는 단박에 거절했다. 이념이 도무지 맞지 않는 일을 하는 건 내게 자학적 행위라고 말하고 회의장을 떠나버렸다. 그 이후로 나를 까탈스럽다고 여기는 그 건축주의 일을 더는 하지 못한다. 아파트는 결국 지어지지 못했다.

자하 하디드와 또 한 번 겨룰 기회를 가졌는데, 마지막이었다. 바로 서울 동대문의 DDP다. 국내외 여덟 명의 건축가가 지명 경쟁에 초청되었다. 나는 그 땅이 가진 기억을 존중하여, 없어진 성벽도 다시 살리고 낙산과 남산을 잇는 구릉도 만들고 동대문 경기장의 흔적도 남겼지만, 그런 역사와 장소에 전혀 관심이 없던 심사위원들은 우주선 같은 모양을 제출한 그녀의 안을 당선시키고 말았다. 이제 그녀와 대결할 기회는 전혀 없으니 결국 내가 2대 1로 패배한 셈이다. 나와 그녀는 몇 겹의 인연을 쌓았을까…. 이제 평화하시라.

산 칼리스토 카타콤베

이제 차는 로마에서 마지막 목적지인 산 칼리스토 카타콤베Catacombe di San Callisto로 향한다. 로마의 남쪽 성벽 밖, 이탈리아 반도를 관통하는 아피아 가도Via Appia 변에 있는 이 지하 분묘는 9만 평의 면적에 50만 구의 유골이 안치되어 있다고 했다. 로마 전체에 산재한 마흔 개 가량의 카타콤베 중에서 가장 큰 면적을 차지하는 산 칼리스토 카타콤베는 열여섯 명의 교황과

쉰 명의 순교자 유해가 안치되었던 무덤이다. 교황의 무덤이라 불리기도 해서인지 전체의 경관 또한 빼어나다.

원래 로마인은 화장을 택해 타고 남은 재를 항아리에 보관하지만, 부활 신앙을 가지는 기독교도는 매장을 종교 의례의 하나로 인식한다. 그러나 그리스도교 초기에는 성내에서 매장할 땅을 찾기 어렵기도 하고, 당시 기독교도 대부분이 하층민이어서 성문 밖의 장소를 택할 수밖에 없었다. 이곳 토질이 화산석 계통의 응회암인 것도 지하 분묘가 광범위하게 들어선 이유다. 이 흙은 부드러워서 파기가 쉽지만, 파낸 면이 공기에 노출되면 이내 굳어버리는 탓에 깊이 파 들어가도 무너지지 않는다. 게다가 냄새를 잘 흡수하는 기능도 있어서 사체를 두어도 악취가 그리 심하지 않다고 하니 지하를 공동 분묘로 쓰기에 최적의 토질인 셈이다. 파낸 흙을 외부로 반출하려고 설치한 수직 갱도는 환기통으로도 쓰였고, 지금도 이를 이용하여 전체를 자연적으로 환기한다. 지하 20미터 가까이 들어가기도 하는 통로는 크기가다 다른 그물 같은 미로로 구성되어 전체 길이가 22킬로미터가 넘고 이들이 이루는 공간 구조가 절묘하다. 여기저기에 크고 작은 공간이 있는데, 이들은 원래 파낸 흙을 반출하는 장소였으나 나중에 기독교 박해를 피해 모이는 이들을 위한 성당으로 쓰였다.

물론 딱히 그런 모임의 장소로 쓰인 곳만이 아니라 이 공간 모두가 특별하며 성스러울 수밖에 없다. 2,000년이 지난 지금도 죽음은 여기 있으니 삶의 경계를 벗어난 이들이 사는 마을이다. 더구나 여기에는 신앙과 목숨을 바꾸어 결국 순교하여 온 이들도 있어, 그들에게는 스스로 삶의 경계를 달

산 칼리스토 카타콤베.
죽은 자가 머무는 곳이 아니라
그들을 기억하는
우리의 기억이 머무는 곳.

리하여 거주하는 곳이며 이로써 평화를 얻은 곳이다. 세상 모든 인연을 끊어 얻은 평화. 그래서 그런가, 어둠 속 미로의 길을 안내받아 걷는 내내 긴장보다는 고요와 평화가 흘렀다. 슈베르트Franz Peter Schubert(1797~1828)의 〈리타나이〉Litanei auf das Fest aller Seelen, D. 343가 듣고 싶어졌다.

> 평화 속에 잠들라, 모든 영혼이여.
> 걱정 근심으로 지냈거나 달콤한 꿈속에서 지냈거나,
> 만족한 삶을 살았든 어렵게 태어났든,
> 이 세상을 떠난 모든 영혼이여, 평화 속에 잠들라.

미사가 시작되면 제일 먼저 부르는 이 아름다운 곡의 가사는 이렇게 시작하고 끝도 그렇게 맺는다. 주여, 그들에게 영원한 안식을 주소서. 레퀴엠 아에테르남 도나 에이스, 도미네Requiem aeternam dona eis, Domine…

산 빈첸초 수도원

이제 공항으로 향한다. 남쪽 루트를 따라 서향의 일사를 마주하며 40분을 달려 공항 렌터카 구역에 도착해 차를 반납했다. 사실 수비아코를 갔을 때 점심 먹으려고 주차장에 차를 잘 넣었는데, 점심 후에 와서 보니 오른편 뒷바퀴 윗부분이 긁혀 있었다. 틀림없이 옆에 먼저 주차한 차량이 나가면서 훑고 간 것인데 괘씸했지만 방법이 없었다. 반납할 때 차를 검사하던 인상 좋은 친구는 이런 건 보험에서 다 정리할 것이니 걱정하지 말라고 하며 좋은 여행을 하라고 인사까지 한다. 이렇게 고마울 수가…. 그래 복 받으시라, 좋은 친구.

이미 일주일 전부터 유럽을 여행하던 공지영 작가와 이은 감독도 합류했고, 손승희 씨도 다시 만났다. 서울에서는 정형외과 의사인 김윤식 원장, 서울시립대학교 박철수 교수, 대중적으로도 많이 알려진 최강욱 변호사, 목가구 만드는 김윤관 목수, 목수이면서 사진작가인 최수연, 건축하는 김호중, 서울시설공단의 안찬 처장, 윤영미 아나운서, 연합뉴스의 김지선 기자, 인테리어 디자이너 이호남, 빈티지가구 숍을 운영하는 변재희, 건축가 김영옥이 왔다. 바쁜 광고 일 때문에 하루 늦게 오는 이지희 대표를 제외한 스물넷의 동숭학당 멤버에 주현신 목사까지 스물다섯 명 모두가 모였다. 모두 주현신 목사의 등장을 이상히 여겼다. 그는 과천 교회의 담임 목사인데, 지난해 내가 오스트리아 빈Wien 공대 객원 교수로 빈에 1년을 거주하고 있을 때 유럽 여행을 하던 중에 나를 찾아와 이야기를 나누었고, 수도원 기행을 할 기회가 있으면 꼭 참여하게 해달라고 부탁한 바 있었다. 어머니로부터 목사의 말은 거역하지 말라는 이야기를 어릴 적부터 귀에 못이 박히도록 들은 나는, 이번 기행의 일정이 정해지자마자 주현신 목사에게 먼저 알리고 참가할 수 있도록 배려한 것이다. 물론 이 기행이 기독교의 종교적 장소를 탐문하기도 해서 어떤 경우에는 신학적 내용에 관해 도움을 받을 수도 있을 게라 여겼다. 일행 일부에게는 이미 그렇게 설명했다.

공항의 버스 정류장에 있던 버스에 서둘러 짐을 싣고 모두 탑승하여 오늘의 숙소인 산 빈첸초 수도원Monastero San Vincenzo Martire으로 출발했다. 그런데 버스 안에서 일이 터졌다. 버스 기사가 체코인 '빌리'라고 자기소개를 하고 나서 이어지는 태도가 지나치게 신경질적이었다. 반바지에 슬리퍼를 끄는 모습도 서비스하려는 이의 복장이 아니어서 마음에 들지 않은 차였다. 이고은이 냉장고에 물이 있나 살피려는데, 기사가 소리를 치더니 자기 말 아니면 손대지 말라고 명령조로 말한다. 게다가 차가 출발한 다음 내가 마이크를 잡고 일어서서 환영의 말을 히려는 순간, 지나친 언사로 곧이 없으라고 했다. 어이없어 몇 마디 하자 이윽고 사우스 코리아는 다 그러냐고 막말을 해 도무지 참을 수 없었다. 그 말 다시 해보라는 내 완강한 태도에 그는 자기 회사에 연락해서 이 여행의 운행을 못 하겠다는 말을 하겠다고 했다. 즉각 그러라고 했다. 이고은은 재빨리 서울에 연락해서 상황을 설명하고 기사를 교체해달라고 했고, 조치를 취하겠다는 응답을 받았다.

도무지 있을 수 없는 일이었다. 더구나, 이 여행을 준비하면서 서울의 여행사 담당자에게 여러 번에 걸쳐 좋은 기사를 배치해달라고 신신당부한 바도 있었다. 운전기사가 나쁘면, 여행사에서 온 가이드가 없는 경우에는 더욱이, 기행 분위기가 엉망이 되지 않을 수 없고 이 여행을 이끌어야 하는 내 입장으로서는 거의 악몽이다. 내일이라도 교체한다니 다행이지만, 오늘 숙소로 가는 동안은 참아야 했다. 일행 모두 사태를 짐작하며 여행이 시작되어 들뜬 기분을 내놓고 드러내지 못하는 분위기였다. 어차피 장거리 비행으로 피곤들도 할 것이라, 몇 가지 당부만 전하고 침묵의 모드로 전환했다. 차는 한 시간을 달려 숙소에 도착했다. 악연이었다.

숙소는 로마에서 북쪽으로 50킬로미터 떨어진 곳에 있는 수도원 호텔인 빈첸초 수도원이다. 이곳으로 숙소를 정한 이유는 로마에 도착한 다음 날 일정이 나소 빡빡해서 로마 시내에 숙박하기가 어려운 탓이기도 하지만, 수도원 기행인 만큼 첫 숙박지가 주는 인상이 중요하기 때문이었다. 성 프란체스코의 아시시는 중요한 순례지여서 반드시 거쳐야 하고, 피렌체 근교에 있는 갈루초 수도원으로 이어지는 루트에는 아름다운 풍광을 지닌 토스카나 지역에 역사적 도시들이 즐비하여 그중 한 도시를 정해 숙박을 해야 한다. 늦은 밤에 도착하는 산 빈첸초 수도원에서는 하지 못할 이 기행의 환영 만찬을 산 지미냐노에서 가지는 게 최고의 선택일 듯했다. 그렇다면, 산 지미냐노를 가는 도중에 있는 시에나를 그냥 지나치는 건 아무리 바쁘다 해도 내 배짱으로도 되지 않는 일이다. 이렇게 엮으면 아시시 일정은 오전 중에 마쳐야 하므로, 첫날의 숙박은 로마에서 북쪽으로 떨어진 곳으로 정해야 해서 찾은 곳이 이 수도원 호텔이었다.

유럽에는 이제 수도하는 이들의 숫자가 많지 않아 수도원을 숙박 시설로 전용해서 쓰거나 겸용하는 곳이 대단히 많다. 마음만 먹으면 수도원이나 수녀원만 찾아서 숙박하며 유럽 전역을 여행할 수도 있다. 이곳들은 비용이 저렴할 뿐 아니라 깨끗하고 검박하며 조용해서, 소란을 싫어하는 여행객에게는 너무도 잘 맞는 숙소다. 편의 시설이 태부족이며 서비스도 그리 좋지 못하니 다소 불편은 있겠지만, 그런 불편함마저 즐길 마음가짐만

산 빈첸초 수도원 원래의 모습은
아래 사진을 기준으로 성당 좌측에 붙은,
중정을 중심으로 형성된 부분인데,
학교 시설을 급히 증축하면서
수도원 고유의 분위기가 많이 변하고 말았다.

된다면 최고의 숙박지라고 할 수 있다. 이를 찾는 방법은 간단하다. 'www. monasterystays.com'이라는 웹 사이트를 찾거나 이 사이트와 관련하여 출간한 『더 가이드 투 로징 인 ○○○'스 모나스터리스』The Guide to Lodging in ○○○'s (France's, Italy's, Spain's 등) Monasteries 라는 시리즈 책을 사서 보면 된다. 내가 늘 찾는 수도원 숙박지도 죄다 여기를 통한 것이며, 오늘의 산 빈첸초 수도원도 그래서 찾을 수 있었다.

로마 북쪽 비테르보Viterbo 지역의 바사노 로마노Bassano Romano라는 작은 마을 외곽 산언덕에 있는 산 빈첸초 수도원은 1631년에 설립한 베네딕도파 수도원이다. 설립 이후로 계속 쇠퇴의 길을 걸었으며 현대에 이르러서는 명색만 유지하다가, 1945년에 전쟁고아를 돌보기 시작하면서 후원이 급속도로 늘었고 1970년에는 고아 650명을 수용할 정도로 규모가 커졌다. 1983년 이후에 대대적인 개수로 현재의 모습을 갖췄으며, 지금도 많은 부분이 교육시설로 쓰인다고 했다. 그러나 증축된 모습은 건축의 질이 옛 건물과 비교해서 현격히 떨어져 다소 실망스러웠다. 더러는 재정이 여의치 않은지 미완성된 상태 그대로 방치되어 있기도 해서 을씨년스럽기까지 했다. 그러나 방은 여느 수도원 호텔처럼 검박하고 조용해서 수도원 기행의 첫날 밤을 지내기에 그저 그만이었다.

이런 곳의 문제는 영어가 잘 통하지 않는다는 것인데, 손승희 씨가 나서서 통역할 뿐만 아니라 마치 수도원 직원처럼 방을 배분하고 안내하는 부지런을 보였다. 그런데, 어느새 로비 한구석에서 김윤식 원장이 한국에서 가져온 온갖 의료 기기로 강미선 교수의 다친 발을 치료하고 편안히 걸을 수

〈부활한 그리스도〉.
서구의 이 강건한 인체 조상이
물론 예수의 실제 모습은 아닐 게다.

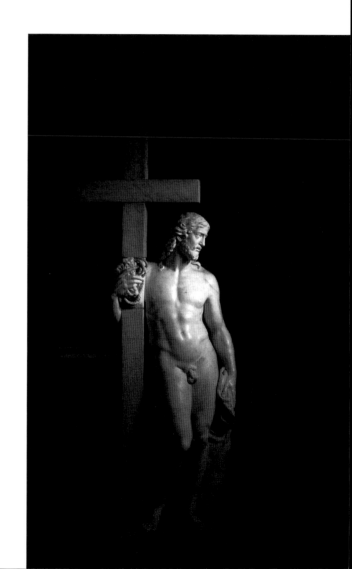

있도록 보조 장비를 채워주고 있었다. 더구나 김 원장은 정형외과 전문의다. 이뿐만이 아니라 우리의 기행에서 발생할지 모르는 각종 질환을 대비한 약재를 모두 가져왔다고 하니 감사하고 감사한 일이었다. 이제 나는 강미선 교수에 대해 걱정하지 않아도 되어 마음이 가뿐해졌다.

　방을 배정받은 후 모인 우리를 안내하던 수사는 이 성당 내에 1631년 미켈란젤로가 만들다가 미완성으로 남긴 조각상이 있다고 했다. 가보니 성당 한편에 보물처럼 철창 안에 넣어 모시고 있는 인체상이 있었다. 아무 생각이 없다가 뭔가 이상해서 유심히 보니, 아, 작년에 이곳에서 빌려 런던 내셔널갤러리에서 전시한 바로 그 작품이었다. 〈부활한 그리스도〉Cristo della Minerva. 미켈란젤로가 작업하다가 허리를 만들어야 하는 대리석 부분에 검은 띠가 발견되어 중단한 것을 그의 동지였던 세바스티아노 피옴보Sebastiano del Piombo(1485~1547)가 이어서 완성한 작품이라고 하는데, 여기서 만나다니…. 놀라웠다. 이렇게 조우하는 인연은 마음을 깨끗이 해야 얻어지는 축복 같은 것이라고 속으로 읊조리며 나왔다.

　지하층 식당에 전부 모여서 늦은 저녁을 먹었다. 수도원의 식사이기도 하고 모두 오랜 비행과 이동으로 피곤하여 잠을 자려고 허기를 채우는 정도지만, 처음으로 같이 모인 자리여서 서로 안부를 묻고 즐거운 시간을 보냈다. 그런데, 멀리 앉아 있던 버스 기사가 포도주를 따기도 하고 배급하기도 하는 등 갑자기 서비스를 하기 시작한다. 생뚱맞았다. 그래 봤자 너는 내일 끝이야…. 한데 이고은이 서울의 여행사에서 온 연락을 전했다. 내일은 기사를 교체할 수 없고 모레가 되어야 바꿀 수 있다고 했다. 어쩔 수 없이 내일은

성질을 죽이며 이 친구와 같이 또 가야 한다. 이 기행이 나를 죽이는 목적도
있는 터이니….

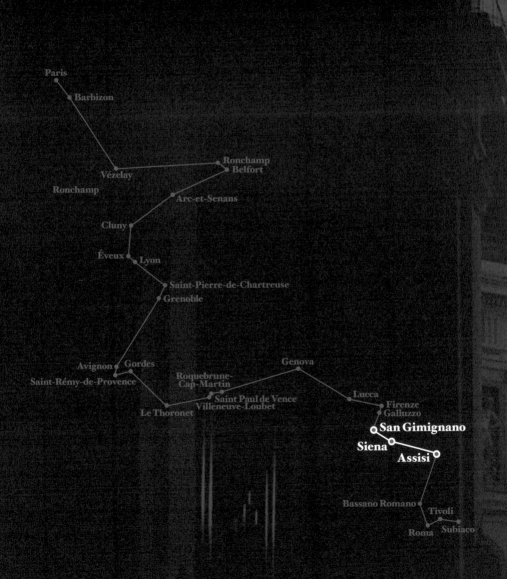

Paris

Barbizon

Ronchamp
Belfort

Vézelay

Ronchamp

Arc-et-Senans

Cluny

Éveux Lyon

Saint-Pierre-de-Chartreuse

Grenoble

Avignon Gordes   Genova
Saint-Rémy-de-Provence
                          Roquebrune-
                          Cap-Martin   Lucca
                              Saint Paul de Vence   Firenze
                              Villeneuve-Loubet   Galluzzo
                  Le Thoronet
                                                    San Gimignano
                                          Siena   Assisi

                                    Bassano Romano
                                                    Tivoli
                                          Roma   Subiaco

이미타티오 크리스티

Assisi 아시시
Siena 시에나
San Gimignano 산 지미냐노

ITALIA

● 피렌체
● 갈루초

치스테르나 광장
●
● 산 지미냐노

시에나
시에나 대성당 ● ●
● **캄포 광장**

T O S C A N A

성 프란체스코 교황 성당 ●
● 아시시
산타 마리아 델리 안젤리 성당 ●

U M B R I

● 바사노 로마노

수도원의 발생

침대가 셋 있는 방에서 잤기 때문일까…. 꿈속에 정체불명의 두 남자가 어지럽게 왔다 갔다 하며 나를 계속 깨웠다. 잠자는 걸 포기하고 일어나니 5시. 주섬주섬 옷을 갈아입고 밖으로 나와 여명에 싸인 수도원 주변을 거닐었다. 이제 보니 이 수도원의 정문은 마을 간선도로변에 있었다. 정문에서 수도원까지의 접근로는 길어 속세와 한껏 거리를 두었고, 그 길가에는 플라타너스가 들어오는 이들에게 묻은 속세의 때를 씻어줄 듯 울창하게 솟아 공간을 만들고 있었으나 적막했다.

아침 7시가 조금 지나 놀랍게도 이백만 주 바티칸 대사가 부인과 함께 찾아왔다. 여기에 이 시간에 도착하자면 로마에서 6시에는 출발했을 테니 그 정성에 미안하지 않을 수 없었다. 손승희 씨로부터 우리의 기행을 알게 되었고 공지영 씨에게 방문해도 되는지 물었다고 했다. 만나기로는 처음이었지만, 이미 서로 알고 있는 터라 아주 살갑게 대했다. 우리가 출발해야 하는 시간이 8시여서 이야기를 길게 잇지 못했다. 짧은 만남이 아쉬웠으나 다음을 기약하며 작별했다. 그는 매우 즐기면서 대사직을 수행하는 듯했다. 늘 강건하시길….

    차는 아시시^{Assisi}를 향해 출발했다. 아시시는 기원전 1000년부터 움브리아^{Umbria}인이 정착하며 생긴 도시지만, 기원전 295년의 센티눔 전투^{Battle of Sentinum}에서 이긴 로마인이 이곳을 지배하면서 아시시움^{Asisium}이라 칭하여 오늘날까지 전해진다고 안내서에서 읽었다. 그래도 주변 지역 이름은 여전히 움브리아이며 로마 도시의 공통적 시설인 성벽, 광장, 극장과 신전 등의 흔적도 남아 있는 오래된 도시다. 인구수는 3만에 불과하지만 성당이 무려 100여 개나 되어 도시 전체가 성지라 해도 과언이 아니다.

    이제부터 수도원 기행이 본격적으로 시작되는 셈인데, 수도원을 이해하기 위한 기본적 개념을 모두에게 설명해야 했다. 버스 기사의 눈치를 봐가며 마이크를 잡았다.

"수도원은 예수의 삶에서 출발합니다. 예수는 33년의 삶을 살았습니다. 마지막 3년은 공생애라 칭하며 성경에 자세히 기록이 되어 있지만, 그 앞의 30년은 탄생 설화와 어릴 적 예루살렘 성전에 올라가서 종교학자들과 토론했다는 내용 외에는 기록이 없습니다. 2,000년 전 30세라면 요즘 나이로 50~60대처럼 사회적으로 완성되었을 나이며, 예수는 영민했으니 세상에서도 성공적 삶을 살았을 겁니다. 그러나 어떤 삶을 살았는지 어떤 직업을 가졌는지 아무도 모릅니다. 예수의 아버지인 요셉의 직업은 목수라고 나와 있어 예수도 아마 목수였을 거라고 여기는 이들이 많고 교회에서도 그렇게 가르칩니다.

그러나 이스라엘은 목수라는 직업이 별도로 있을 만큼 나무가 많은 나라가 아닙니다. 기껏해야 감람나무라 불리는 올리브나무가 척박한 땅을 딛고 있는데, 이 나무로는 목재가 안 됩니다. 큰 목재가 굳이 필요하면 레바논 같은 나라에서 수입해서 썼을 정도입니다. 그러나 석회암이나 사암 같은 석재는 지천으로 널려 있습니다. 그러므로 이스라엘의 집은 주로 석재로 짓는 게 상식이니 석수라면 모를까 목수는 불가능한 직업입니다. 이상한 생각이 들어 여기저기 탐문해, 다음과 같은 사실을 알게 되었습니다. 성경은 원래 이스라엘 고유어인 아람어나 히브리어로 썼는데 히브리어로 된 성경에는 요셉의 직업이 텍톤tektōn이라고 나와 있습니다. 바로 건축을 뜻하는 '아키텍처'architecture의 '텍트'tect와 같은 어원입니다. 이게 영어로 번역이 되면서 '카펜터'carpenter가 되었는데 우리말로 목수로 변했습니다."

한글 성경을 읽다 보면 놀랄 만큼 정교하고도 적확하게 우리말로 표현되어 있다고 느낀다. 가끔 영어본과 비교해서 보는데 어떤 경우에는 영어본보다 훨씬 원전에 가깝지 않을까 여길 정도다. 1882년에 한문 성경에 한글을 삽입하여 번역한 최초의 한글 성경이 나온 이후 일본어본과 영어본을 번역하며 사용하다가 히브리어 원전을 번역하기도 하는 등 여러 사람의 공동 노력과 집단 지성에 의해 지금의 한글 성경을 만들었지만, 성경에 쓰인 한글 문장은 신묘라는 단어 이외는 표현할 방법이 없을 정도다. 말 그대로 신의 개입이 있었을까…. 그랬을 게다.

　그런데도 오류가 간혹 있을 수 있는데, 오류라기보다는 단어가 가진 시대적 함의를 이해하지 못한 것이다. 예컨대, 마태복음 제13장 55절의 "이는 그 목수의 아들이 아니냐"라는 대목이다. 예수의 지혜와 능력에 놀란 이들이 예수의 출신이 비천함을 새삼 끄집어내는 말인데, 여기서 기술된 목수는 카펜터의 뜻을 잘못 번역한 것으로 나는 여긴다. 중국어 성경에 목장木匠이라고 했으니 이를 따랐을 가능성이 크다. 그러나 카펜터의 어원을 따지면 나무로 된 마차chariot를 만드는 일이며, 이 뜻이 발전하여 집을 짓는 사라는 의미도 있는데 그냥 목수라고만 번역한 것이다. 사실 2,000년 전에는 목수나 석수가 있을 정도로 직업이 전문적으로 분류되었을 리 없다. 집 짓는 일에 종사하는 이를 통칭했을 게다. 특히 히브리어 원전에 나오는 텍톤은 어떤 재료를 쌓아 공간을 구축해내는 일이라는 게 적확한 뜻이며, 쉽게 직업으로 말하면 집 짓는 자라는 의미다. 그래서 요셉은 목수라기보다는 집 짓는 일을 하는 이였을 개연성이 크다. 육신의 아들인 예수 역시 아버지 직업을 이어받아 텍톤이었을 것이고 예수가 영민했으므로 텍톤 중에서 우두머리 격인 아키텍톤architektōn, 오늘날의 직업 분류로는 건축가라고 나는 상상한 것이다. 다만, 건축은 지금도 그렇지만 예수의 시대에도 양반이 하는 일은 아니었던 모양이다.

　그러나 분명한 것은 건축가는 건축으로 우리의 삶을 바꾸는 자다. 그래서 건축가가 견지해야 할 태도는 특별해야 한다. 이에 대해 내가 쓴 글의 일부를 다시 옮겨 적으면 다음과 같다.

따라서 건축 설계를 하는 건축가는 인간의 생명과 그 존엄에 대해
스스로 진실하고 엄정해야 하므로 심령이 가난해야 하고 애통해야 하며
의에 주려야 한다. 특히 다른 이들의 삶에 관한 일을 하니 화평케 해야 하고
온유하고 긍휼하며 청결해야 한다. 바른 건축을 하기 위해 권력이나
자본이 펴 놓은 넓은 문이 아니라 고통스럽지만 좁은 문으로 들어가야 한다.
스스로를 깨끗게 하여 거룩한 것을 개에게 주지 않아야 하며 진주를
돼지에게 던지는 일을 거부해야 한다. 모든 사물에 정통하고 박학하고자
뱀같이 지혜롭고 비둘기같이 순결해야 한다. 결단코 불의와 화평하지
않아야 하며, 때로는 그런 행동 때문에 집이나 고향에서도 비난받을 각오가
되어 있어야 한다. 사람 사는 일을 알고자 더불어 먹고 마셔야 하지만
결코 그 둘레에 갇혀서는 안 된다. 스스로를 수시로 밖으로 추방하여,
광야에 홀로 서서 세상을 직시하는 성찰적 삶을 지켜야 한다.
오로지 진리를 따르며 그 안에서 자유하는 자, 그가 바른 건축가가 된다.
　―『보이지 않는 건축 움직이는 도시』 '한 건축가의 죽음' 중에서

　이 글에 쓴 바른 건축가의 삶은 예수의 삶과 다름이 없었다. 그래서 바른
건축가가 되는 것은 낙타가 바늘구멍을 통과하는 일이니 그 흉내조차 내지
못하는 내가 건축가라고 칭하며 사는 게 늘 두렵고 아프다고 썼다. 그러나
예수는 건축을 통해 사람이 바뀐다는 것을 잘 알았을 게며 서른의 나이에
건축가라는 직업에 달통했기에 세상을 다시 짓고자 세상의 경계 밖, 광야로
나가지 않았을까…. 내 상상은 더 나아갔다.

버스는 고속도로 위를 달리고 있었다. 비테르보를 돌아서 지방도로로 가면 경치가 더 좋으련만 그걸 이 친구에게 요구하면 또 무슨 사태가 벌어질지 몰라, 오늘은 참기로 했다. 어차피 아시시까지는 먼 거리여서 빨리 가는 것이 일정으로는 좋다. 말을 이었다.

"예수는 광야에서 스스로를 극복하고 자유를 얻은 다음 세상 안으로 다시 들어와 약한 자와 소외된 자, 낮은 자와 핍박받는 자를 안으며 복음을 외치다가 그 민중이 메시아라고 부를 때 십자가에 못 박혀서 또 나시 삶의 경계 밖으로 스스로를 추방하고 불멸이 되었습니다. 이 숭고한 예수의 삶을 본받는 일, 즉 '이미타티오 크리스티'Imitatio Christi는 사도에게 그들의 목숨을 걸고 감당해야 할 일이었고 결국 순교라는 형태로 나타납니다. 그래서 이 순교한 사도의 삶, 다시 말해 '비타 아포스톨리카'Vita Apostolica는 기독교도에게 신앙의 가장 고귀한 형태로 인식될 수밖에 없지요."

예수는 이미 "내 나라는 이 세상에 속한 것이 아니니라"(요한복음 제18장 36절)라는 말을 한 적이 있어, 독실한 신앙을 가진 이들은 세상의 삶에 목표를 두지 않았다. 더구나 예수의 가르침을 헬레니즘적 논리로 정연하게 설파하며 기독교의 체계를 만든 바울은 '세상이 나를 향해 십자가 위에 죽었다'라며 이 세상에서의 삶에 큰 가치를 두지 않았다. 그때는 팍스 로마나였으니 로마의 강제력으로 평화가 유지되는 세상이었고, 민간 신앙 체계도 맹목적으로까지 보이는 복종을 요구하는 유일신 세계가 아니라 기능과 목적에 따라 각각 다른 신이 존재하는 다신교의 세계였음을 상기할 필요가 있다.

그렇지만 순교라는 것, 목숨을 바치면서까지 신앙을 지키는 일은 일반인이 수행하기에는 지극히 어려운 성사聖事일 수밖에 없다. 그래서, 세상에서는 죽고자 세상의 경계 밖이라 여긴 광야로 떠나 거기에 머물며 신앙을 닦는 일이 수도의 출발이 된다. 그때는 견유학파 같은 헬레니즘의 철학적 흐름이 대세여서 세속을 떠나 사는 일이 고귀한 삶으로 받아들여지는 분위기도 있었다. 게다가 기독교가 공인된 4세기부터 기독교가 대중화의 물결을 타자, 엘리트 의식을 지닌 기독교적 플라톤주의자들은 오히려 이에 반감을 품어 대중으로부터 자신을 구별하려고 광야로 나가기도 했다. 그래서 초기 수도사는 집안이 좋고 학식이 뛰어난 이들이 대부분이었다.

최초로 역사에 기록되어 나타난 수도사는 3세기 말엽 이집트 광야에서 수도를 한 안토니우스Antonius(251~356)라는 사람이다. 이 수도사에 관한 전기가 당시 알렉산드리아의 주교였던 아타나시우스Athanasius(293?~373)가 저술한『성 안토니우스의 생애』Vita Antonii라는 제목의 책으로 오늘날에 전한다. 홀로 광야로 나간 수도사들도 외로웠을까? 같이 모여 공동체를 이루며 수도 생활을 한 예가 많은데, 그 가운데서도 안토니우스를 중심으로 모인 수도회가 월등히 컸다고 책에서 전하고 있다. 당시에는 수도회에 관해 정해진 규칙이 없으니 그들의 수도 방법은 제각각이었다. 통일된 수도 규칙이 나오는 건 베네딕토 때부터라고 앞에서 쓴 바 있다. 6세기에 만든 73개 조항의 베네딕토 수도 규칙서가 수도사들에게 광범위하게 차용되면서, 9세기 초에는 루이 황제Louis Ier dit le Pieux(778~840)가 이를 전 유럽의 수도원 단일 규

라파엘로가 그린 수도사.
체념과 고독, 그리고 그리움을
그리면 이 표정 아닐까.

칙으로 공포하기도 했다. 그리고 이 규칙서를 오늘날까지도 모든 수도원이 전범으로 삼으니, 앞으로 이 여행길에서 만나는 수도원을 바로 보려면 그 내용을 이해하는 일이 중요하여 설명을 이어갔다.

"이 규칙서 선제에 흐르는 삶의 기준은 세 가지로 말힐 수 있습니다. 청빈과 동정과 순종인데, 이는 세 가지 자유를 얻음으로써 이뤄지는 결과입니다. 청빈은 물질로부터의 자유입니다. 자기 소유의 재산을 다 버려야 한다는 것이지요. 동정은 육체로부터의 자유이며, 이를 위해 가족과 절연해야 하고 무엇보다 욕정에서 해방되어야 합니다. 순종은 정신으로부터 자유해야 이루어집니다. 번뇌나 이념의 욕망에서 벗어난 상태라고 할 수 있습니다. 성경에서는 여덟 가지 죄악을 규정하며, 이 유혹에서 벗어나야 바른 삶이 이루어진다고 했습니다. 탐식과 탐욕, 허영, 욕정, 분노, 우울, 나태, 그리고 교만입니다. 제가 보기에는, 청빈과 순결은 어렵더라도 노력하자면 지킬 수 있겠는데 순종이 아마 제일 지키기 어려운 것 아닐까 싶습니다. 완전히 자기를 버려야 하는 일인데, 참으로 쉽지 않습니다. 베네딕토 규칙서는 이를 위해 끊임없이 기도와 노동에 집중하라고 적어놓고 있습니다. 그래서 많은 수도원에 기도와 노동을 뜻하는 '오라 에 라보라'Ora et Labora 라는 라틴어가 입구의 돌이나 출입문 위에 새겨져 있습니다."

기도와 노동. 이 일에만 평생을 바쳐 집중한 이들이 물론 많을 게다. 나는 한 사람은 확실히 안다. 바로 내 어머니다. 아버지를 따라 월남하여 부산에 정착한 어머니는 평생을 기도와 노동에 몰두한 삶을 사셨다. 올해로 아흔여섯의 노령이지만 지금도 눈이 오나 비가 오나 교회의 새벽 제단 찾는 일을 거르지 않으며 틈만 나면 무릎을 꿇고 기도하신다. 그리고 늘 몸을 움직이며 뭔가를 하신다. 내 어릴 적, 아버지가 사업에 실패하고 집 떠나 계신 동안 어머니는 그 작은 몸을 부단히 움직이며 우리 집안을 끝내 지켰다. 자신을 철저히 버린 결과였으니, 세상 안의 수도사이자 수녀였다. 나는 말을 이었다.

"수도원 운동이 일어나던 초기에 수도사가 된 이들은 귀족 신부나 부유한 집안 출신이 대부분이었습니다. 그들은 가진 게 많아 세상 속에서 수도하기가 대단히 어렵습니다. 그래서 세상의 경계 밖으로 떠나는 것이 그 모든 소유와 욕망에서 자유하는 길이었을 겁니다. 베네딕토가 수비아코의 절벽을 찾고, 귀족과 명망가가 험준한 계곡과 거친 광야를 찾은 까닭입니다."

스스로 경계 밖으로 추방당한 자의 삶과 그 공간에 대한 순례, 이 기행의 제목을 다시 상기시켰다.

생 갈렌 수도원의 도면

수도원은 원시 기독교에서는 광야의 동굴에서 시작되었다. 이집트 광야의 동굴이나 카파도키아Cappadocia의 암굴 혹은 팔레스타인Palestine 쿰란Qumran

의 동굴은 석회암 토질이라서 공간을 만들기에 수월하다. 이 동굴 수도원이 전통적 공간 형식으로 발전하여 아일랜드의 수도원 건축 형식으로 이어지기도 했다. 로마제국에 탄압받던 기독교가 콘스탄티누스Constantinus(280?~337) 황제에 의해 공인되면서 교회를 위한 건축이 공공장소에 필요하게 되자 헬레니즘의 영향을 받은 그리스 건축 형식이 교회 건축으로 등장한다. 그 결과 많은 수도원이 중정을 지닌 건축으로 나타난다. 특히 8세기에 설립된 베네딕토파의 생 갈렌 수도원Abtei Saint Gallen의 도서관에서 오랫동안 보관해온 수도원 도면은 수도원 시설에 관한 자세한 내용을 담고 있다. 이 도면 그대로 지어진 수도원이 실재하지 않는 것을 보면, 이 도면은 베네딕토 규칙서에 의거한 수도원 건축의 교본으로 그려졌을 거라 추정된다.

이 도면에 따르면, 수도원에서 가장 핵심적인 공간은 네 변을 가진 정원이다. 열주가 있는 회랑, 즉 갤러리gallery가 정원을 둘러싼다. 이 갤러리에 각각 다른 기능의 건물이 접하는데, 한쪽 면에는 성당이 접하고, 성당의 제단과 이어지는 다른 변에는 으레 2층 건물이 붙어 아래층에는 수도원 사무를 보는 공간과 수도 규칙서를 매일 한 장씩 읽는 챕터 룸chapter room이 있고 위층에는 수도사의 숙소가 있다. 숙소는 열린 공간으로, 창문마다 개별 침상이 놓이고 그 사이에는 커튼이 내려져 있다. 이렇게 한 방에 여러 수도사가 같이 기거하는 형식의 수도원을 공주共住 수도원이라고 칭한다. 성당의 반대쪽 면에는 식당refectory이 있기 마련이며, 나머지 한 변에는 수도원의 물품을 제작하고 공급하는 작업장이 붙는다. 서로 다른 기능을 수행하는 이 네 개의 시설이 어떤 수도원이든 가장 핵심적 골격이다.

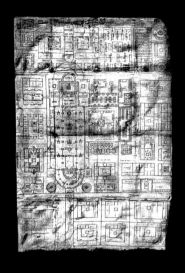

생 갈렌 수도원의 도서관에
소장되어 있는 수도원 도면.
이대로 지어진 사례는 없는 것으로
조사되어서, 이 도면은 베네딕토 수도
규칙에 따른 수도원 건축을 위한
가상 평면으로 추정된다.
아래쪽 사진은 후대에
이 평면을 입체로 구현한 모형.

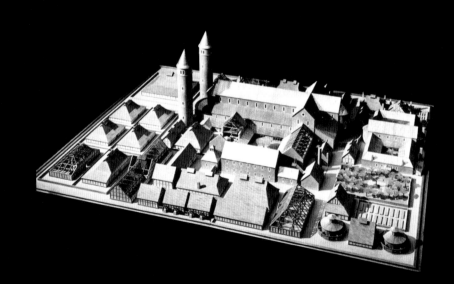

이들 네 시설을 연결하는 회랑은 수도원 내부 통로라는 기능을 넘어 신앙을 다듬는 중요한 순례의 길이었다. 그러므로 수도자의 영혼을 닦는 이 회랑에서 시시각각 변하는 빛과 그림자를 어떻게 조성할 것인지가 수도원 건축자에게 대단히 중요한 과제였음이 틀림없다. 또한 수도원의 세력이 커지면 이 핵심적 시설을 보완하는 부속 시설이 추가되는데, 생 갈렌의 도면을 보면 방문자를 위한 호텔이나 수도원장의 숙소, 수도사들의 무덤, 기능별 작업장 등등이 있으니 마치 도시와 같다. 이들을 세상과 구별하고자 모두 담장으로 둘러싸 이룬 종교적 공동체가 수도원 건축의 풍경이 된다. 세상과 절연하기 위해 둘러싼다는 뜻이 라틴어로 '클라우-데레'claudere이며 수도원을 뜻하는 '클로이스터'cloister의 어원이 된다. 다소 다른 의미를 갖는 형식의 수도원이 있다. 바로 홀로 됨이라는 뜻의 '모나쿰'monachum을 어원으로 하는 '모나스터리'monastery인데, 이 두 수도원의 차이를 나중에 설명할 것이다. 갈루초 수도원을 가면서 상세하게 말할 수 있으면 좋겠다. 클로이스터든 모나스터리든 모든 수도원은 세상과 절연하고자 스스로를 세상의 경계 밖으로 추방하여 사는 이들의 공동체다.

성 프란체스코

꽤 길었던 수도원 건축 설명을 끝내고, 우리가 방문하는 첫 번째 수도원에 관한 이야기를 이어갔다.

"오늘은 먼저 13세기 초엽 성 프란체스코San Francesco d'Assisi(1182~1226)가 남긴 흔적을 찾아갑니다. '프란체스코 수도회', '작은 형제들의 수도회'Fratres Minores 혹은 '탁발 수도회'의 창시자입니다. 그는 본디 부유한 옷감 상인의 아들이었으나 페루자Perugia와 아시시의 전쟁에 군인으로 참전해 전쟁 포로로 수감되어 있던 중에 신비한 영적 체험을 합니다. 그 후 자신이 부여받은 사명이 영성적 삶이라는 것을 깨달아, 호방했던 젊은 날의 향락을 끊고 수도사의 길을 걷습니다. 그는 가진 재산 전부를 동원해서 가난한 이들을 구제하는 데 쓰는데, 이를 보다 못한 아버지가 재판을 걸자 아시시의 주교가 관장한 법정에서 자신이 입고 있는 옷마저 다 벗고 '이제 당신을 나의 아버지라 부르지 않을 것이며 하늘에 계신 우리 아버지 주님 앞에서 벌거벗은 채 걷겠습니다'라고 말하며 다시 길을 떠납니다.

가진 것이 아무것도 없는 그의 수도 방법은 탁발이었습니다. 탁발은 불교의 수도승이 집집마다 돌며 염불을 외워 복을 전하고 밥을 얻어가는 행태인데, 쉽게 말하면 거지입니다. 그러나 스스로 모든 것을 버리고 비워 철저한 청빈으로 사도적 삶을 살며 자연과 대화까지 하는 그를 많은 무리가 따랐고, 프란체스코는 그들과 더불어 '작은 형제들의 수도회'라는 가난한 공동체를 만듭니다.

그가 살던 장소에서 멀지 않은 곳에는 버려진 성당이 하나 있었는데, 이를 고치고 몇 개의 간단한 숙소를 지어서 그들의 수도원으로 삼았습니다. 이곳이 바로 프란체스코 수도회의 본산이고, 지금 우리가 가는 포르치운쿨라Porziuncola 예배당입니다. 현재는 16세기에 지은 산타 마리아 델리 안젤리 성당Basilica di Santa Maria degli Angeli 내부에 원형 그대로 남아 있습니다."

산타 마리아 델리 안젤리 성당 내
포르치운쿨라 예배당

산타 마리아 델리 안젤리 성당과 도면.
성당의 네이브nave 와 트랜셉트transept 의
교차점에 포르치운쿨라가 위치하며
그 위가 성당의 돔이어서
가장 중요한 지점이다.
바티칸의 산 피에트로 대성당은
이 위치에 교황의 보좌가 놓여 있으며
그 하부에 베드로의 무덤이 있다.

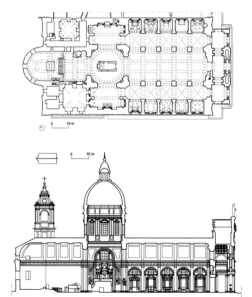

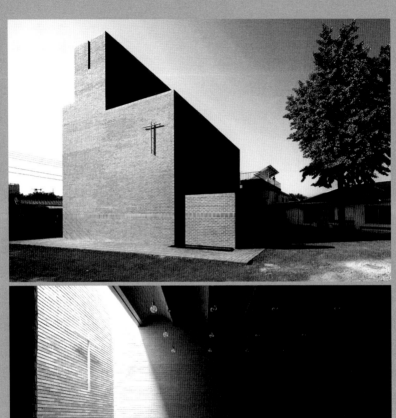

경북 경산시 하양읍에 있는 15평 크기의 무학로 교회

버스는 어느덧 산타 마리아 안젤리 성당의 주차장에 섰다. 아시시의 프란체스코 대성당에서 직선거리로 5킬로미터 떨어진 곳인데, 여기서부터 아시시까지는 로컬 가이드의 안내에 따라야 한다고 했다. 중년 여성이 주차장에서 이미 기다리고 있었고, 버스의 안전한 주차까지 리드했다. 이름을 물어보지 못했다. '마리아'라고 하사. 사실 전문 가이드를 동행하면 편리한 짐이 한둘이 아니다. 그러나 숙소와 식사를 주선하는 게 업무의 전부인 때가 많고 여행지에 관한 정보나 지식을 흡족히 전달하지 못하는 경우가 대부분이어서 불편한 것만 조금 참으면 우리끼리 가는 게 훨씬 마음이 편하다. 물론 경비도 절약하는 방법이거니와 특히 개별 여행의 성격을 띠는 우리 여행은 더 그렇다. 그런데 가끔 깊은 지식을 가진 가이드를 만나는 경우가 있다. 주로 그 방면에 깊은 공부가 있는 현지인이 가이드일 때다. 이때 얻는 지식의 정확함과 풍요로움은 이만저만 귀한 게 아니다. 여기서 만난 마리아는 이곳이 고향이라고 했으며, 전문적 지식이 대단히 매력적이었다. 그녀를 따라 성당으로 향했다. 성당 앞 광장의 바닥에는 '팍스 에 보눔'Pax et Bonum이라 쓰여 있었다. '평화와 행복'이라….

포르치운쿨라 예배당은 산타 마리아 델리 안젤리 성당, 십자가 형태로 치면 가로 방향의 공간인 트랜셉트와 세로 방향의 회중석인 네이브의 교차점에 있었다. 성당 속의 성당인 셈이다. 폭 4미터 길이 7미터, 박공의 작은 집. 작은 부분이라는 뜻의 포르치운쿨라 자체가 마치 보물 상자처럼 보여 경배의 대상이기도 하다. 내가 설계한 경산의 하양 교회가 생각났다. 가로세로 7.5미터 사각의 그 교회는 가장 원초적이며 본질적인 요소만 가졌다. 모두 벽돌로 마감한 바닥과 벽, 그리고 천장의 한쪽 끝을 덜어내어 만든 천창에서 빛이 내려앉아 내부를 밝힌다. 오로지 근본만 존재하게 했다. 근본으로 만든 공간. 어쩌면 이 포르치운쿨라를 보며 프란체스코도 같은 느낌을 받았을까….

프란체스코가 만든 '작은 형제들의 수도원'에 관한 자료에 그 당시를 상상한 그림이 있다. 그림을 보면, 이 작은 예배당 앞에 큰 마당이 있고 좌우로 숙소가 여섯 동씩 있으며 프란체스코가 머물렀음 직한 오두막은 예배당의 우측 뒤에 있다. 이제 보니 포르치운쿨라를 보호하려고 16세기에 건립한 이 대성당의 공간 구조는 바로 프란체스코가 지은 수도원 공간의 흔적을 따른 게 틀림없었다. 심지어 프란체스코가 숨을 거둔 곳이 현재 대성당 제단 앞쪽에 있는 경당이다. 포르치운쿨라 내부 제단의 벽화는 성모 마리아가 천사에 둘러싸여 승천하는 내용이었다. 그래서 대성당의 이름이 산타 마리아 델리 안젤리다.

포르치운쿨라는 4세기부터 있었던 교회당이지만 이미 폐허가 된 상태였다. 이곳에서 탁발 행위를 하던 프란체스코는 환상 속에서 계시를 받아 포르치운쿨라를 개축하고 '작은 형제들의 수도회'를 만든다. 이 작은 성소는 아마도 프란체스코가 직접 노동으로 이룬 결과일 것이라 여겨져 돌 하나하나에 눈길이 가지 않을 수 없었다. 성소를 이룬 돌은 대단히 견고했고, 그 축조와 결구 방식이 단순하지만 벽면과 지붕은 놀랄 만큼 아름다웠다. 돌은 거칠었으나 시간이 그 위를 덮어 맑은 윤기가 났다. 이 돌들에 프란체스코의 바람과 고백과 회한이 얼마나 두텁게 묻혔을까….

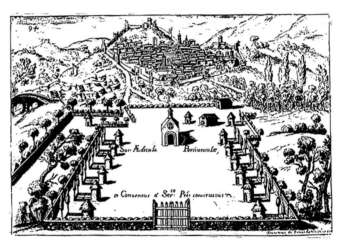

프란체스코가 애초에 만든 수도원을
상상해서 그린 그림을 보면,
가운데 있는 작은 예배당이
포르치운쿨라이며 둘레에 있는
수도승방들은 현재 성당 벽체에 붙은
기도소의 위치라고 추정할 수 있다.

1216년 교황 오노리오 3세^{Onorio III}는 프란체스코의 요청으로 이곳을 방문하는 모든 이에게 '아시시의 용서'라는 특별한 사면을 허가했다. 그래서 수없이 많은 이가 이곳을 찾는다. 이날도 그러했다. 홀로 앉아 묵상하고 싶었지만 몰려드는 관광객과 참배하러 온 신자가 나를 더 머물도록 허락하지 않았다. 프란체스코도 이러니 도망가곤 했을까….

추종하는 이들이 급증하여 혼자 명상할 수 있는 시간이 점점 없어지자 프란체스코는 아예 혼자 거주하는 곳을 만들어 번잡한 마을을 벗어나곤 했다. 에레모 델레 카르체리^{Eremo delle Carceri}라는 곳인데, 아시시에서 동쪽으로 3킬로미터 정도 떨어진 깊은 산속 작은 동굴에 은거지를 마련하여 홀로 묵상하고자 할 때마다 여기를 찾았다. 고립된 곳이라는 뜻을 지닌 카르체리는 접근로가 가파르고 좁아 외부와 지형적으로 격리되어 있다. 프란체스코 이후 산타 마리아 델레 카르체리^{Santa Maria delle Carceri}라는 성당도 여기에 건축되었지만, 지형상 큰 건물이 들어설 수 없어 작은 건물 여러 채로 나뉘어 있으며 많은 이가 스스로를 유폐시키며 지낸 흔적이 곳곳에 남아 있다.

나는 이곳을 2000년에 처음으로 찾았다. 아시시에서부터 프란체스코가 걸었음 직한 길을 따라 한 시간 남짓 걸었는데, 느리게 펼쳐지는 길 위에서 움브리아 평원의 아름다운 풍경을 내려다보며 걷는 동안 마음에는 이미 평화가 찾아온 것을 알았다. 프란체스코는 동굴에 도착해서 그저 쉬기만 하면 되었을 게다. 수도^{修道}가 말 그대로 길을 닦는 일 아닌가…. 이곳을 이번 기행의 방문지에 포함시키려고 이리저리 궁리했지만, 오늘 석양이 지기 전에 산 지미냐노에 도착해야 하는 일정이 이를 허락하지 않아 일행에게는 그냥 말로만 설명하고 말았다. 다음에라도 부디 다녀오시라 했다.

포르치운쿨라를 덮은 산타 마리아 델리 안젤리 성당은 부설 수도원과 함께 프란체스코 성인을 추종하는 순례 성당이어서 규모도 크고 곳곳에 프란체스코의 행적을 기념하는 시설이 있다. 프란체스코 이야기에 늘 나오는 가시 없는 장미의 정원도 있고 그와 대화를 나누었다는 비둘기도 그 조각상이 있다. 성녀 클라라와 나눈 사랑의 이야기도 애틋하다. 클라라 Santa Chiara d'Assisi(1194~1253)는 프란체스코의 수도 생활과 설교에 감동하여 귀족 가문의 처녀이면서도 그를 따라나섰고, '클라라회'Ordo Sanctae Clarae 라는 수녀원을 만들며 성녀의 칭호를 얻었다. 이 둘의 사랑에 감동하는 이들도 많건만 나는 이런 에피소드와 그런 시설에는 별 관심이 없다. 내 마음이 순진하지 않아서 그럴지도 모른다. 마리아가 프란체스코의 기적과 행적을 열심히, 그리고 압축적으로 설명하는데도 내 완악한 몸은 벌써 광장 밖으로 나와 있었다.

아시시 성 프란체스코 대성당

프란체스코는 포르치운쿨라에서 죽음을 맞이했다. 그는 아시시의 구릉 끝에 있는 '지옥의 언덕'이라고 불리는 빈민들의 묘역에 묻히기를 원했지만, 범죄자 사형장이었던 이곳에 성인을 묻는 것은 그를 추종하는 이들에게는 참을 수 없는 일이었다. 그래서 만든 게 지금 성 프란체스코 교황 성당Basilica Papale di San Francesco d'Assisi 이라고 불리는 아시시의 대성당이다. 이 성당의 건

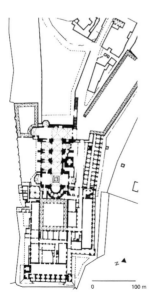

범죄자의 사형장이었던
언덕을 딛고 건립한
성 프란체스코 대성당

0   100 m

하부 성당에 있는 성 프란체스코의 무덤

축가는 엘리아 코르토나Elia da Cortona(1180~1253)로 기록되어 있는데, 그는 프란체스코를 도와 건축 일을 하던 수사였다.

　포르치운쿨라에 임시로 안장되었던 프란체스코의 주검을 옮겨 조성한 분묘가 있는 하부 성당은 그가 죽은 지 2년 만에 착공되어 그 이듬해에 완공되었다고 하니 유래를 찾아볼 수 없을 정도로 빠른 속도다. 하부 성당 위에 지은 상부 성당도 1239년에 착공해서 14년 만에 완공했는데, 이 또한 놀랄 만큼 빠른 기간이다. 그렇게 서둘러서 해야 할 만큼 당시에 프란체스코가 차지한 영향력은 막강했으며, 이를 시행하는 교황청에게는 존재의 이유였던 것이다. 두 개의 성당을 지은 이유는, 최대한 빠른 속도로 분묘를 조성해야 하는 탓도 있었지만, 지형이 경사진 언덕이어서 온전한 형태의 건축이 들어서려면 반반한 지면이 필요해 이를 위한 기반 시설로 지하에 성당을 조성한 것이다. 하부 성당은 한쪽 면이 지하여서 창을 뚫을 필요가 없어 벽체로만 마감을 해야 하는 까닭도 있었겠지만, 당시 익숙한 공법인 로마네스크Romanesque 양식으로 지어야 시간을 최대한 단축시킬 수 있었다. 반면 상부의 주 성당은 그때 막 피어난 고딕Gothic 양식으로 완성되었다. 아마도 당대 첨단의 공법이 신에게 바치는 최고의 건축을 위한 당연한 방법이었을 것이다. 하이테크의 공법과 하이스피드의 공기, 그러니 당시에 이 건축을 위해 모든 것을 쏟아부었다는 이야기다.

　로마네스크 양식과 고딕 양식. 사실 여기로 오는 버스 안에서 서양 건축의 양식 역사에 대해 간략히 설명했는데, 앞으로 보아야 할 많은 교회 건축을 이해하기 위해서였다. 요점은 이러했다.

"어찌 보면 서양 건축의 양식사가 곧 교회 건축사라고 해도 과언이 아닐 겝니다. 당대의 모든 기술과 재물을 동원해서 지어야 하는 게 왕궁과 교회인데, 왕궁은 기본적으로 거주 공간이기 때문에 표현에 제약이 있으나 교회 건축은 자유롭습니다. 그래서 교회 건축은 서양에서 당대 문화의 총화여야 했으며, 특히 한 도시의 대표적 성당을 짓는 일에는 최고의 건축 기술이 동원되있겠지요. 이 건축 기술의 핵심적 문제는 무엇일까요? 바로 중력에 저항하는 방법입니다.

건축의 기본적 목적은 내부 공간을 얻는 것인데, 이를 위해서는 우선 지붕이 있어야 합니다. 중력의 힘 때문에 늘 땅으로 떨어지려 하는 이 지붕을 지지하는 방법에 따라 건축 양식이 바뀝니다. 스타일이라고 하는 양식이 모양이나 장식에 관한 내용이 아닌 겝니다. 원시 시대에는 동굴을 이용했고, 기술이 점차 늘면서 벽을 쌓아 지붕을 지지하여 내부 공간을 얻는 방식으로 발전합니다. 그래서 고대로 갈수록 벽의 두께가 내부 공간보다 두꺼운 집들도 많지요. 벽이 두꺼워야 지붕을 견고하게 지지하니 벽에 구멍을 내는 것조차 조심스러웠습니다. 역사상 가장 오래된 주거지가 팔레스타인 지역의 예리코Jericho로 1만 년 전의 것이라 하니, 적어도 로마네스크 양식의 시대에 이르기까지 1만 년이 넘는 동안 벽은 건축의 가장 중요한 구조 방식이었습니다. 벽면을 뚫으면 건물이 무너질까 창도 잘 내지 못했으므로 건물 내부는 대체로 어두울 수밖에 없었습니다. 그러나 고딕 시대에 이를 일거에 해결합니다.

고딕 건물의 외벽에 흔히 보이는, 뼈대처럼 나와 있는 버트레스buttress라는 시설물은 그냥 장식이 아니라 중요한 구조체이며 내부 기둥과 플라잉 거더flying girder라는 보와 연결되어 전체가 기둥의 구실을 합니다. 힘을 받지 않는 그 사이 공간은 통로로 쓸 수도 있어 내부에서 얼핏 보면 내부의 기둥만이 구조체인 것 같지만, 외부에서 벽을 부축하는 듯한 버트레스와 함께 기둥이 되니 엄청나게 높은 건물을 지을 수 있게 되지요. 그 결과 이제 벽은 지붕을 지지할 필요가 없어서 외부와 내부를 가르는 경계로만 기능합니다. 벽을 전부 다 창으로 만들 수도 있어서 로즈 윈도rose window 같은 눈부시게 아름다운 스테인드글라스 창문이 나타나, 고딕은 신비로운 빛으로 가득 찬 내부 공간을 지니게 됩니다. 제 생각으로는 이 고딕 시기가 건축 역사상, 콘크리트를 바둔 로마에 버금가는 하이테크 기술의 시대였습니다. 물론 시대마다 이런 혁신에 저항하는 이들이 항상 있게 마련이어서, 전통적인 로마의 양식을 따르지 않은 뾰쪽한 건물이 야만인의 건축처럼 보인다며 그 당시 야만족이던 고트Goth족에 빗대어 '고딕'이라 불렀습니다. 그러나, 새로운 사조는 곧 대세가 됩니다. 재력과 의지만 있으면 얼마든지 높이 올라갈 수 있는, 이 고딕의 건축을 후대 역사학자들은 신본주의 건축이라고도 부릅니다.

신본주의. 신이 가장 중요하다고 내세우는 인간이라면, 신을 빙자하여 자신을 가장 중요하다고 여길 수도 있지 않을까요. 결국 인본주의라고도 하는 르네상스Renaissance 시대를 열게 되는데, 대표적인 건축이 바티칸의 산 피에트로 대성당입니다. 이 성당에서 가장 중요한 곳은 돔의 내부일 텐데, 거기에는 닫집과 같은 발다키노baldacchino가 있고 그 안에 교황의 보좌가 놓입니다. 결국 가장 중심되는 자리에 단 한 사람이 위치하여 주변을 지배하게 하는 건축입니다. 세상에서 가장 존귀한 자를 중심으로 조직된 공간, 이 계급적 건축은 서양 건축의 전통이 되어 오늘날까지 중요한 텍스트로 남습니다. 이후 등장하는 바로크baroque와 로코코rococo는 건축의 본질인 공간이나 중력 문제보다는 형태와 장식에 점차 집착하게 되어서, 본질을 놓친 건축과 문화는 19세기 말에 이르러 '세기말의 위기'를 겪고 맙니다. 결국 이를 극복하는 모더니즘이 등장하여 현대가 탄생했습니다."

숨 가쁘게 서양 건축의 양식사를 개괄적으로 설명한 나는, 개인적으로 벽체로 지붕을 지지하며 공간을 만드는 로마네스크 양식의 건축에 매력을 느낀다고 말하고는 설명을 마쳤다. 절제할 수밖에 없는 빛으로 벽체로 갇힌 공간의 구조를 드러내게 하는 형식에 나는 전율을 느낀다. 마치 죽은 육체에 영혼을 심어 소생케 하는 일과 같다고까지 말했다.

포르치운쿨라에서 아시시의 대성당까지는 5킬로미터 남짓하여 버스는 금방 도착했다. 주차장에서 대성당까지 경사진 골목길을 걸어 올라 성당의 경내로 들어섰다. 이 대성당은 사실 프란체스코의 삶과는 한참 거리가 있다. 청빈과 탁발로 신앙의 표본을 이룬 그에게 이렇게 크고 화려한 건축은 도무지 맞지 않는다.

고딕의 상부 성당은 조토Giotto di Bondone(1266?~1337)가 그린 프란체스코의 일생을 담은 프레스코화로 벽면을 장식하고 있으며, 치마부Cimabue(1240?~1302?)나 마르티니Simone Martini(1284?~1344) 등 당대 최고의 화가들이 그린 성화로 가득하다. 늘 수많은 인파가 떼를 이루며 가이드의 인

페루자 전쟁에서 패하고 돌아와
신의 부름을 받는 모습으로 건립되었다고 하지만,
내게는 화려한 건축에 절망하는 모습으로 보였다.
아니다. 우리 시대에 절망하는 모습인지도 모른다.

솔로 성화 앞에서 설명을 경청하고 있다. 간혹 그 틈 속에서 카메라를 뽑아들고 성화를 촬영하려 하면 잽싸게 안내원들이 가서 제지한다. 완강한 안내원은 더러 소리 내는 사람들에게도 꼭 황급히 다가가서 '침묵'이라는 단어를 말하며 제지한다. 그러나 북새통을 이루며 이리저리 다니는 단체 관광객의 움직임과 그룹별 스피커 및 마이크 소리로 도무지 침묵을 이룰 수 없는 풍경의 성당이니, 묵상이고 기도고 여기서는 도대체가 불가능하다. 세 번째 왔건만 언제나 이러했다. 그래서 그랬을까? 1997년 9월 26일 규모 5 이상의 강진이 두 번이나 이곳을 강타하여 성당의 종탑과 제대 부분이 무참하게 무너졌고 화려한 벽화는 30만 개의 파편으로 산산조각이 났다. 그러나 놀랍게도 불과 2년 만에 성당을 다시 복구하는 기록을 세웠고, 조각난 벽화마저 일부를 제외하고는 복원했다. 이 성당을 처음 지었을 때와 똑같은 전광석화였으니, 그게 성심일까 조급일까…. 성 프란체스코의 반응이 더욱 궁금했다.

상부 성당의 광장 건너편에는 페루자 전쟁에서 포로로 잡혀 있다 돌아오는 프란체스코의 기마상이 있는데 성당을 향해 온몸이 무너져 내린 형상이다. 패잔병의 포즈로 그렇게 만들었겠지만, 내 눈에는 조급함에 사로잡힌 인간이 만든 허황된 건축을 본 프란체스코가 낙담과 슬픔에 잠긴 모습처럼 보였다. 성 프란체스코의 진정한 수도적 삶의 흔적을 찾으려면 포르치운쿨라와 에레모 델레 카르체리만 방문하는 것이 옳음을 다시 확인하며 소란의 성당을 뒤로하고 나왔다.

우리는 '조토'라는 성내 호텔의 식당에서 점심을 먹었다. 8년 전에 왔을 때, 이 호텔의 바로 뒤쪽에 있는 수녀원에서 숙박했다. 아시시는 클라라 성녀를 위한 수도원도 있지만 그녀가 남긴 일화로 생긴 크고 작은 수녀원도 많은데, 어떤 수녀원은 스파 시설까지 갖추고 게스트하우스로 외부인을 받기도 한다. 출입 시간을 다소 제한받는 불편함만 괜찮다면, 이런 곳에서 하룻밤을 지내는 일은 특별한 경험이 아닐 수 없다. 특히 아시시에서 묵는 경우라면 더욱 그렇다. 그 수녀원에서 여럿이 함께 하루를 보냈을 따름인데, 내 마음에 평화가 깊이 들어와 잘 쉬었고 그 기억도 참 오래갔다.

시에나 대성당

점심을 맛있게 먹었다. 마리아에게 좋은 안내를 해줘서 고맙다고 진심이 담긴 인사를 건네고 아시시를 떠났다. 버스는 시에나 Siena로 향한다. 페루자를 지나면 토스카나 Toscana 지역으로 들어가는데 토스카나는 와인으로도 유명하지만, 부드러운 지형의 선이 만드는 풍경이 대단히 매혹적이다. 25년 전, 내가 15년을 몸담았던 '공간'을 나와 '이로재'를 만들어 독립하고 5년이 지나면서 다소 지쳤을 때, 무턱대고 서울을 떠나 이곳에 온 적이 있다. 새로운 에너지가 필요했던 게다. 로마 공항에서 차를 빌려 토스카나를 일주일간 여행하기로 한 것이지만, 피렌체를 북쪽 목적지로 정하고 향하다가 좋은 와인과 음식이 있으면 그곳에 머무는, 정처 없고 계획 없는 일정이었다. 그때 토스카나의 언덕과 들에 억새가 소위 '천지 삐까리'였다. 바람에 물결처럼 움직이는 억새풀의 부드러움에 홀로 탄성을 지르며 가다가 차를 멈추고 그 속으로 몸 던지기를 수없이 했다. 이를 보려면 지방도로를 타야 하건만 이미 돌이킬 수 없는 관계가 된 이 버스 기사에게 고속도로를 타지 말자고 말할 수 없었다. 오늘만 참자.

아시시에서 시에나는 한 시간 반은 딜러아 할 거리여서 깅미선 교수에게 앞으로 보아야 할 이탈리아 중세 도시에 관한 강의를 부탁해놓았다. 강 교수 외에도 이충기·박철수 교수에게 버스 안 강의를 부탁한 바 있었다. 전공 분야가 아니겠지만, 워낙 명석한 이들이라 적절한 내용으로 자신의 의견을 섞어 들려줄 것으로 믿었다. 물론 그렇게 함으로 스스로도 공부가 되어 이 기행 중에 보게 되는 것들에 대한 시각 또한 풍부해질 게 틀림없었다. 강 교수는 유인물까지 준비해서 도시의 발생과 명멸을 언급하며 정치권력과 종교권력으로 탄생한 중세 도시의 봉건적 성격을 설명했다. 문득 강 교수에게 배우는 학생들이 대단히 행복할 거라는 상상이 들 정도로 강의는 명확하고 요점이 분명했다. 감사를 표하고 내가 마이크를 잡아 시에나에 대해서만 이어서 설명했다.

"지금 우리가 가는 시에나는, 11세기까지는 작은 마을이었는데 로마에서 북부 지역으로 가는 교역로로 사용되면서부터 피렌체와 견줄 정도로 번창합니다. 그러나 16세기 피렌체와의 전쟁에서 패배하여 도시 발전을 멈춘 까닭에 오늘날까지 당시 모습을 간직하게 되었습니다. 따라서 지금의 도시 자체가 전형적 중세 도시 박물관인 셈입니다. 이 도시의 중심 공간은 조개껍데기 모양을 한 '캄포'Campo라는 경사진 광장인데, 파리 퐁피두센터 광장 설계에 직접적 영향을 주었을 뿐 아니라, 공공 영역에 대해서 많은 영감을 불러일으키는 곳입니다. 광장은 경사져서 모두의 시선을 한 방향으로 모읍니다. 이 경사진 지형에 맞는 특별한 행위가 공공의 영역에서 펼쳐지지요."

경사진 광장 아랫부분의 가운데에 지금은 박물관으로 쓰이는 시에나 공국 시절의 정부 청사가 있다. 건물 2층에는 14세기 초 암브로조 로렌체티 Ambrogio Lorenzetti(1290?~1348?)가 그린 〈좋은 정부와 나쁜 정부의 알레고리와 영향〉Allegory and Effects of Good and Bad Government 이라는 제목의 프레스코화가 있다. 여기에 묘사된 도시 풍경은 오랫동안 서구 사회를 지배했고 지금도 유효한 관념이라고 할 수 있다. 이 그림에 나타난 도시는 단단한 성벽으로 둘러싸여 견고한 건물들이 속에 가득 차 있다. 광장에서는 화려한 옷을 입은 사람들이 모여 춤을 추는 등 이 도시의 일상도 볼 수 있다. 오른편 성벽 밖에는 어둡고 푸른 색깔로 경작지가 그려져 있고 그 아래에 농민이 몸을 숙여 노동하는 모습이 있는데, 그림의 가운데에는 성문을 나온 높은 사람이 말을 타고 여러 사람을 거느리며 대리석으로 포장된 길을 지나 사냥을 가는 모습도 보인다. 그러니 성벽을 경계로 안과 밖이 도시와 농촌으로 구분되며, 이는 곧 지배와 피지배라는 계급적 정황이 명백히 표현된 것이다. 농촌은 도시를 위해 존재한다는 것, 도시가 발생하면서 이 관념도 같이 생긴 것 아닐까. 이런 도시의 성벽을 뜻하는 말이 '부르크'burg, '베르크'berg, '부르'bourgh 같은 단어이며, 오늘날에도 유럽의 여러 도시 이름 끝에 나온다. 성벽 안의 사

이 경사진 캄포 광장은
현대의 광장 설계에도
많은 영향을 미쳤다.
파리 퐁피두 센터 광장도
여기서 영감을 받았다고 한다.

로렌체티의 프레스코화
〈좋은 정부의 도시〉Effects of Good Government in the city and the countryside.
도시와 농촌을 분리하는 성벽이 있고,
이 성벽 안에 사는 사람을 부르주아라고 했다.
이 단어는 오늘날 착취 계급의 대명사로 불릴 만큼, 역사적으로
농촌은 늘 도시에 의해 피지배와 착취를 당하는 관계에 있었다.

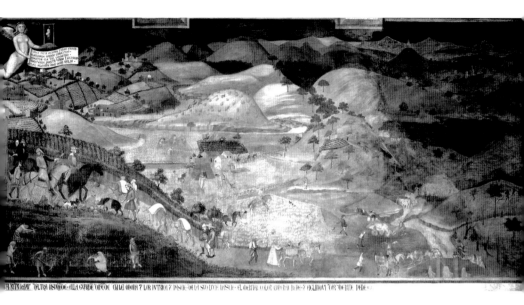

LA SICUREZZA · ULTRA ISPAUEOC · ELLA GARDE DIFEOC CHI LEI ODORM 7 LOR INTRICH 7 INSCHE OHLA SUO INOE INSOE · EL MENTRE COLOR COPERA IDOE · 7 AGL IOCHI TOR TOGHTE IDEDE ···

람들을 뜻하는 부르주아 bourgeois 가 오늘날에도 착취 계급의 대명사로 쓰이는 까닭이다. 이 도시에 있을 수 있는 여유가 두 시간밖에 없지만, 나는 이 그림을 소개하며 가능하면 찾아가서 보기를 권했다. 말을 이었다.

"시에나를 찍은 공중 사진을 보면 캄포 광장 Piazza del Campo 과 이웃하여 시에나 대성당 Duomo di Siena 앞 광장이 밀집한 건물들 사이에 틈을 만듭니다. 두 광장을 비교하면 당시 왕권과 교권의 권력 차이를 알 수 있습니다. 캄포 광장이 여기서는 훨씬 중요하니 교권이 왕권 아래 있었던 게지요. 이 두 가지 권력은 도시에서 늘 함수관계로 작용했고, 이는 근대 이전의 도시 구조라고도 할 수 있습니다.

공중 사진에서는 거미줄 망 같은 길이 특징적으로 보입니다. 길을 직선으로 만들지 않고 구부정하게 형성한 까닭은 이 길의 목적이 사람이 아니었기 때문입니다. 짐을 운반하는 노새를 위해 완만한 경사를 찾아 만든 길이지요. 그래서 르 코르뷔지에는 왜 인간이 노새가 다니던 곡선의 길을 가느냐고 질타하기도 했습니다."

사실 시에나 대성당 혹은 산타 마리아 아순타 메트로폴리타나 대성당 Cattedrale Metropolitana di Santa Maria Assunta 이라고 불리는 성당을 같이 방문하며 이곳에 얽힌 이야기를 하는 게 우리 기행의 목적에 맞다. 그러나 시에나에 처음 오는 이들이 다수 있어, 풍경과 성격이 특별한 이 도시를 그냥 탐방하는 게 더 나을 듯해서 두 시간을 각자의 관심에 따라 다닐 수 있도록 자유에

맡겼다.

시에나 대성당의 건축은 9세기에 시작되었지만 지금의 건물은 13세기 초엽에 기본적 골격이 완성되었다. 그런데 모든 면에서 경쟁적 관계였던 피렌체가 피렌체 대성당Florence Cathedral, 즉 산타 마리아 델 피오레Santa Maria del Fiore 의 건실을 시작하자, 시에나는 기의 완공되었던 지금 성당을 더욱 크게 확대하는 새로운 건설을 감행하고 만다. 1339년부터 다시 시작된 새 성당 공사는 마무리 중인 기존 성당과 직교하도록 새로운 본당을 짓는 일이었는데, 기존 성당의 중앙부 돔을 바라보는 회중석을 크게 하고 기존 성당의 회중석은 트랜셉트로 쓰는 획기적인 아이디어였다. 피렌체를 능가하는 성당을 만드는 꿈에 부풀었던 이 거대 프로젝트는, 착공된 지 9년 후 유럽 전역에 발생한 흑사병으로 중단될 수밖에 없었고 이어서 부닥친 경제적 곤궁으로 더는 진행되지 못했다. 하는 수 없이 원래 건설하려던 지금의 성당을 완공하는 일을 서둘렀고, 증축하려던 성당은 회중석과 회랑의 뼈대 부분 잔해만 남아 오늘에 전한다. 그래서 영문을 모르는 방문자에게는 미수에 그친 초대형 성당이 마치 폐허처럼 보인다. 나도 처음 이곳에 와서 사전 지식 없이 미완공 성당의 현장을 보았을 때 그렇게 폐허려니 여기면서도 이상한 데가 한두 군데가 아니었다. 그래서 찾아보니 그런 무모한 사정이 있었던 것이다. 폐허는 종교적 허영의 흔적이었고, 신령과 진정을 받길 즐겨 하시는 신이 이를 허락하였을 리가 만무했다. 그런가….

버스는 시에나 성벽 외곽의 주차장에 섰다. 친절한 기사라면 다소 무리라 해도 성문 근처에서 내려주고 주차장으로 가서 대기하는 게 본분이겠지만,

폐허의 현장이 아니다.
일부 골격만 완성한 채
중단되어 수백 년의
시간이 흘렀다.

이 기사에게 그런 기대는 이미 접었다. 아니나 다를까, 두 시간만 이곳에 머물기로 시간을 배정했는데 주차장에서 성벽을 돌아 성문 앞까지 가는 데만도 15분이 걸렸다. 끙…. 로렌체티가 그린 성벽의 실체는 확실히 보는 셈이어서 그것을 위안으로 삼았다.

바벨의 탑

시에나에서 산 지미냐노까지 50킬로미터는 지방도로를 이용할 수밖에 없다. 한 시간의 거리지만 전형적인 토스카나의 풍경을 충분히 즐길 수 있는 시간. 억새는 잘 보이지 않았지만 비단결 같은 구릉이 겹쳐 나타나고 포도밭은 그 위를 덮어 끝없는 물결을 이뤘다. 잠깐 내려서 걸어봄직하건만 우리의 야만적인 일정은 산 지미냐노의 일몰을 보기 위해 7시 전까지 호텔 체크인을 마치는 것으로 되어 있다.

이 버스 기사는 산 지미냐노까지만 운전한다고 서울의 여행사에서 확인해주었다. 그런데 산 지미냐노에서 버스가 정차하는 곳은 성벽 아래에 있고 거기에서 호텔까지 짐을 싣고 갈 호텔 차량이 온다고 했는데, 버스는 정차할 수 없는 성문 앞에 서더니 기사가 우리에게 짐을 다 내리라고 했다. 이고은이 이곳이 정차하는 장소가 아니라고 했으나 막무가내다. 성내에 있는 호텔까지 걸어야 할 거리가 단축된 우리로서는 나쁠 게 없었다. 짐을 다 내렸는데 기사가 이고은에게 팁을 달라고 요구한다. 이고은은 거기에 순순히 응

산 지미냐노의 늦은 오후 풍경

할 만만한 여성이 아니다. 한결 유창해진 미국식 영어로 기사에게 그의 잘못된 행실을 낱낱이 열거하며 팁을 줄 수 없다고 했다. 이고은의 당당한 모습에 할 수 있는 일이 없는 것을 깨달은 기사는 자신의 여행사와 통화하더니 마구 성을 내고 떠났다. 아마 회사에서도 심한 질책을 받은 모양이었다. 이윽고 호텔에서 짐을 실을 차가 오고, 우리는 입성하여 치스테르나 광장Piazza della Cisterna의 호텔에 도착하니 그사이에 경찰이 와 있었다. 버스가 짐을 내린 장소는 정차 금지 구역이었고 불법을 저지른 그 버스를 탐문하고자 우리를 찾았다는 것이다. 이고은이 자초지종을 설명했고, 경찰은 우리에게 좋은 여행을 빌어주며 떠났다. 버스 기사는 끝내 자업자득한 것이다.

산 지미냐노San Gimignano는 탑으로 이루어진 실루엣이 인상적이어서 '아름다운 탑의 도시'delle Belle Torri라고 알려져 있다. 현재에도 열네 개의 탑이 남아 장관을 이루지만, 중세의 절정기인 1200년대에는 일흔두 개의 탑이 있었으며 더러는 높이 70미터가 넘는 것도 있었다고 한다. 무려 20층의 고층 건물을 지었다는 것인데, 지금도 50미터 높이의 탑이 남아 있다. 이는 마을의 주도권을 잡으려는 구엘프Guelphs와 기벨린Ghibellines 두 가문이 경쟁적으로 더 높은 탑을 지으려 한 결과였다. 어떤 탑에는 거주 기능도 있지만 대부분은 별 기능 없이 전망대 구실만 할 뿐인데, 오로지 높이 오르겠다는 우리 인간이 지닌 원초적 욕망의 결과인 셈이다.

높은 곳을 향한 우리의 욕망은 실로 오래되었다. 어쩌면 인간이 태어난 순간부터였을 게다. 직립보행이라는 것. 모든 사물은 중력의 힘을 받아 땅으로 떨어질 수밖에 없는데, 인간만은 여기에 저항하여 꼿꼿이 서고자 한다. 우리 비극은 여기서 시작되지 않았을까…. 추락한 이카로스의 날개도 중력에서 해방되려는 욕망이 낳은 비극이며 바벨탑을 쌓아 오르려다 붕괴된 일도 그 탐욕의 결과라면 너무 운명론적인가? 그래도 멈추지 못한 우리의 욕망은 드디어 고딕 건축이라는 첨단 기술을 만들어 하늘을 정복한 듯했으나 중력에 대한 승리의 상징처럼 여긴 뉴욕New York 세계무역센터World Trade Center는 끝내 폭파되어 3,000여 명의 무고한 인명을 그 상징의 제물로 바쳤으니 너무도 참담한 소득 아닌가? 그럼에도 불구하고 오늘날 무수한 건물이 최대 높이를 얻고자 오르고 있으니 도무지 우리 욕망은 기억 상실의 정도가 이만저만이 아닌 게다.

그러나, 이 산 지미냐노의 도시 풍경은 속절없는 우리 기행의 동반자 모두를 감탄과 환호의 도가니에 몰아넣었다. 오래전에 로마 공항에서 홀로 차를 빌려 토스카나를 정처 없이 떠돌아다닌 적이 있다고 앞에서 썼다. 그때 산 지미냐노를 알지 못한 상태로 이 부근을 지나다 도시의 실루엣을 보고 찾아 들어왔다. 놀라운 광경에 찬탄하며 마을 곳곳을 어슬렁거리다가, 결국 석양마저 흡수하여 부드러워진 오래된 돌벽에 기대어 그라파Grappa로 몸을 적시며 세상의 아름다움과 신비로움에 대해 독백하다 허물어진 적이 있었다. 광장에 면한 치스테르나 호텔Hotel La Cisterna. 그때 묵었던 곳이며 14세기에 지었다고 한다. 그다음 날 깨어났을 때, 역사 속 수없이 많은 인물이 꿈에 나타났음을 알았다. 역사와 함께 잤다고 여기며 아픈 머리를 두드린 기억이 되살아났다.

체크인을 끝낸 몇 명과 서둘러 서쪽 성벽 망루에 올랐다. 토스카나의 일

산 지미냐노 건축물의 돌벽.
세월의 켜가 새겨져 그대로
나타난 모습이 아름답다.

몰을 보려고 왔는데, 해는 멀리 보이는 언덕 위에 머물며 내려가지 않으려 했다. 여기는 일몰이 9시라고 누가 알려주었다. 8시에 우리 기행의 환영 만찬을 예고한 터라 더 지체할 수 없어 발길을 돌렸다. 그러나 일몰 전의 서쪽 햇살은 산 지미냐노 높은 탑들의 벽면을 따뜻하게 적시고 있었다. 싯누렇게 달아오른 돌벽에 그림 같은 구름 떼가 다소 붉은 기운을 받아 투명한 파란 하늘을 바탕으로 더욱 선명히 새겨졌다. 미세먼지 가득한 서울의 현실을 생각하면 도무지 비현실적 풍경이어서 망루에 오른 일행 모두 여행자만이 가지는 행복을 만끽했다.

모두 함께 저녁 식탁에 앉았다. 수도원 답사의 장도長途를 축하하는 자리여서 그런지 대부분 정장을 차려입은 모습이다. 호텔 식당 밖은 이제 일몰이 시작되어 색채가 빠르게 변화하고 있었다. 공교롭게도 둥근 달이 동편 하늘에 떠 있어 해와 달을 하나의 장면으로 보는데, 남쪽 하늘에서는 소나기가 내린다. 그뿐 아니라 번개까지 번쩍이고 우렛소리마저 간간이 들리더니 서쪽 하늘이 붉게 물들고 이내 어두워졌다. 아, 이 비현실적 실재라니…. 브루넬로 디 몬탈치노와 산 펠리체 포도주의 짙은 향이 식탁 위를 덮치고 이어서 우리를 끌었다. 식당은 웃음소리로 가득 찼고, 바깥 밤하늘은 짙고 깊은 검은색으로 서서히 변했다. 아름다운 밤이었다.

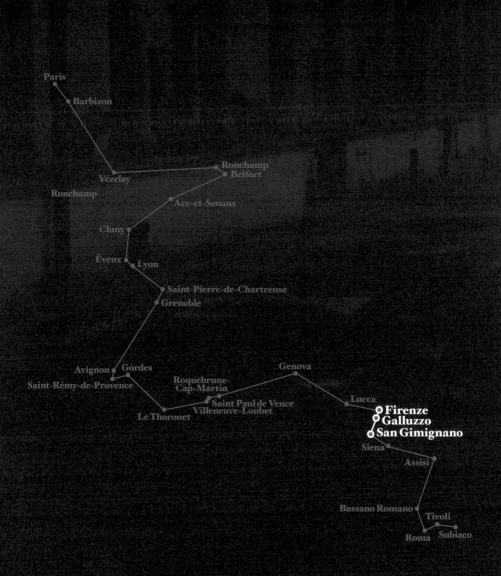

Paris

Barbizon

Ronchamp
Belfort

Vézelay

Ronchamp

Arc-et-Senans

Cluny

Éveux Lyon

Saint-Pierre-de-Chartreuse

Grenoble

Avignon Gordes

Saint-Rémy-de-Provence

Roquebrune-
Cap-Martin

Genova

Le Thoronet

Saint Paul de Vence
Villeneuve-Loubet

Lucca

Firenze
Galluzzo
San Gimignano

Siena

Assisi

Bassano Romano

Tivoli

Roma Subiaco

클로이스터와 모나스터리

San Gimignano 산 지미냐노
Galluzzo 갈루초
Firenze 피렌체

ITALIA

세례당 ●
레푸블리카 광장 ● ● 두오모 ● 두오모 박물관

● 피렌체

● 갈루초

체르토사 델 갈루초 ●

TOSCANA

체르토사 델 갈루초

어제도 다섯 시간가량 잤으나 또 여러 번을 깼다. 어쩌면 잠을 잔 게 아니라 침대 위에 그냥 누워 있었다고 해야 맞다. 창을 열고 발코니에 나와서 보는 토스카나의 풍경이 찌뿌둥한 몸의 부스러기들을 털었다. 맑은 빛, 투명한 하늘, 연두색의 초원, 부드러운 구릉, 그리고 사이프러스 나무들…. 그 자체로 풍요였다.

아침을 먹은 후 짐을 챙겨 호텔 밴에 실어 보내고 산 지미냐노 성내를 빠져 나와서 버스가 기다리는 주차장으로 걸어 내려갔다. 새로이 만나는 버스 기사가 좋은 사람이길 정말 간절히 바랐다. 기사는 이탈리아 사람이라고 했고, '베니'라고 스스로를 소개했다. 복장도 좋았고 사람도 좋아 보였다. 버스가 출발한 후, 새로운 버스 기사를 환영하는 말을 하며 마이크를 잡았다.

"새 버스 기사의 이름이 베니라고 합니다. 아마도 좋다는 뜻일 겝니다. 베네딕토의 베네와 어원이 같은 듯합니다. 베네딕토는 '좋다'라는 뜻의 '베네'ᵇᵉⁿᵉ와 '말하다'라는 의미의 '딕토'ᵈⁱᶜᵗᵒ를 합한 단어입니다. 그러니 '좋은 말을 하는 사람'이 베네딕토의 뜻입니다."

여기까지 말을 했는데, 기사가 자기를 반기는 말을 하며 베네딕토를 같이 언급했음을 알아채고 좋아했다. 나는 단어의 어원을 찾는 버릇이 있다. 언어 자체가 진리라고 여긴다. 특정한 이들이 언어를 만들 수도 있고 그 언어가 인구에 회자될 수도 있지만, 그 언어는 유행어일 뿐이며 유행어가 진정한 언어가 되어 보편적으로 사용되려면 집단 지성의 오랜 검증을 거쳐야 한다. 성경에 네 복음서가 있는데 마태·마가·누가복음은 구성이나 내용이 비슷하다. 마치 하나의 텍스트를 두고 다른 이들이 다소 다르게 베껴 쓴 듯한데, 그와 전혀 다른 구성을 가진 요한복음은 '태초에 말씀이 계시니라'라는 구절로 시작한다. 그리고 이어, '이 말씀은 곧 하나님이시니라'라고 적는다. 말 자체가 진리라는 뜻이다. 『침묵의 세계』Die Welt des Schweigens(1948)를 쓴 막스 피카르트Max Picard(1888~1965)는, 언어는 원래부터 존재하는 것으로, 말하려고 하는 자에게 다가오는 것이라고 했다. 그래서 침묵함으로 진정한 언어를 얻게 되며, 그러한 언어는 의미 없이 뱉는 잡음어나 유행어와 다르다고 강조한다. 그에게 언어는 바로 본질이다. 피카르트의 말에 적극적으로 동의하는 나는, 그래서 사물의 이름을 접하면 이름의 근원을 파악해야 직성이 풀린다. 그 이름을 지은 까닭에는 그 사물이 존재하게 된 원인이 있음을 알기 때문이다.

"지금 우리가 가는 곳은 피렌체 인근 갈루초Galluzzo에 있는 수도원인데, 공식 이름이 '체르토사 델 갈루초'Certosa del Galluzzo입니다. 체르토사는 봉쇄 수도원 혹은 폐쇄 수도원을 뜻하는 이탈리아어입니다. 이 봉쇄 수도원은 말 그대로 수도사가 폐쇄된 공간에 스스로 갇혀서 평생을 보내는 수도원인데, 영어로 모나스터리라고 합니다. 그런데 수도원을 뜻하는 영어 단어가 모나스터리 외에 클로이스터도 있지요. 이 둘의 뜻은 다소 다르지만 다 수도원을 칭합니다.

수도원의 출발은 대부분 클로이스터인데, 공주 수도원이라는 이 수도원에서는 같이 모여 살기 때문에 홀로 수도하고자 하는 열망을 충족할 수 없었습니다. 또한 수도원의 세력이 팽창하여 조직이 커지면 더욱 분망할 수밖에 없어 수도적 삶을 온전히 살고자 하는 움직임이 나타나겠지요. 11세기는 유럽에서 수도원의 세력이 가장 커진 때이기도 합니다. 따라서 홀로 수도하고자 하는 이들이 늘어나, 1084년에 랭스의 브루노 수도사가 험준한 프랑스 알프스 계곡을 택해 여덟 명의 수도사와 같이 가서 각기 홀로 수도를 하기 시작한 게 모나스터리의 시초가 됩니다. 이들은 하루 한 끼만을 먹으며 스스로 유폐시킨 공간에서 오로지 묵상과 찬송으로 일생을 보냅니다. 브루노가 만든 수도원이 바로 그곳 지명을 딴 그랑드 샤르트뢰즈 수도원의 시작이었습니다. 이 샤르트뢰즈는 체르토사, 카르투지오Carthusio, 카투샨Carthusian, 차터하우스 Charterhouse 등 다른 나라의 언어로 불리며 세계 곳곳에 전파된 봉쇄 수도원의 본산이 됩니다. 지금 우리가 방문하는 체르토사 델 갈루초가 바로 그러한 수도회 가운데 하나였습니다."

체르토사 델 갈루초, 왼편의 공동 영역과 오른편의 개별 영역이 구분된다.

1341년 젊은이들의 영성 회복과 종교 교육을 목적으로 지어진 이 갈루초 수도원은 크게 두 개의 영역으로 나뉘어 있다. 성당이 중심인 공동 영역과 큰 정원을 가운데 두고 그 주위를 둘러싸는 '셀'cell이라는 개별 영역인데, 셀은 독실의 수도승방이다. 내가 주목한 곳은 이 셀이며, 그 속에서 한평생을 스스로 가둔 수도사의 흔적을 찾는 게 이 기행의 목적이다.

베니는 이탈리아에서 관광버스를 운전한 지 10년이 넘는다고 했는데, 이곳에는 처음 왔다고 했다. 그래서 입구를 찾는 데 다소 더듬거렸다. 그런데 한국인들이 이곳을 찾아오다니…. 그는 우리 일행에 호기심이 가득했고 정중했다. 언덕길을 올라 주차장에 도착했는데, 아침 첫 시간이어서 그런지 모두 비어 있었다.

갈루초 수도원을 마지막으로 방문한 게 언제였던가…. 첫 번째는 아마도 1994년 즈음의 여름이었을 게다. 지금 서울역사박물관장인 송인호 교수가 그 당시에 마침 피렌체에 연구년으로 와 있어 그의 안내를 받아 갔다. 그때는 수도원에 관심과 지식이 그다지 많지 않을 때였으며, 단지 코르뷔지에가 여기를 방문하여 남긴 스케치를 연상하며 그의 여행 기록을 확인했을 뿐이었다. 이후에도 두 차례를 더 방문하여 오늘이 네 번째다. 그사이에 내가 건축을 보는 방법이 계속 바뀌었다는 것을 안다. 코르뷔지에의 눈길을 애써 찾아 그의 방법으로 보는 것은 내가 보는 게 아니었다. 아마도 두 번째, 민현식 선배를 비롯한 몇몇 건축가와 찾았을 때는 건축 공간을 파악하려 애썼을 게다. 그러나 세 번째, 동행한 교회 청년들에게 이 수도원을 설명해야 했을

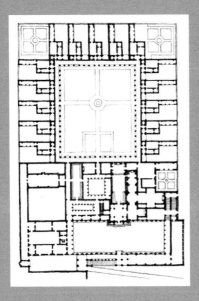

중정을 둘러싼 열다섯 개의
수도승방. 중정에는 수도사의
무덤이 있어 본당에 미사를
드리러 갈 때마다
그들은 죽음을 본다.

때 나는 수도사의 입장에서 말한 기억이 있다. 그리고 이번에는 어떻게 말하면 좋을까? 내심으로는 이 건축 속에 스스로 삶을 가두어서 가둔 자와 갇힌 자가 된 수도사들의 영적 투쟁을, 그래서 그들이 가져야 한 고독 혹은 절망을 발견하고 이에 관해 말할 수 있으면 좋겠다고 내내 생각했다.

첫 번째와 두 번째의 방문에 안내하는 이가 같았다. 그 흑인 수사는 두 번이지만 7년의 차이가 있는데도 설명하는 내용이 같을 뿐 아니라, 한 시간 남짓한 안내 시간 동안 아무런 표정 변화가 없는 것도 똑같아 아주 인상적이었다. 두 번째 방문 때 내가 떠나면서 '전번보다 더 설명이 근사했다'라고 말하자 하얀 치아를 드러내며 웃던 그는 내가 세 번째로 방문한 2008년에는 보이지 않았다. 안내를 맡은 백인 수도사에게 물어보니 슬픈 표정을 지었다. 아, 그렇구나⋯. 평화하시라.

이번에는 안내하는 이가 일반인이어서 물어보니, 이 수도원이 더는 수도원 기능을 수행하지 않으며, 모든 수도사가 다 떠나고 '중세 라틴 연구회'Società Internazionale per lo Studio del Medioevo Latino 라는 시민 단체에서 위임받아 관리한다고 했다. 카르투지오회 소속이던 이 수도원은 1958년에 시토회 소속으로 바뀌어 운영된 까닭에 봉쇄 수도회 특유의 침묵이 던지는 엄숙한 분위기가 엷어진 지 오래다. 그리고 지금의 수도원 곳곳에는 전에 보지 못한 성화가 벽면을 채웠는데, 중세 미술 작품을 전시하는 곳으로도 쓰는 탓이었다. 고딕 시대에 지은 이 수도원의 공동 영역인 성당도 시대를 거듭하며 개축하여 고딕의 순수한 구조적 아름다움이 퇴색되었고 화려한 장식과 소품이 가득하여 검박과 절제의 공간을 찾는 내게는 그다지 큰 감동을 주지

수도승방 입구와 지극히 검박한 내부. 출입문은 안에서 열 수 없으며,
옆쪽 작은 개구부는 밖에서 음식물을 공급하는 통로다.
겨울에는 하루에 한 번, 여름에는 두 번, 간단한 음식이 공급된다.

못한다. 그러나 전번에 방문했을 때 이 모든 것을 상쇄하고도 남는 공간을 목격하고 감동했다. 수도사들이 정해진 시간에 열리는 미사에 참예參詣하고자 갇힌 독방을 나와 성당에 들어가기 전 잠깐 머무는 대기 공간이 성당의 측면에 붙어 있다. 5분이든 10분이든 오랜 침묵을 던지고 서로의 안부를 물으며 떠들 수 있는 좁은 공간인데 너무도 애틋하게 느껴져 한동안 앉아 있었던 것이다.

성당을 나와 공동 영역의 문을 열고 들어가면 사방 45미터 크기의 큰 정원이 펼쳐지고, 이를 회랑의 기둥들이 둘러싸고 있다. 그 너머에는 단독 주택 같은 셀이 균일한 크기로 적당한 간격을 두며 배열되어 있는데, 회랑에 면한 이 셀을 출입하는 문은 안에서 열 수 없다. 문 바로 옆에 있는 작은 구멍의 문이 음식물을 공급하는 배식구다. 대략 20평은 넘어 보이는 내부는 침실과 거실로 나뉘어 있고 더없이 검박한 가구가 하나씩 있을 뿐이다. 정원을 끼고 ㄱ자형으로 내부 공간을 이루는데 그 끝에는 작은 창이 있어 외부의 풍경을 볼 수 있다. 이 작은 창을 통해서 바깥 세계의 안락과 행복이 보이면, 젊은 수도사는 그 그리움을 어떻게 극복했을까? 아마도, 좁은 공간이지만 침실에서 창까지 무수히 반복해서 걷기도 했을 것이다. 때때로 아래층 정원에 나와도 하늘만 볼 수 있을 뿐인데, 그 절망을 오로지 기도와 묵상으로만 이겨내는 일이 어떻게 가능한가…. 이번에도 이 셀에 남은 수도사의 흔적에 또 던진 질문이었다.

르 코르뷔지에는 이곳을 스무 살이 되던 1907년에 처음 방문하여 대단한 감명을 받고, 1911년 동방 여행에서 돌아오며 다시 들러 실측까지 했다

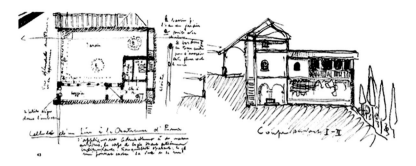

르 코르뷔지에가 젊은 시절
이곳을 여행하고 남긴 스케치.
이 수도원 경험은 일생 동안
도시와 건축 작업을 하는 데
중요한 텍스트로 남는다.

고 한다. 20세기 최고의 건축가인 그에게 이 수도원은 평생을 두고 남아 건축과 도시를 설계할 때마다 떠올렸다. 심지어 그에게 롱샹 성당과 라 투레트 수도원의 설계를 의뢰한 쿠튀리에 신부에게는 이곳이 자신이 가야 할 방향을 결정지은 건축이라고 고백하며 이렇게 말했다.

토스카나 지방의 선율처럼 흐르는 풍광 속 언덕 위에 세운 왕관 같은 현대적 도시를 보았습니다. 수도사의 방이 길게 이어진 왕관 모양의 수도원은 대단히 고상하고 우아한 실루엣을 지녔습니다. (…) 이처럼 즐거운 삶은 다른 어디에도 없을 것입니다. 승방은 갤러리를 통해 공동 시설로 연결됩니다. 이곳은 현대 도시로 보이지만 15세기에 지어졌습니다. 그 빛나는 광경은 영원히 나의 마음에 남았습니다.

스무 살에 한 수도원을 방문하고 이에 대한 기억으로 평생을 지탱한 건축가 르 코르뷔지에, 그는 과연 누구인가?

피렌체

갈루초를 떠난 버스는 불과 30분도 걸리지 않고 아르노Arno 강변도로에 우리를 내려주었다. 오늘의 숙소는 호텔 데 란치Hotel de Lanzi. 두오모 바로 아래 시내 한가운데 있었다. 오래된 도시를 여행할 때는 여하하든 시내 중심에 있는 호텔에 묵는 게 좋다. 도시는 밤이 되어야 비로소 진면목을 드러내는 법이라 호텔을 도시 외곽에 잡으면 그 도시를 반밖에 보지 못하는 결과를 초래한다. 그래서 여행을 계획할 때는 숙박지 위치가 몹시 중요한데, 단체 여행이라서 여행사의 도움을 받는 게 불가피하지만 숙소는 직접 선택해서 요청해야 실수가 없다. 등급보다는 위치가 우선이다. 도시 중심부의 숙소는 대개 규모가 크지 못하니 많은 인원이 다 함께 숙박할 수 없으면 비슷한 호텔로 나눠도 무방하다. 버스가 비좁은 시내 한가운데를 가지 못하는 불편은 오히려 도시를 산책할 수 있는 유익함으로 충분히 견딜 만한 즐거움이 된다.

피렌체Firenze는 중세에 모직 산업에서 출발하여 금융으로 부강해진 상공인들이 협동조합 성격인 길드guild를 형성하여 공화제 형태로 운영한 도시였다. 베네치아Venezia에 버금갈 정도로 부를 쌓은 이 도시 역시 14세기에 이르러 많은 이를 죽음으로 이끈 흑사병을 피하지 못했지만, 감소한 인구는 오히려 개인별 부의 양을 증가시키는 결과를 가져왔다. 죽음의 공포를 경험한 후였으니 내세의 복을 위해 수많은 교회당을 짓는 일에 아낌없이 투자했고, 건축에 부속된 조각물과 그림 또한 찬연한 모습으로 세상에 나타난다. 또한 현세를 사는 즐거움도 게을리하지 않았다. 소위 인본주의라는 르네상스가 활짝 꽃을 피우며 상류층의 전유물이었던 고급문화가 부를 축적한 민중에게까지 널리 퍼지기 시작했다.

그래서 그럴 게다. 피렌체 시민의 분위기는 그들이 입고 다니는 의상에서부터 다른 도시와 짐짓 다르다. 모직 산업 전통과 가죽 공예가 발달한 탓도 있다. 그래서 피렌체는 '구찌'나 '페라가모' 같은 브랜드의 고향이기도 한데, 이 도시 거주민의 의상은 어디보다도 화려해서 길거리를 가다 보면 마치 모델 같은 선남선녀를 곧잘 만나게 된다. 그러나 우리 일행의 패션도 장난이 아니었다. 시내 한가운데 있는 식당에서 점심 식사를 다소 늦게 마친 후 호텔로 향하는 길을 앞장서 가다가 뒤를 보니 모두의 패션이 피렌체 골목길과 너무도 잘 어울렸다. 떼를 지어서 가는 다른 어떤 그룹과도 확연히 차이가 났다. 그중에서도 윤영미 씨의 패션은 압권이다. 오랜 아나운서 생활로 무대에 서거나 화면에 나온 경험이 많아서 그렇기도 하겠지만, 어떻게 입고 먹는 게 좋은지 어디서나 생각하는 습관이 배어 있다. 그리고 카메라 셔터가 눌리는 순간을 너무도 잘 포착한다. 그래서 그녀가 나오는 사진은 모두 화보다. 우리가 사는 순간순간이 모두 귀중하니 그렇게 아껴서 사는 게 마땅하다. 패션으로 치면 김지선 기자의 맵시도 특별했다. 윤영미 씨와는 전혀 다른데, 윤영미 패션이 도시적이라면 김지선은 전원풍이다. 하늘거리는 화사한 드레스가 그녀와 몹시 어울린다. 여행길에는 다소 의외인 의상일 수밖에 없는데도 항상 그렇게 옷을 입었다. 그 까닭을 물어보지 않았지만, 짐작으로는, 기자 생활이 청바지 입고 뛰어다니는 삶이니 이런 여행은 그런 일상에서 일탈하여 모습을 바꿀 절호의 찬스라고 여긴 것일 게다. 아무튼 모두 빼어났다.

피렌체의 시간은 모두 자유 시간으로 정했다. 내일 아침에 바로 출발해야 하는 짧은 일정인 만큼 이곳의 핵심 정보만 제공하고 각자의 선택으로 시간을 꾸미는 것이다. 피렌체로 들어오는 버스 안에서 이미 핵심 루트를 설명해놓았다. 수태고지 성당 광장Piazza della Santissima Annunziata에서 세르비가via dei Servi를 따라 다빈치 박물관Museo Leonardo da Vinci을 지나고 두오모Basilica di Santa Maria del Fiore와 세례당Battistero di San Giovanni을 거쳐 레푸블리카 광장Piazza della Repubblica과 시뇨리아 광장Piazza della Signoria, 이어서 우피치 미술관Le Gallerie Degli Uffizi과 베키오 다리Ponte Vecchio를 지나 피디 궁전Palazzo Pitti까지 가면 피렌체에서 가장 중요한 역사의 축을 밟는 것이다. 사실은 이 루트는 바사리 통로Corridoio Vasariano라는 이름으로 널리 알려진 구간도 포함한다. 이 루트에는 수없이 많은 이야기와 엄청난 인물이 등장한다. 르네상스의 중흥에 결정적 역할을 한 길드 조직과 가문의 이야기부터, 메디치Medici와 미켈란젤로, 다빈치Leonardo da Vinci(1452~1519), 보티첼리Sandro Botticelli(1445?~1510), 단테Dante Alighieri(1265~1321), 알베르티Leon Battista Alberti(1404~1472), 브루넬레스키, 도나텔로, 기베르티Lorenzo Ghiberti(1378~1455), 마사초Masaccio(1401~1428) 등등과 그들이 엮는 수많은 사연, 그리고 산타 마리아 델 피오레 대성당, 산 로렌초 성당Basilica di San Lorenzo, 산타 마리아 노벨라 성당Basilica di Santa Maria Novella, 산타 크로체 성당Basilica di Santa Croce 등등의 건설과 그 공간…. 이를 설명하려면 하루 일정으로는 턱도 없다. 그래서 아예 각자에 맡겨 선택적으로 방문하게 하는 게 낫다. 또한 피렌체는 가장 잘 알려진 관광지 중 하나여서 곳곳에 떼 지어 다니는 관광단도 많아 그런 꼴이 되기도 싫었지만, 이곳에 대해 알고자 하면 안내 책자 또한 널려 있으니 굳이 내가 나서서 안내하지 않아도 된다.

투시도의 세계

그러나 아무래도 한 가지는 설명해야 한다. 이 도시는 투시도의 발상지다. 지금은 누구나 다 아는 투시도란 게 그림을 그릴 때 원래 쓰던 방식이 아니라, 산타 마리아 델 피오레 대성당의 돔을 만든 건축가 필리포 브루넬레스키Filippo Brunelleschi(1377~1446)가 창안한 방식이다. 그림은 그리는 이가 세계를 보는 방식이다. 투시도에 익숙하다면 그 그림이 가진 세계관에 동의한다는 것이니 투시도의 세계관은 우리가, 특히 서구가 세계를 바라보는 방식이라고 할 수 있다.

투시도는 바라보는 공간의 정중앙에 보는 이가 위치하고 그의 눈으로 공간의 모든 선이 소실되어 형성되는 그림인데, 하나의 렌즈로 포착하는 영상과 같다. 그런데 풍경이나 공간은 수없이 많은 다른 앵글이 있지만 투시도는 단 한 사람의 눈으로만 포착된 광경이라는 것, 즉 다른 이들과 공유하지 않는 독점적 세계가 투시도다. 이 독점적 세계가 단일 중심의 건축과 도시를 만들고 봉건 사회의 기틀이 되었다면 너무 확대 해석한 것일지도 모른다. 그러나 특히 르네상스 이후 서양의 거의 모든 건축과 도시가 그렇게 만들어졌다는 사실만은 분명하다. 서양 건축에서 중요한 전기가 된 안드레아 팔라디오Andrea Palladio(1508~1580)의 빌라 로툰다Villa Rotunda가 그렇고, 로마 바티칸의 산 피에트로 성당도 그러한 단일 중심의 시설이며, 르네상스 시절에 유행처럼 번진 이상 도시의 개념들이 죄다 그렇다. 그 가운데서 교회 건축은 으뜸으로, 늘 제단이 중심이고 사제나 목사의 보좌가 가운데 위치하여

30.

마치 그 중심에만 신이 임재臨在하는 듯 투시도의 세계를 극대화한다. 어쩌면 이런 단일 중심의 건축이 우리로 하여금 사랑과 평화를 전하는 기독교의 본질을 바로 바라보지 못하게 하는지도 모른다. 신은 무소부재無所不在라 하지 않았나.

영국의 문화 비평가이며 저술가인 존 버거John Berger(1926~2017)는 그의 책 『사물을 보는 법』Ways of Seeing(1972)에서 투시도에 익숙한 만큼 사물에 대한 우리의 시각은 줄곧 왜곡되어왔다고 통박한다. 그렇다면 이런 방법 외에 사물을 그리는 수단이 있을까? 참으로 다행스럽게도, 이 질문에 우리 선소가 답을 했다. 19세기에 그려진 민화 중 '책거리'라는 종류의 그림을 보면, 이 책장의 공간이 하나의 소실점으로 귀결되지 않고 책장 칸마다 나름의 소실점을 가지고 있음을 볼 수 있다. 그뿐만 아니라 각 칸에 놓여 있는 사물마저 그 칸의 소실점을 따르지 않고 제각각 다른 중심을 향해 소실되도록 그려져 있다.

오래전에 이 책거리라는 그림을 보았을 때 나는 한참을 묵상해야 했다. 그림은 그린 자가 세상을 보는 방법이라 했다. 그러면 이 그림을 그린 이름 모를 선조는 적어도 모든 공간과 사물이 제가끔 중심을 가지고 있다고 믿는 이일 게다. 확대하면, 이 화가는 단일 중심의 봉건적 세계를 믿지 않는 이이며, 우리가 사는 세상에서 모든 사람이 중심이 되어야 한다고 믿는 이 아닐까? 그렇다면 우리 도시를 구성하는 중앙로·중앙 광장·중앙 공원 같은 시설은 봉건 제도의 잔재다. 마스터플랜에서 나타나는 대로·중로·소로 같은 위계적 도로도, 도심·부도심·변두리 같은 계급적 분류나 공업 지역·주거

책거리 그림에서는
서가의 모든 공간과 사물이 서로 다른
각각의 중심을 가지고 있다.

지역·상업 지역 같은 토지 등급도 그러하므로 의심해야 한다. 우리가 민주주의 시대를 신봉하며 산다면, 투시도적 관점에서 벗어난 도시와 건축의 모습을 실현해야 한다. 그러므로 책거리는 어쩌면 다원적 민주주의 도시에 대한 구체적 형상일 거라고 짐작한다. 이 말이 생각났다. '우리 모두의 내면에 흐르는 존엄성'our inherent dignity. 유엔 인권 헌장의 서문에 나오는 구절이다. 한 사람의 생명이 우주보다도 귀하다고 한 성경의 말씀과 같은 뜻일 게다.

도나텔로의 마리아

피렌체는 로마군단이 주둔하면서 정착하여 도시가 발생했다. 레푸블리카 광장이라는 곳이 로마군단의 지휘부가 둘러쌌던 광장인 포로Foro였다. 그래서 피렌체는 도시의 발생과 성장을 설명하기에는 참 좋은 곳이지만 수도원을 설명하기에 그리 적절한 곳은 아니어서, 나는 저녁 식사 전에 호텔 방에서 지난 며칠간의 여정을 글로 정리하며 오후를 보내기로 했다. 그런데, 내가 어디를 가는지 궁금한 모양이었다. 아무 데도 안 간다고 하기가 뭣해서 비스콘티Visconti 만년필을 사러 간다고 했다. 비스콘티 만년필은 피렌체에서 만드는 만년필인데 다른 곳에서 사기가 무척 어렵고, 게다가 그 디자인이 정통적이어서 내가 여기를 오면 항상 사는 품목이다.

그러자 '지지미'가 주동이 되어서 따라가겠다고 나섰다. 지지미는 동숭학당 멤버 중 디자인비따의 김지선 실장, 이화여자대학교 강미선 교수,

'W. camp'의 이지희 대표 세 명을 싸잡아 부르는 이름인데, 그럴 만큼 이들은 동학의 거의 모든 행사에 참여하는 열심 멤버. 이지희 대표는 내가 설계한 웰콤 시티Welcomm City의 '웰콤'이라는 광고 회사에서 핵심 요원으로 있었던 터라 오래전부터 그 실력에 관해 들었지만, 정작 동숭학당에 출입하기 전까지는 잘 알았다고 할 수 없다. 그녀는 동학 멤버가 되면서 접한 이 세계가 너무 놀랍다고 했으며, 조금만 더 일찍 접했더라면 하는 아쉬움도 늘 나타낸다. 그래서 나이 들어서 서로 좋은 친구가 된 지지미라는 관계가 무척 소중한 모양이다.

우물쭈물하는 사이에 몇 사람이 더 모여들어 하는 수 없이 모두를 이끌고 시뇨리아 광장 부근의 만년필 가게를 같이 가면서 산 로렌초 성당부터 두오모와 세례당, 레푸블리카 광장 등 지나치는 여러 곳을 설명하며 속성 가이드를 해야 했다. 이윽고 시뇨리아 광장 옆 비스콘티 가게를 들어섰는데, 지지미가 내게 한 자루를 사주겠다고 우겼다. 아, 그래서 따라온 것이었다. 그들의 선의가 감사하기 짝이 없었지만, 그 바람에 비싼 것을 고를 수는 없었다. 눈길은 연신 창가에 놓인 고가의 교교한 만년필로 향했지만, 다음을 기약할 수밖에…. 근데 여길 또 언제 오나….

저녁은 처음으로 조별로 나눠서 먹는다고 이미 아침에 오늘의 조 구성과 함께 알렸고, 비스테카 알라 피오렌티나Bistecca alla Fiorentina라 불리는 피렌체 고유의 숙성된 티본스테이크를 즐기라고 권유한 바도 있었다. 그룹별로 저녁 식사를 하고자 조를 구성하는 일은 정말 어렵다. 이번 기행에는 네 번의 기회가 있는데, 그 구성이 매번 달라야 하고 남녀 비율도 맞춰야 하며 개개인의 성정도 판단해서 어울리게 조합해야 하는 등 고려해야 할 요소가 너무 많다. 모든 경우의 수를 상정하고 분위기를 상상하며, 그 바쁜 와중에 고치기를 거듭거듭 하고서야 겨우 만들었다. 그런데도 결국 어떤 이는 네 차례다 한 사람이 꼭 옆에 있다고 클레임에 가까운 발언을 했고 심지어 이번에는 내가 게을러 대충 짰다고 힐난까지 했으니, 이런 중생들이 또 없다.

여기서 나는 임옥상 조에 속하여 이 조가 정한 식당으로 찾아갔는데, 아뿔싸, 이 식당은 숙성된 소고기로 요리하는 곳이 아니었다. 이 식당으로 오는 좁은 길에 있는 조그만 식당들이 창에 진열한 숙성육을 보고 한껏 침을 흘리며 허기를 돋운 터였는데…. 잘못 예약한 조에 합류한 것이다. 김호중이 예약한 모양이었다. 김호중은 건축가지만 'BIM'이라는 선진적 방법의 건축 설계 기술 혁신에 주도적 역할을 담당하는 젊은 친구다. 또한 건축을 담론적으로 접근하는 일에 열심히 참여하기도 하며 무엇에든 성실하다. 그러니 이번 식당을 찾는 일에 자기의 모든 지식과 정보를 동원했을 게다. 다만 음식과 식당에 관한 경험은 아직 없다. 이럴 때 불만스러운 말을 하면 분위기가 어색해지는 게 확실해서 식사는 포기하고 좋은 와인을 주제로 삼기로 하고 와인 리스트를 달라 했더니 그 리스트 또한 초라했다. 끄응…. 내 이번 피렌체 미각 여정은 실패한 거다. 세상만사가 그리 뜻대로 되는 게 아니라는 걸 굳이 또 알 필요가 없는데…. 그렇다 해서 또 분위기를 해치면 안 된다. 짐짓 행복한 얼굴로 이런저런 이야기를 주고받으며 저녁을 마쳤는데 나가서 맥주를 더 하자고 했다. 별 그럴 기분이 아닌 나는 할 일이 있노라 양해를 구하고 혼자 아르노 강변을 걸었다.

도나텔로의
〈막달라 마리아〉

강변 산책길에는 제법 많은 수의 데이트 커플이 벽돌담에 적당한 거리를 두고 걸터앉아 사연을 만들고 있었다. 그런데 강변 한구석에 구걸하며 서 있는 한 여인이 있어 지나치다가 그 모습을 흘낏 보고 깜짝 놀라고 말았다. 조각가 도나텔로Donatello(1386~1466)가 만든 〈막달라 마리아〉Magdala Maria와 너무도 흡사한 것이다. 이 조각상을 나는 결코 잊지 못한다. 오래전, 피렌체 두오모 박물관Museo dell'Opera del Duomo에 갔을 때 갑자기 마주한 그 마리아, 비탄함 그 자체였으니 경악하고 만 것이다. 르네상스 시대의 조각이 이렇다니…. 브루넬레스기와 절친했던 도나델로는 미켈란젤로보다 100년이나 먼저 태어나 활동했지만, 현대 조각가라고 해도 의심하지 않을 만큼 인물의 내면을 핵심적으로 형상화하는 리얼리즘 작가라고 느껴 감탄했다. 막달라 마리아. 성경(요한복음 제1장)에 따르면 예수의 발에 값비싼 향유를 붓고 자신의 머리카락으로 그 발을 닦으며 예수를 향한 지극한 사랑을 표현한 여성. 일설에 따르면, 그녀의 능력을 질시한 초대 교회 기독교도들이 창녀로 기술했으나 그녀가 너무도 명석해서 결국 베드로와 견줄 정도인 예수의 수제자가 되었다고 한다. 성경에도 제자들이 시기하여 예수에게 이 여자를 물러나게 해달라고 청하는 내용이 기술되어 있을 정도다. 무엇보다 예수 최후의 순간에 현장을 지킨 여자였으며 예수 승천 이후에는 고향을 떠나 프랑스를 떠돌며 은수자의 삶을 살았다고 하니 절망과 간절함, 그리고 그리움과 슬픔은 그녀의 일생을 지배한 주제어였다. 도나텔로에게는 그런 삶을 산 그녀가 조각으로 표현하기에 너무도 적절한 대상이었을 게다. 이 마리아는 기행 마지막에 다시 나타난다. 도나텔로의 막달라 마리아가 현현한 듯한 강변

의 여인을 한동안 쳐다보며 그녀의 절박한 삶을 떠올리다가 숙소로 발길을
돌렸다. 그리고 돌아오면서 마음 한구석에 불안이 떠올랐다.

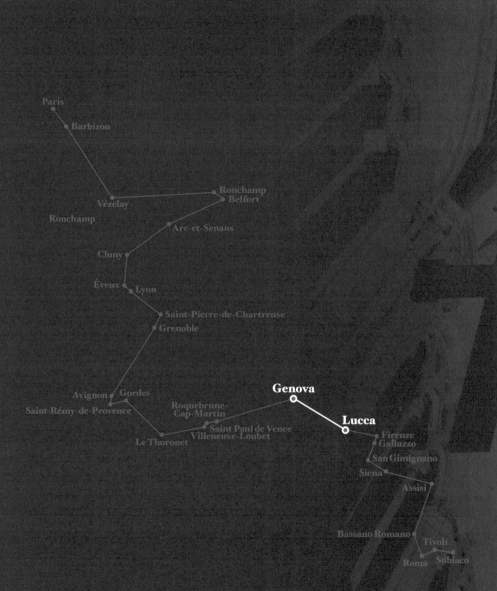

Paris
Barbizon
Vézelay
Ronchamp
Belfort
Ronchamp
Arc-et-Senans
Cluny
Éveux
Lyon
Saint-Pierre-de-Chartreuse
Grenoble
Avignon
Gordes
Saint-Rémy-de-Provence
Roquebrune-
Cap-Martin
Saint Paul de Vence
Villeneuve-Loubet
Le Thoronet
Genova
Lucca
Firenze
Galluzzo
San Gimignano
Siena
Assisi
Bassano Romano
Tivoli
Roma
Subiaco

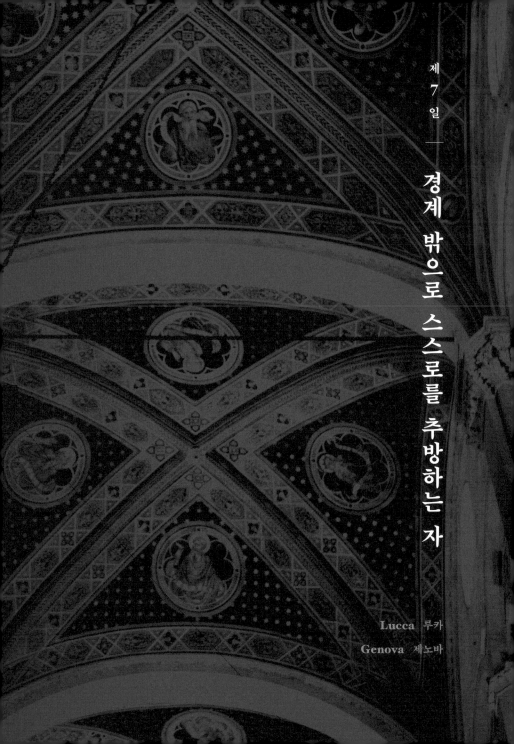

경계 밖으로 스스로를 추방하는 자

Lucca 루카
Genova 제노바

ITALIA

EMILIA-ROMAGNA

● 산 펠레그리노 산투아리오
  ○ 제노바

로마 원형 극장
산 미켈레 성당 ●
  ● 루카
산 마르티노 성당 ●   산 조반니 바티스타 ●
                              겔

산 지미냐노 ●
TOSCANA

산 조반니 바티스타 교회

어젯밤 꿈에 도나텔로의 마리아가 나타났다. 비탄에 빠진 마리아의 표정이 조각난 잠의 한 부분에 있었다. 소스라치다 깼다. 부스러기 같은 잠이 이어져, 여섯 시간을 침대 위에서 보낸 것은 평소와 같았으나 휑한 눈의 마리아는 불면의 밤을 내내 지배했다. 할 수 없는 일이었다.

아침 10시에 호텔 앞에서 모두 집결하기로 했다. 피렌체의 아침 풍경을 즐길 여유를 주려고 다소 늦게 시간을 잡았다. 오래된 도시의 아침은 색다른 운치가 있다. 밤늦도록 거리와 광장에서 먹고 마신 소란이 묻은 거리의 바닥에 깔린 돌은 새벽녘에 지나간 청소차가 뿜은 물기로 윤기가 나 반짝인다. 이 돌들을 밟으며 어둠이 걷히는 골목길과 광장을 소요하는 일은, 마치 2,000년 역사를 가진 낡은 도시가 또 하루를 살도록 새롭게 공급되는 숨결을 그대로 빨아들이는 듯하여 신선하다. 부지런한 몇몇은 벌써 새벽 나들이를 마쳐서, 다닌 거리를 이야기하며 호텔 앞으로 속속 모여들었다. 모두 모인 것을 확인하고 아르노 강변에서 우리를 기다리는 버스로 향했다.

오늘은 제노바까지 가는 일정이다. 가는 길에 로마군단의 주둔지였던 루카를 들러 그렇게 형성된 도시가 오늘날 어떻게 변해 있는지를 확인하며 이 도시를 탐방한다. 푸치니Giacomo Puccini(1858~1924)와 보케리니Luigi Boccherini(1743~1805)가 태어난 곳이기도 해서 음악을 하는 이들도 순례 삼아 간다고 한다. 루카에 가기 전, 피렌체를 벗어나면서 들러야 할 곳이 하나 있었다.

산 조반니 바티스타San Giovanni Battista, Highway A11 교회. 거친 재료와 형태지만 공간의 경건성은 이 모두를 압도한다. 우리말로 하면 '성 세례 요한'인데, 이 교회의 위치가 피렌체 외곽 고속도로변인 탓에 자동차가 없으면 가기가 어려워 피렌체를 여러 번 왔음에도 늘 건너뛰었다. 근처에 주거 시설이 별로 없는데도 이곳에 교회당이 있는 이유는 외곽 고속도로를 건설하면서 희생당한 노동자들을 추모하기 위해서다. 우리도 경부 고속도로를 건설했을 때 숨진 노동자들을 위한 시설을 만들었다. 비록 거의 아무도 찾지 않는 추모비지만, 지금도 천안휴게소 옆에 있을 게다. 이 교회당은 1963년 조반니 미켈루치Giovanni Michelucci(1891~1990)의 설계로 지었으며, 우리가 며칠 후에 방문할 라 투레트 수도원보다 3년 늦게 만든 건축이다. 전통적인 교회당의 형식을 깨뜨린 것이, 당시 세계 건축계에 충격을 준 롱샹 성당의 영향을 다분히 받았다고 볼 수 있다. 콘크리트와 거친 돌의 물성이 여과 없이 나타난 이 교회는, 내가 김수근 선생의 문하에서 처음으로 주도하여 마산 성

산 조반니 바티스타 교회.
거친 재료와 형태지만
공간의 경건성은 이 모두를 압도한다.

당을 설계한 1977년, 롱샹 성당과 함께 내 제도판 위에 늘 있던 참고 자료였다. 그러니 오래전부터 보고 싶었던 건축인데, 이제야 그 기회를 잡은 것이다.

　버스를 출발시키고 오늘의 일정과 이 교회를 설명한 다음, 도착까지 20분 정도의 시간이 있어 음악을 틀었다. 기행을 준비하면서 항상 하는 일 중 하나는 방문할 장소를 옮기며 버스를 타고 갈 동안 들려줄 음악을 고르는 것이다. 음악은 버스 속에서 다소 어색한 시간을 메우기 위해서도 필요하지만, 방문히는 장소와 건축에 대한 마음의 준비를 하는 데도 일조하나 방문지를 감안해서 적절한 음악을 선택하는 건 몹시 중요하다. 어떤 때는 별 설명 없이도 음악으로 충분히 내 의사를 전달할 수 있다. 또 나와 여행을 같이 하는 이들은 으레 그런 음악이 있을 것으로 기대하여 내가 가져온 CD집을 들춰 보기도 한다. 그런데 지난 이틀 동안 그 성질 이상한 버스 기사 때문에 한 곡도 틀지 못했다.

　드디어 이네사 갈란테Inessa Galante(1954~)를 뽑아 들었다. 내가 생각하기에 세상에서 가장 아름다운 음성의 소프라노가 부르는 노래라고만 말하고 CD 기기에 음반을 집어넣었다. 카치니Giulio Caccini(1545?~1618)의 〈아베 마리아〉Ave Maria가 버스 안에 흘렀다. 카치니 작곡으로 알려졌지만, 사실 카치니와 이 〈아베 마리아〉는 아무 상관이 없다고 한다. 블라디미르 바빌로프 Vladimir Vavilov(1925~1973)라는 러시아 현대 작곡가가 쓴 곡으로 최근에 밝혀졌다. 그가 이 노래를 발표하면서, 자작곡이라고 하면 명성이 낮은 자신의 처지 때문에 출반이 되지 않을 것을 염려하여 그냥 중세 작곡가의 곡이라고

만 했는데, 다른 사람이 카치나라고 소개해 오늘날까지 잘못 전해지고 있다는 것이다. 바빌로프라는 이도 참 딱하다. 오직 '아베 마리아'라는 단어만 반복하는 노래. 그런데도 그 속에 온갖 그리움, 간절함, 애통함, 그리고 자비와 평화가 다 있어 듣는 이로 하여금 모든 것을 내려놓게 한다. 최고다.

　버스는 예정된 시간에 정확히 싱딩 옆 주차장에 도착했다. 색이 바랜 녹색 지붕을 덮어쓰고 나타난 성당은 주변을 압도했다. 거친 돌로 마감된 외벽은 어느 한구석도 직각을 보이지 않았고 부정형의 입구는 지체 없이 나를 빨아들였다. 확실히 모더니즘의 건축은 아니었다. 기다란 회랑의 전실前室은 벽체와 기둥의 구분이 불가능한 콘크리트 구조로 견실한 공간을 구축하고 있었고, 그 끝을 돌아 들어선 본당 내부는 십자형 평면이지만 전통적인 십자의 종횡을 달리하여 짧은 선의 끝에 제단을 두었다. 그래서 제단이 회중석 가운데 위치한 까닭에 전통적 축선이 무너진 내부 공간은 다소 산만했다. 그러나 제대 방향으로 치솟은 지붕으로 인해 생긴 공간감이 압도적이어서 모두를 고요하게 만들었다. 콘크리트를 자유자재로 주무른 듯 성당 내부 곳곳의 정교한 디테일은 건축가가 이 성당 건축에 얼마만큼 혼혈魂血을 쏟았는지 여실히 증언하고 있었다. 그러니 여기에 오는 모든 이는 공간과 디테일의 치밀한 전개에 압도당해 머리 숙일 수밖에 없다. 나는 작은 존재이오니 영광 받으소서…. 교회 건축이 신의 영광을 더욱 높이고자 인간의 존재감을 상대적으로 왜소하게 하는 것은 2,000년 내내 내려온 서양의 전통인데, 그렇다면 이 건축은 어느 좌표에 있는 게 맞을까….

고속도로 건설 당시 목숨을 잃은
인부들을 위한 추모비

한 시간 남짓 달려야 도착하는 루카에 예약한 점심시간을 맞추고자 서둘러 버스에 오르게 했다. 그리고 마이크를 잡아, 모더니즘에 관해 설명했다. 그저께 아시시를 가면서 설명한 서양 건축사의 후속편인 셈이다.

"금방 우리가 방문한 성당은 1960년대에 시었으니 모더니즘 시대가 지물 무렵의 건축이라고 할 수 있는데, 그중에서도 이 건축은 브루탈리즘brutalism 계열이라고 평합니다. 그제 서양 건축사를 설명하면서 19세기 말 서양에서 세기말의 위기를 맞는다고 했습니다. 서양의 근대는 프랑스 시민 혁명과 영국의 산업 혁명의 양대 축을 바탕으로 이루어졌지요. 전자는 계급을 철폐시켜 정신의 자유를, 후자는 기계와 노동으로 물질의 자유를 얻게 하여 새로운 사회가 형성되었습니다. 그러나 문화 양식은 여전히 이전 시대에 머물러 있어 이를 '팡 드 시에클'fin de siècle, 즉 세기말의 위기라고 합니다.
이 상황을 극복하고자 새로운 시대를 의식한 예술가와 지식인이 새로운 예술과 문화의 형성을 주장하는 운동이 일어납니다. 아르 누보art nouveau나 유겐트 슈틸Jugendstil, 세세션secession 등이 그것입니다. 그들 중에서도, 세세션마저 양식의 틀에 갇혔다며 비판한 아돌프 로스Adolf Loos(1870~1933)는 '장식은 죄악'이라는 유명한 명제를 선언하며 새로운 국면을 맞게 합니다. 르 코르뷔지에가 이어받아 인간의 이성과 합리를 바탕으로 한 새로운 건축의 원칙을 세우며 새로운 시대정신을 주창하고, 이로써 모더니즘이 세기말 위기를 극복하며 우리 삶의 방법을 바꾸었습니다. 혁명이었습니다. 그러나 기계적 균일을 추구한 모더니즘은 제2차 세계대전 후 개인에 대한 존중과 지역적 특수성이 중요해지면서 새로운 양상을 띠는데, 이 또한 코르뷔지에의 영향이 큽니다. 아까 언급한 브루탈리즘도 사실은 코르뷔지에에서 비롯된다고 말할 정도입니다. 코르뷔지에를 좀 더 알고자 이충기 교수에게 특별히 강의를 부탁했습니다. 내일 코르뷔지에의 마지막 집인 로크브륀의 통나무집을 찾아가며 이 교수가 설명할 예정입니다."

1950년대에 등장한 브루탈리즘이라는 말은 코르뷔지에가 건축의 주재료로 쓴 거친 콘크리드, 프랑스어로 '베똥 브루'Béton brut라는 단어에서 비롯했다. '브루'brut는 날 것이라는 뜻이니 덧대는 다른 재료가 없다는 말이어서 노출 콘크리트를 뜻한다. 그런데 이보다는 영어 '브루탈'brutal의 뜻인 짐승 같다는 의미로 확대해 해석하는 경향이 많아 건축의 형태가 다소 거칠게 나타나면 이 계열로 분류한다. 그러나 내게는 그런 사정보다, 이 거친 성당 건축이 세례 요한이라는 이름과 무척 어울린다는 느낌이 더 크게 다가왔다. 세례자 요한은 생애가 참으로 거칠었다. 성경 어느 구석에도 그의 삶이 편안한 모습으로 기록되어 있지 않다. 늙은 제사장의 아들로 예수보다 6개월 먼저 태어난 그는 소년 시절부터 광야에서 지내면서 메뚜기와 석청石淸을 먹으며 자랐다. 30세가 되어 갈릴리Galilee 호숫가에서 사람들에게 세례를 베풀고 설교하며 지내다 우연히 예수를 만났고, 예수가 구세주임을 직감하며 몸을 낮췄으나 예수의 강권으로 오히려 예수에게 세례를 베푼다. 그러나 그의 최후는 비참했다. 역사가 요세푸스Flavius Josephus(37?~100?)는 그가 대중으로부터 받은 명성이 명을 재촉하여 결국 살로메Salome의 쟁반 위에 그 얼굴이 올려지며 생애를 마쳤다고 적었다. 거칠기 짝이 없는 삶이었다. 그래서 이 거친 교회당은 광야에 우뚝 선 세례자 요한의 교회여야 했고, 오늘도 고속도로를 속절없이 바쁘게 오가는 현대인에게 회개하라고 외치고 있었다. 2,000년 전과 마찬가지였다.

루카의 지문

차는 루카에 가까이 다가갔다. 루카Lucca는 그 이름 자체가 습지라는 뜻일 만큼, 불과 해발 25미터에 형성된 도시다. 기원전 56년 카이사르Julius Caesar(기원전 100~기원전 44)와 폼페이우스Magnus Gnaeus Pompeius(기원전 106~기원전 48), 크라수스Marcus Licinius Crassus(기원전 115?~기원전 53), 세 집정관이 이곳에서 회동하여 로마의 운명을 논의하면서 이 도시가 세계사에 등장한다. 도시를 둘러싼 높은 성벽Mura di Lucca이 여전히 강건한 풍모로 남아 있어 중세 도시의 전형적인 풍경을 드러내지만, 도시 공간의 구조는 철저히 로마군단의 표준 도형인 카스트라Castra에 따라 형성되어 격자형 도로망을 가지고 있다. 카스트라는 로마가 세계를 지배할 당시 세계 각지에 주둔시킨 군단의 배치 계획이다. 로마에서 오는 길을 카르도Cardo라 하고 여기에 직교하는 데쿠마누스Decumanus라는 길을 만들어 그 교차점에 광장인 포로Foro를 두고 주변에 지휘부를 설치한다. 그리고 그 둘레에 인슐라Insula라는 군막사를 긴 격자로 배치한 후 사각형으로 된 전체 주둔지를 담장으로 둘러 카스트라라 불렀으

로마군단 캠프의 가로망과
원형 극장 흔적을 그대로
나타내는 무가의 공중사진.
원형 극장은 광장으로 쓰고 있다.

며, 이 주둔지가 오래되면 그 장소에서 도시로 발전했다. 런던의 시티City 지역이 바로 로마군단이 주둔하여 생긴 런던의 원도심이며, 파리의 시테Cité 지역도 그렇고, 빈의 그라벤Graben이나 프랑크푸르트Frankfurt의 뢰머플라츠Römer Platz가 다 그렇다. 이 루카도 로마군단의 주둔지에서 출발하여 도시가 번성했으나 중세에 이르러 그 도시 발전이 중단되면서 거의 원형의 모습을 유지하며 현재에 전하고 있다.

그런 연유로 루카에서 로마 시대부터 있었던 건축의 흔적을 확연히 찾을 수 있는데, 격자의 가로망과 로미 원형 극장Roman Amphitheatre이 대표적이다. 이 원형 극장은 검투사 경기장으로 시작되었으나 나중에 소금 창고, 감옥, 무기고 등으로 바꾸어 사용하다가 중세 이후에는 주택이나 상가로도 개축되었다. 그러나 그 와중에도 가운데 그라운드는 비운 광장으로 유지되어 오늘날에도 도시의 축제나 집회, 상업 활동이 왕성히 벌어진다. 이 광장을 '플라리시움'Paralisium, 즉 말을 하는 곳이라 불렀다고 하니 이들의 공동체는 여기서 형성되고 길러졌을 게다.

이 비운 땅은 어마어마한 역사를 다 받아낸 터라, 25년 전 이곳을 처음 방문했을 때 나는 무한한 경외감을 가지며 한참 서성였다. 지금 DDP라 불리는 동대문 디자인 파크의 국제 현상 설계에 초청받아서 설계안을 냈을 때, 나는 이를 상상하며 그 현장의 역사를 보존하고자 동대문 경기장의 시설을 기억하도록 설계했다. 끊어진 성벽도 복원하고 훼손된 지형도 복구하며 그 장소가 가진 역사와 기억―나는 이것을 장소에 새겨진 문자로 해석하여 '지문'地文이라는 말을 만들고 영어로도 '랜드스크립트'Landscript라 하여 내 건축의 중요한 키워드로 삼았다 — 을 다음 세대에 다시 물려주는 꿈을 꾸었지만, 이러한 가치를 알아주지 않은 심사위원들에 의해 여지없이 탈락한 바 있다. 그러나 여기, 2,000년의 세월이 흐른 오늘도 이 '마당'은 작열하는 태양의 별 속에 건재했다. 파라솔들이 펼쳐져 있고, 그 아래에서 점심을 즐기는 시민이 가득했다. 언제까지 이 마당은 뭇 삶을 다 받으며 역사를 기록하게 될까…. 부럽고 부러운 마음 가득할 뿐이었다.

원형 극장 인근의 식당에서 점심을 했는데, 웬걸, 어제 제대로 먹지 못한 숙성된 티본스테이크가 바비큐식으로 제공되었다. 맛도 그저 그만이어서 반분半憤이 풀렸다. 내 여행을 늘 맡아서 처리해주는 여행사가 '테마세이투어'라는 곳인데 이들은 일반 대중보다는 특별한 취향을 가진 단체나 그룹을 상대한다. 게다가 나와 오랫동안 연결되었으니 내가 원하는 환경을 만들어주려 애쓰는 모습에 늘 고마움을 느낀다. 이제는 숙박하는 호텔이나 식당의 선정도 탁월하여 나를 참 편하게 해주는 여행사다. 이런 곳이 많아져야 한다.

식사를 마친 우리는 같이 원형 극장을 지나 시내로 나왔다. 루카에 도착하여 버스에서 내리면서 정차한 장소에 다시 모이는 시간을 지정하고 비교적 자유롭게 도시를 탐방하라고 했지만, 대부분은 나를 따랐다. 도시 중심부인 광장으로 향하며 좁은 길을 지났다. 로마군단의 격자형 가로망이 지문처럼 그대로 남아 있으니 여기서 길 찾는 일은 내게 너무도 쉽다. 특히 도면으로 입체 공간을 상상하는 일이 직업인 건축가는 한 번만 지도를 보면 공간으로 인식되어 처음 가는 길도 마치 알고 있었던 것처럼 찾아간다. 게다

산 미켈레 성당.
11세기 초 건설을 시작해
300년이 흐르는 동안
일관되게 로마네스크 양식을 지킨
성당이지만, 외관은 결국 고닉의
영향을 받았다.

가 숫자만 세면 되는 이런 격자의 도시에서 길 찾는 일은 식은 죽 먹기다.

광장에 도달했다. 옛날 로마군단 캠프의 포로가 지금까지 그대로 이어진 공공 영역으로, 사방 60~70미터 크기다. 그런데 응당 비어 있어야 할 공간 한가운데에 성당이 있었다. 도시의 중심 광장에 건물을 앉히는 것은 도시 공간 구조를 파괴하는 일이 아닐 수 없다. 생각해보시라. 광화문 광장 안에 시청사를 짓는다면 제정신이 아닌 게다. 오래전의 도시에서도 전쟁이나 천재지변으로 도시가 흔적 없이 사라지는 경우가 아니라면 이런 일은 일어나지 않았다. 그런데 광장 한복판에 성당이라니…. 알고 보니 이 성당은 교황 알렉산데르 2세Alexander II(?~1073)의 명으로 지어졌다고 한다. 그는 루카에서 주교를 지낸 적이 있었고 심각한 권력 투쟁을 통해 제156대 교황으로 선출된 인물이다. 재위 기간이 1061년부터 1073년까지이므로 이 성당이 지어진 1070년은 말년의 시절이며 무소불위의 권력을 내세우던 때였으니, 잘못 위치한 이 성당은 권력의 잘못된 행사였던 것이다.

그러나 이 산 미켈레 성당Chiesa di San Michele in Foro은 19세기 영국의 예술 비평가였던 존 러스킨John Ruskin(1819~1900)이 『건축의 일곱 등불』The Seven Lamps of Architecture(1849)이라는 책에서 극찬한 건축이다. 1070년이면 로마네스크 형식에 이어 새로운 고딕 건축 양식이 움트기 시작할 때다. 이 성당은 완성에 이르기까지 300년이라는 긴 시간이 걸렸으나 로마네스크 형식을 버리지 않았다. 그래서 내부는 역시 어두움이 지배하고 작은 창으로 들어온 빛이 그 사이에 아름답게 꽂힌다.

내가 양식에 관한 말을 하기도 전에 최강욱 변호사가 대뜸 이건 로마네스크 양식이라고 단정하며 나를 흘낏 본다. 최 변호사는 2006년 러시아 시베리아Siberia 횡단 여행 때 처음 만났다. 이후로 그는 문화계에 속한 이들과 쉽게 어울렸다. 그사이에 전해 들은 많은 지식이 때때로 그의 유창한 언변으로 포장되어 좌중을 곧잘 흔드는데, 이제는 유머까지 섞여 종횡무진이다. 오랫동안 구리고 어두운 우리 현실에서, 정의에 바탕을 둔 그의 말은 비수처럼 빛난다. 로마네스크 양식이 맞는다고 말하고, 시대를 거듭하면서도 원형을 고집하며 시대적 조류를 거역한 절개의 건축이라고 덧붙였다.

산 마르티노 성당의 미로

오늘 이 도시에서 내 관심은 사실 따로 있었다. 루카의 두오모인 산 마르티노 성당Cattedrale di San Martino을 방문하는 것이다. 로마네스크 양식에서 출발하여 고딕으로 끝난 이 성당의 장엄한 건축 공간에 들어가 오늘에 필요한 위로와 평화를 얻는 것도 중요하지만, 나는 성당 출입구에 있는 미로를 보고 싶었다. 전에 왔을 때 내 무지함으로 지나친 미로였다. 바닥에 짙은 색 돌로 형태를 만들어 이룬 이 미로는 단순한 문양이 아니다. 가운데 원형의 공간을 두고 동심원을 그리며 통로를 형성하여 전체를 이루는데, 이 성당을 들어가려면 미로의 입구 부분에서 무릎을 꿇고 기어서 가야 한다. 중심 원에 다다랐다고 생각하는 순간, 좁은 통로는 다시 바깥쪽으로 향하고 결국 모든 통로를 다 기어야 겨우 중심에 들어설 수 있다. 기어서 여기까지 이르

산 마르티노 성당의 기둥에
조각된 미로

샤르트르 성당Cathédrale de Chartres 의 미로

샤르트르 성당의 미로를 그린 19세기 그림

자면 무릎에서는 피가 나기 마련이다. 그러나 그 고통이 끝나는 것에 감사하며 기도한 후에야 일어서서 제단 앞으로 나갈 수 있다. 누군가는 이것이 마치 그리스도의 수난과 죽음, 그리고 부활을 따라 걷는 예루살렘의 '십자가의 길'Via Dolorosa 순례와 같다고 했지만, 굳이 그러한 상상이 아니더라도 이 미로는 무릎을 꿇는 자가 스스로를 성찰하고 통회하고 결단하도록 하는 것이 틀림없다.

지난 2010년 티베트Tibet 라싸Lasa 지역에 여러 건축가와 답사하러 갔을 때였다. 티베트의 여러 불교 수도원을 살펴보다가 라싸에 있는 조캉 사원大昭寺에서 수도의 의미를 다시 알게 되었다. 조캉 사원은 7세기 티베트의 왕 송첸감포松贊干布(?~649)에게 시집온 당 태종唐太宗(599~649)의 조카딸 문성공주文成公主(?~680)가 지극한 불심을 일으켜 지은 절이다. 정방형의 평면에 가운데 높이 들어 올린 천장에서 쏟아지는 빛의 다발이 기도하며 모여 있는 승려들 위로 떨어져 발산되는 빛과 색채의 현란한 풍경, 그것으로 종교적 축제였다. 지금은 그 둘레로 여러 부속 공간을 지어 이루어진 웅장한 사원의 바깥에 넓은 광장이 있는데, 사원을 향해 오체투지를 하는 순례자들이 줄을 잇는다. 그들은 마음에 간절함을 담아 온몸을 바닥에 던지며 기도한다. 가만히 보니 그 순례자들 가운데 자기 고향에서부터 오체투지를 하며 온 듯한 젊은 남자도 있다. 무릎과 팔뚝에 보호대를 댔지만 이미 해어질 대로 해어졌으며 옷은 남루하기가 짝이 없었고 얼굴은 길바닥의 먼지와 오물을 뒤집어쓴 초췌한 몰골. 그러나 그의 얼굴에는 광채가 있었다. 아, 수도라는 게 말 그대로 길을 닦는 일이구나. 그냥 앉아서 염화시중의 미소로 득도

티베트 조캉 사원 앞에서
오랜 오체투지의 여정을
마친 이들이 마지막
참배를 드리는 풍경

하는 게 아니라 온몸으로 길을 닦는 고통을 겪은 후에야 알게 되는 행복인 게다. 그러니 성당에서도 신과 함께하는 아름다운 의식에 참예하여 행복을 얻으려면 미로를 무릎으로 기는 고통쯤은 기꺼이 감내해야 한다고 여겼고, 그런 의식을 치르고자 만든 게 미로였다.

물론 요즘에는, 이선의 나처럼 이 미로를 단순한 바닥 문양으로 보고 그 냥 큰 걸음으로 밟고 성큼 앞으로 나가는 이들이 전부다. 이 사실을 뒤늦게 깨달았을 때 수치가 일었다. 깨달은 지금이라 해도 꼭 그렇게 기어서 가지는 않겠지만, 스스로 작은 자 되어 눈으로라도 기어서 미로를 통과하고 싶었다.

그러나, 내 이 작은 소원은 이루어지지 못했다. 입구 부분이 개수 공사로 공사 막에 가려진 바람에 갈 수 없게 된 것이다. 하필 이런 때라니… 아쉽기 짝이 없어 휘장 둘레만 빙빙 돌다가 그냥 회중석에 한 시간여를 마냥 앉아 있었다. 어차피 모이는 시간을 알려주고 점심 후에는 자유시간으로 정한 바 있어, 나는 이 산 마르티노 성당의 높고 기다란 공간에 몸을 맡기고 쉬기로 했다. 정말 깊은 공간이었다. 마치 끝이 없는 터널 같았고, 저 멀리에는 반드시 화려한 보좌가 놓여 있을 것이었다. 사람이 몇 없어 나 홀로 이 깊은 공간을 건디는 것도 특별했다. 고딕 양식으로 마감한 산 마르티노 성당이지만 애초의 로마네스크풍이 내부 공간을 주도하여 빛은 절제되어 어둠이 지배했다. 그러나 그 어둠은 부드러웠다. 무척 길었기 때문이었을 게다. 회중석 중간에 대형 십자가가 매달려 있었다. 나는 그리스도이니 나를 기억하라…. 수없이 많은 이의 소리를 들었을 십자가였다. 그들은 응답을 얻었을까….

루카의 대성당인
산 마르티노 성당의
긴 회중석 위에
매달린 십자가

시간이 되어, 모이기로 한 장소까지 걸었다. 성벽 위는 넓어 마치 선형의 공원 같았다. 도시 안에는 로마 광장과 성당 광장 그리고 원형 경기장의 마당이 전체의 중요한 공공 영역으로 적절한 거리에 배치되고, 그 사이를 격자의 블록들이 메우며 성벽 내부를 구성했다. 그리고 중세에 만든, 전체를 감싸는 성벽과 그 위로 놓인 선형 공원이 있어 외부와 내부를 경계 짓는다. 성벽이 있는 도시야 흔한 모습이지만 둘레가 4킬로미터인 이 성벽은 포격에 견디도록 넓은 폭을 갖는 바람에 성벽 위가 공원이나 놀이터 등 이 도시의 공공 영역으로 쓰여 시민은 여기 모여 그들의 삶터 전체를 조감할 수 있다. 그러면 비록 로마군단의 캠프로 시작된 평지의 도시지만 도시 전체의 이미지가 뚜렷이 기억될 수 있어, 도시 공동체에 대한 의식이 여느 도시보다 강하게 남지 않을까? 이 도시는 19세기 초 나폴레옹Napoléon(1769~1821)의 여동생인 엘리자 보나파르트Elisa Bonaparte(1777~1820)가 애정을 가지고 도시 내부를 정비하여 나폴레옹 광장까지 만들었다고 하지만 2,000년 역사의 도시 변천 과정 중 작은 한 부분을 덧대었을 뿐이다.

혼자 사랑

버스는 다시 오늘의 종착지인 제노바의 수도원으로 출발했다. 출발하기 전, 박철수 교수가 버스 안에서 강의를 하겠다고 자청한 바 있었다. 박철수 교수는 동숭학당의 운영위원 네 명 가운데 한 사람으로, 학당의 강좌를 주도적으로 이끈다. 그래서 기행 중에는 잠자코 따라만 가겠다고 하여 강의를 부탁하지 않았는데 '필'feel이 꽂힌 모양이었다. 카밀로 지테Camillo Sitte(1843~1903)의 도시론을 설명했다. 카밀로 지테는 오스트리아 건축가이자 도시 이론가인데 『예술적 원칙을 따른 도시 계획』Der Städtebau nach seinen künstlerischen Grundsätzen(1889)이란 책이 그가 죽은 지 반세기가 지나서야 영어권에서 출판되었다. 그는 19세기 말 도시의 인구 폭증으로 인해 도시 풍경이 사납게 변하자 기품 있는 도시의 재건을 위해 인간이 지닌 고귀한 감성을 도시적 요소에 도입하자고 주장한다. 그러나 갓 피어난 모더니즘이라는 시대정신에 정면으로 대치되는 이론이어서 주목받지 못하다가 모더니즘이 퇴조할 무렵 새로운 돌파구를 찾는 이들에게 새롭게 조명되기 시작했다.

박철수 교수가 피렌체와 루카를 보며 카밀로 지테가 가진 사고의 근원이 생각난 모양이었다. 박 교수는 깊은 문학적 감성을 가진 학자다. 웬만한 소설은 죄다 섭렵하여 책에 등장하는 도시와 건축을 유별한 애정으로 분석하고 이를 특유의 좋은 목소리로 끄집어내어 이야기할 때면 경탄할 수밖에 없다. 또한 대다수의 교수가 수행하는 용역—공공 기관이나 기업체로부터 연구 프로젝트를 수임하는 것인데 어떤 경우에는 청탁의 수단으로도 쓰인다—을 강박적으로 경계하며 멀리한다. 그래서인지 몸이 약한데도, 아무리 말려도 담배를 끊지 않는다. 조선 시대에 태어났다면 영락없는 외골수 선비다.

그의 강의가 끝나자, 이네사 갈란테만큼 아름다운 목소리의 한국 가수 노래라고 소개하고 《혼자 사랑》음반을 CD 기기에 넣었다. 전경옥의 애절한 목소리가 버스 안을 울리자 모두 이 아름다운 곡에 집중하기 시작했는데, 갑자기 주현신 목사가 카카오톡 단체방에 '이건용 작곡, 전경옥 노래'라고 아는 체하는 문자를 올렸다. 주현신 목사는 동학 멤버가 아니지만 내가 빈에서 객원 교수로 1년을 살 때 찾아온 게 인연이 되었다. 그는 빈으로 나를 찾아올 때 김창호 목사를 통했다. 김창호 목사는 서울 성북구청 근처에 카페를 열고 그곳에서 목회하는 특별한 목회사인데, 내가 나가는 교회의 부목사로 재직했을 때 청년들의 멘토로 대단한 인기를 얻었다. 그는 신학적 입장이나 교회 사무와 관련해서도 늘 진보적이어서 나와 죽이 맞았다. 그의 친구라 하니 주현신 목사를 환영한 것이다. 주 목사는 젊은 시절 전교조와 관련된 해직 교사였으며 작곡가로서 '노찾사'라는 노래패와 연대하는 등 노래를 통해 사회 운동에도 참여한 이력이 있다. 지금도 합창단원으로 노래를 즐겨 하는 김윤식 원장과도 그런 노래 운동으로 인연이 있는데, 이 기행으로 놀라운 조우를 해서 서로 무척 기뻐했다. 이건용의 〈혼자 사랑〉이라는 노래도 그 까닭으로 익히 알고 있었는데, 아무도 찾지 않는 이 노래를 동학 기행에서 들을 수 있으리라고는 생각도 하지 못했다는 것이다. 나는 이 음반에 수록된 노래들이 유행하지 못한 게 지금도 아쉽기 짝이 없다. 한국의 서정 시인들이 만든 시를 노랫말로 쓰고 우리 감성이 그대로 묻어나는 곡조를 붙인 이 곡들은 모두가 명곡이요, 우리 가슴을 그렇게도 저미게 한다.

혼자서만 생각하다 날이 저물어 당신은 모르는 체 돌아갑니다
혼자서만 사랑하다 세월이 흘러 나 혼자 말없이 늙어갑니다
남모르게 당신을 사랑하는 게 꽃이 피고 저 혼자 지는 일 같습니다

그중에서도 음반에 도종환의 시를 노랫말로 썼다고 적혀 있는 이 타이틀 곡은 내가 분위기가 오를 때면 가끔 읊조리는 곡인데, 결국 이 기행 중에 부르고 만다.

산 펠레그리노 산투아리오 수도원

루카에서 출발한 버스는 두 시간 반 정도 170여 킬로미터의 거리를 달려 콜럼버스Christopher Columbus(1451~1506)의 도시인 제노바Genova의 숙박지에 도착할 예정이다. 파가니니Niccolò Paganini(1782~1840)가 여기서 태어났던가. 이번 기행의 중요 목적지 중 하나인 남프랑스 프로방스에 있는 르 토로네를 가려면 제노바에서 하룻밤을 묵는 게 거리상 적절하다. 그런데 제노바는 번잡한 항구 도시여서 밤의 도시 풍경이 이번 기행의 분위기를 흔들 가능성이 농후하다. 더구나 어젯밤을 피렌체에서 늦게까지 흥청거리며 보낸 터라 오늘은 조용한 숙박지가 필요했다. 이곳저곳을 탐색한 끝에 제노바 북쪽 산기슭에 있는 산 펠레그리노 산투아리오San Pellegrino Santuario라는 이름의 수도원 호텔에 눈길이 갔다. 그러나 이곳이 어떤 수도원이었는지 기록을 찾을 수 없었다. 그저 외떨어진 장소이며 규모가 제법 크다는 정보 정도만 '모나스터리스테이스 닷컴' 웹 사이트를 통해 알 수 있을 뿐이었다. 몹시 망설였으나 모험하기로 했다.

예상대로 버스는 제노바 시내를 우회해서 북쪽의 산을 올라탔다. 산을 오

산 펠레그리노 산투아리오 수도원

1820년에
산 펠레그리노 산투아리오
수도원을 그린 그림

르는 차도는 가파르기도 하지만 구불구불하기가 이만저만이 아니었다. 운전하는 베니가 잔뜩 긴장하며 집중하고 있어 음악 소리마저 줄여야 했다. 굽이굽이 오르는 산길 너머로 간간이 보이는 지중해가 햇살을 반사하며 번뜩이고 있었다. 한참을 그렇게 올랐다. 어느덧 제노바뿐 아니라 지중해 건너 코르시카Corsica 섬까지 보이는 듯할 때, 산 펠레그리노 산두아리오가 나타났다. 아펜니노Apennino 산맥의 북단 한 줄기를 타고 내려온 해발 800미터 피고냐Figogna 산의 정상이었다. 이 수도원의 정식 명칭은 '카사 델 펠레그리노 알 산투아리오 델라 구아르디아'Casa del Pellegrino al Santuario della Guardia 혹은 '노스트라 시뇨라 델라 구아르디아'Nostra Signora della Guardia 라고 하는데, 감시한다는 뜻의 구아르디아Guardia를 붙인 이유가 궁금했다. 알고 보니 원래 이 산이 바다 멀리서 오는 적군의 배들을 감시하는 곳이었다고 한다.

전하는 이야기에 따르면, 이곳에 살던 베네데토 파레토Benedetto Pareto라는 목동에게 1490년에 성모 마리아가 나타나 성당을 지을 것을 당부했는데, 자신의 가난한 처지를 들어 거부하다가 계속되는 마리아의 현현과 신비한 체험으로 마침내 1530년에 최초의 성당을 지었다고 했다. 그래서 성모 마리아를 모시는 경당이 따로 있고 이곳을 참배하고자 많은 이들이 찾는 바람에 이 지방에서 손꼽는 순례지가 되었다. 현재의 건물은 1889년에 대부분이 준공되었다. 성당을 가운데 두고 ㄷ자의 배치 형태를 이루어 가운데 광장이 있고 좌우에 수도사와 순례자의 처소가 세 개 층으로 배열되어 있다. 19세기 말에 완성한 것이니 건축적으로는 고전주의 영향을 받긴 했을 텐데 그리스나 로마의 양식만이 아닌 여러 양식이 섞여 굳이 이름을 붙이자면 절

성모 마리아 경당.
이른 새벽에도 참배객의 발길이 끊이지 않았다.

충주의 형식이며 그다지 높은 수준의 건축은 아니다. 그러나 공간은 견고했으니 피고냐산의 정기를 듬뿍 받고 있는 듯했다. 1850년에 교황 비오 9세가 교황으로서는 이 성당을 처음 찾은 이래, 베네딕토 교황도 왔으며 2017년에는 프란체스코 교황도 방문했다고 전했다. 산의 정상이며 주변에 아무 시설이 없는 홀로 된 곳. 하늘과 땅 사이에 오로지 나 홀로 시 있을 수 있는 장소이니 오늘의 숙소로 여기보다 더 좋은 곳은 없다는 생각이 들자 이를 정한 스스로가 대견했다. 어제 피렌체에서 생긴 들뜬 분위기를 다시 가다듬기에도 딱 좋았다. 여행사에서는 이런 곳을 찾지 못한다. 모나스터리스테이스에게 감사.

나에게 배정된 방에는 검박한 침대 둘에 작은 옷장 하나와 샤워 시설이 있었다. 방 개수가 마흔여덟이라 했는데 대부분 단체방이어서 대략 200명 이상이 한꺼번에 같이 숙박할 수 있는 규모다. 방에 들어오니 마치 깊은 산속의 암자 같았다. 순례자를 위한 숙소로는 더도 없고 덜도 없었다. 밖에는 이미 어둠이 깔리기 시작한다. 서둘러 바깥으로 나와 아래에 있는 경당에서 참배하고 절벽의 끝에 섰다. 세상의 경계인가…. 세상의 경계 밖으로, 스스로 추방된 자들. 이 문장은 에드워드 사이드Edward Said(1935~2003)의 말이다. 그는 팔레스타인계 미국인으로 『오리엔탈리즘』Orientalism(1978)이라는 제목의 책을 쓰며 서양이 오랫동안 지닌 제국주의적 편견을 날카롭게 고발했다. 그가 쓴 다른 책 『지식인의 표상』Representations of the Intellectual(1996)에서 지식인을 정의하길, 경계 밖으로 끊임없이 스스로를 추방해야 하는 자라고 했다. 그리고 지식인이 되려면 애국적 민족주의와 집단적 사고, 계급과 인종

지중해변의 제노바 밤 풍경

에 관한 의식, 성적인 특권에 의문을 제기하여야 하고, 관습적인 논리에 반응하지 않되 모험적인 용기의 대담성과 변화의 표현을 지향하고, 가만히 멈춰 있는 것이 아니라 움직이며 나아가는 것에 반응하는 자여야 한다고 단호히 말했다.

1996년이었을 게다. 사이드의 『오리엔탈리즘』 내용에 이미 매료되었던 나는 이 책이 나오자마자 손에 쥐었고 그의 문장을 읽으며 전율했다. 그 당시는 내 건축을 하겠다고 독립한 지 6년이 지났으나 여전히 불안한 상태였고 그 불안을 극복하고자 이곳저곳을 기웃거리며 기댈 곳을 찾고 있었으니 이 글은 내 초라한 행색을 준열히 꾸짖은 것이다. 그는 다시 다음과 같은 말로 몰아쳤다.

> 지식인은 (…) 단도직입적이고 직접적으로 말한다. 그러한 말들로 인해 높은 지위에 있는 친구를 사귈 수 없고, 공적인 명예를 얻지도 못하며, 이러한 현실을 벗어나고자 탈출할 수도 없다. 이것은 고독한 상황이다.

나는 완전히 궤멸당하고 말았다. 건축가가 되려면 그래야 했다. 자기 집이 아니라 다른 이의 집을 지어주는 일을 직능으로 가지는 건축가는 자신을 타자화시키고 객관화시켜야 한다. 새로운 삶을 살고자 하는 이들의 새로운 땅에 내가 가지고 있는 타성과 관습의 도구를 다시 꺼내어 헌 집을 그리는 것은 건축이 아니라 관성적 제품을 만드는 일이며, 새 삶을 살고자 하는 이들의 소망을 배반하는 일이다. 새로움에 반응하고 스스로를 변화시켜야 하는 건축가가 경계 안에 머문다는 것은 그 소임을 파기하는 일과 다르지 않으니, 외로움과 두려움은 건축가에게 어쩔 수 없는 친구일 수밖에 없다. 우리 인간 존재는 땅 위의 건축을 통해 정주함으로 이루어진다고 하여 서양 철학에서 존재론에 관한 전기를 만든 하이데거Martin Heidegger(1889~1976)는, 건축가의 그런 경우를 "깊은 겨울밤 사나운 눈보라가 오두막 주위에 휘몰아치고 모든 것을 뒤덮는 때"라고 이르며, 그때야말로 "철학을 할 시간"이라고 위로했다.

멀리 제노바 시가지의 불빛이 마치 반딧불처럼 보였고, 지중해의 수평선이 희미한 실루엣으로 나타나 하늘과 경계를 지었다. 깊고 어두운 블루가 점점 그 경계를 흐렸다. 저 너머에는 코르시카 또 사르데냐Sardegna와 시칠리아의 섬들이 이어질 것이다. 아름답고 아름답다.

경당에서 참배하고 올라오는 일행의 소리가 들렸다. 아마도 풀밭에서 하늘의 별을 보며 와인을 마실 계획인 모양이었다. 나는 오늘 내내 피곤을 느낀 까닭에 좋은 잠을 잘 수 있을 듯하여 슬그머니 일행을 비켜 방으로 발걸음을 옮겼다. 열린 창문으로 바람이 차게 들어왔다. 창문을 닫고 침대에 꿇어앉아 오늘의 여정이 무사히 끝난 것에 감사하며 담요를 끌어당겨 잠을 청했다. 어젯밤 도나텔로의 마리아가 나타났으니 오늘 또 오지는 않겠지…. 아 참, 여기는 성모 마리아가 현현한 곳이라 했는데…. 내 안의 소리인지 밖의 소리인지 분간이 어려워지며 어둠 속에 소리가 점점 사위어갔다.

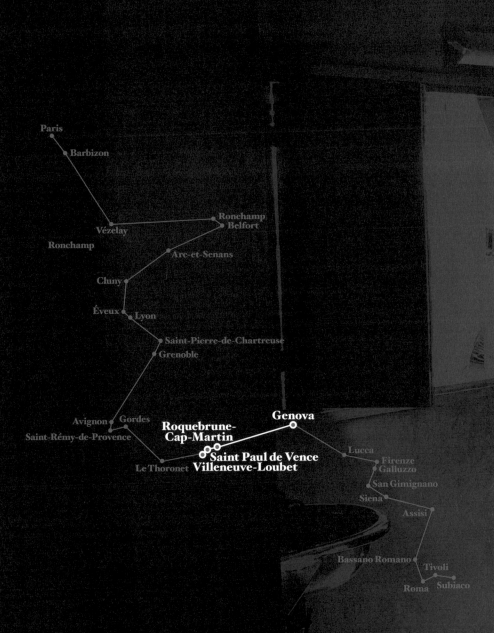

Paris

Barbizon

Ronchamp
Belfort

Vézelay

Ronchamp

Arc-et-Senans

Cluny

Éveux Lyon

Saint-Pierre-de-Chartreuse

Grenoble

Avignon Gordes

Saint-Rémy-de-Provence

Roquebrune-
Cap-Martin

Genova

Saint Paul de Vence
Le Thoronet Villeneuve-Loubet

Lucca

Firenze
Galluzzo

San Gimignano

Siena

Assisi

Bassano Romano

Tivoli

Roma Subiaco

그렇다, 전해지는 것은 사유뿐이다

Genova 제노바

Roquebrune-Cap-Martin 로크브륀 카프 마르탱

Saint Paul de Vence 생폴드방스

Villeneuve-Loubet 빌뇌브 루베

PIEMONTE

ITALIA

FRANCE

PROVENCE-ALPES
-CÔTE D'AZUR

LIGURIA

로크브륀 카프 마르탱 마을 묘지 ●
E-1027 ● ● 카바농
생 폴 주교좌성당 ● ● 로크브륀 카프 마르탱
생 폴 드방스 ●
빌뇌브 루베 ●

르 코르뷔지에

5시에 눈을 떴다. 어제 11시에 침대에 누웠으니 여섯 시간을 잔 셈인데 도중에 두 번만 깼으니 나로선 숙면에 성공한 것이다. 몸도 가벼운 듯해 침상에서 내려와 창문을 열었는데 지중해에 여명이 아직 있었다. 가이드북을 보며 오늘의 일정을 마음으로 훑었다. 지중해변을 세 시간 달려 코르뷔지에의 오두막집을 방문하고 생 폴 드 방스로 올라가 점심을 먹은 후 마을을 답사하고 지중해변에 있는 숙소로 가는 일정이다. 카바농이라는 코르뷔지에의 마지막 공간이 오늘의 핵심이다. 간단한 아침 식사를 마치고 짐을 챙겨 나왔는데 마침 성당의 문이 열려 있어 들어갔다. 로마 공회당이 원형인 바실리카basilica의 단순한 구조지만 19세기에 지은 만큼 내부는 장식이 압도하는 로코코적 공간이다. 장의자에 앉아 잠깐 기도할 수 있었다. 오래전 이곳에 발현하여 오늘날까지 많은 이의 목적이 되는 신에게, '오늘 다시 새롭게 시작하는 이 여정을 주관하시고 이를 이끄는 나에게 지혜와 명철을 허락하여 당신의 평화 나누는 좋은 도구 되게 해달라'라고 기도했다.

차는 일행과 짐을 모두 싣고 다시 굽이굽이 내려갔다. 아래서 무거운 배낭을 짊어지고 올라오는 이들이 계속 보였다. 차도 오르기 힘든 길을 굳이 걸어서 오르는 저들의 마음, 자발적 고행. 평생토록 오체투지를 하며 멀고 거친 길에 피를 뿌리면서 조캉 사원에 다다른 이들이 갖는 행복을 저들도 이 산을 오르는 동안 가질 것이다. 목적이 이끄는 삶. 그런 이들이 오늘도 1만 2천 명이나 여기에 모인다고 수도원 관계자는 귀띔했다. 경계 밖으로 스스로를 추방하는 이들만이 사는 평화, 그 실체가 과연 무언가….

산에서 내려온 버스는 이내 지중해의 해안도로를 따라 달렸다. 국경만 넘으면 바로 오늘의 첫 목적지인, 르 코르뷔지에의 마지막 거처 카바농이 있는 로크브륀에 도착한다. 우선 오늘의 일정을 설명하고 이충기 교수에게 코르뷔지에 강의를 부탁했다. 이 교수는 오래전 내가 그를 처음 보았을 때 좋은 집안의 출신으로 짐작했을 정도로 모습에 기품이 있다. 인성도 좋아 어떤 부탁을 해도 잘 거절하지 못한다. 기행을 떠나기 불과 사흘 전에 코르뷔지에 강의를 요청했는데, 기행 준비로 바쁜 와중에도 이 강의를 위해 수십 페이지의 강의 교본을 만들어 와서 배부하는 성의를 보였다. 사실 라 투레트 수도원 강의만 해달라고 했으며, 코르뷔지에 전반에 관해서는 요청하지도 않았다. 그럼에도 불구하고 내 돌발성을 간파했는지, 이미 준비하고 있었던 게다. 앞서 강미선 교수도 중세 도시에 관해 무려 29페이지의 강의록을 준비했다. 이런 성실함들이라니…. 고맙기 짝이 없다.

이탈리아 반도의 척추를 형성하며 남북으로 뻗은 아펜니노산맥은 북쪽에서 제노바를 지중해로 밀면서 프랑스를 향해 달리다가, 유럽 대륙의 중추부를 형성하며 내달려온 알프스Alps산맥과 만나 이탈리아와 프랑스의 경계 지형을 만든다. 아펜니노산맥은 지중해 북쪽 해안을 대단히 가파르게 만난다. 큰 마을이 늘어서기에는 어려운 지형이어서 산맥이 다소 물러나 이루어진 평지에 앉은 제노바가 이 근방에서 가장 큰 도시이며, 이탈리아로서는 대단히 중요한 전략적 항구가 된다. 나머지 지역은 조그만 마을인데 주로 별장지로 개발된 탓에 집이 대부분 개별적이다. 산의 비탈면에도 별장들이 줄지어 있을 뿐이어서 이 지역은 풍경으로 찬탄을 부를 만큼은 못 된다. 그러다가 국경을 넘으면 상황이 사뭇 달라진다. 산맥의 줄기는 뒤쪽으로 물러났다가 다시 바다로 나오기를 반복하는데, 그 사이사이에 있는 비교적 넓은 땅에 형성된 작은 도시들이 변화무쌍한 지형의 윤곽과 만드는 풍경이 압권이다. 터널을 빠져나오듯 가파른 지형을 나와 프랑스로 들어가면 망통Menton이란 도시가 바로 나오고 그 너머에 지중해로 불쑥 벋은 로크브륀 카프 마르탱Roquebrune-Cap-Martin이 보인다. 해안에서 지중해로 불쑥 나온 곳, 그곳에서 보이는 풍경이 하도 아름다워 그레타 가르보Greta Garbo(1905~1990)가 자주 찾았으며, 아일랜드의 시인 예이츠William Butler Yeats(1865~1939)가 이니스프리Innisfree 호수로 가지 않고 이곳에 와서 마지막을 보내다 죽고 묻혔다. 그리고 코르뷔지에의 마지막 삶이 여기에 있었다.

르 코르뷔지에Le Corbusier(1887~1965). 그는 단연코 20세기 최고의 건축

지중해변에 위치한 마을들을 보면
바람과 빛이라는 뜻인 '풍경'風景이라는 단어를 떠올리지 않을 수 없다.

가였다. 대부분 프랑스인으로 알고 있는 그는 1887년 스위스의 쥐라Jura 산맥 숲속, 1년의 절반은 눈에 파묻히는 시골 마을 라 쇼 드 퐁 La Chaux-de-Fonds에서 태어나고 자랐으며 지금도 스위스 10프랑 지폐에 등장하는 인물이다. 정식 건축 교육을 받지 않았지만 부모의 예술적 재능을 물려받은 그는, 파리 에콜 데 보자르École des Beaux-Arts 출신인 레플라테니에Charles L'Eplattenier(1874~1946)라는 선생을 통해 건축에 눈을 떴고 선생의 배려로 스무 살 나이에 세계의 건축 현장을 여행하는 기회를 가진다.

5년을 계속한 이 여행은 그의 인생에 결정석 계기가 되었다. 파리에 가서 급변하는 20세기 초의 도시를 목격하며 콘크리트와 철이라는 근대적 재료와 기술을 배웠고, 빈에서 세세션이라는 새로운 예술 운동을 접하며 시대 정신을 깨달았다. 베를린Berlin에서는 급변하는 시대의 물결 속에서 혁명의 대열에 앞장선 젊은 건축가들, 훗날 20세기 건축에서 불멸의 금자탑을 세우는 미스 반 데어 로에Ludwig Mies Van Der Rohe(1886~1969)와 발터 그로피우스Walter Adolph Gropius(1883~1969) 등과 논쟁하며 건축의 본질에 관해 고민한다. 그의 여행은 1911년 발칸Balkan반도와 그리스, 터키로 이어지면서 드디어 보물 같은 건축의 고전을 마주한다. 어린 시절 라 쇼 드 퐁의 눈 속 어둠에서 빛을 절실히 원한 기억이 남아 있던 그는 밝은 태양 아래 빛나는 아크로폴리스Acropolis를 마주한 순간 숨이 막혔을 것이다. 그는 아크로폴리스에 올라 파르테논Parthenon을 스케치하며 이렇게 말한다.

건축은 빛 속에 빚어진 매스Mass의 장엄한 유희다.

〈굴뚝〉La Cheminée 이라는 작품 제목이 붙은 이 그림을 그린 1918년 코르뷔지에는
31세로 이미 파리에 거처를 만들었으며 건축 담론을 누구보다 단단히 세운 후였고,
오장팡과 더불어 퓌리슴을 창설하고 그림에도 매진하고 있었다.
그가 아크로폴리스의 경험을 상기하며 그린 이 그림은
놀랍게도 말년의 명작인 롱샹 성당을 예고한 듯하여,
어쩌면 그의 건축적 명제는 이때에 이미 실현되었다고 할 수 있다.

그는 이 여행에서 스스로 건축의 본질을 깨달은 것이다. 그는 서른세 살이 된 1920년 샤를 에두아르 잔느레 그리Charles-Édouard Jeanneret-Gris라는 본명마저 르 코르뷔지에로 바꾸고 《에스프리 누보》L' Esprit Nouveau라는 잡지를 창간했다. 이는 구시대의 낡은 생각에 대한 도전이었고, 이 잡지에 기고한 많은 글을 통해 새로운 시대의 건축에 관한 이론적 토대를 다졌다. 또한 그림에도 탁월한 재능을 가진 그는 이미 오장팡Amédée Ozenfant(1886~1966) 같은 동료 화가들과 퓌리슴purisme을 창시했으며, 많은 책과 백색의 건축들로 파리와 세계 문화의 주류적 위치에 단숨에 오른다. 글, 그림, 건축, 가구… 도무지 못하는 게 없었다. 특히 그는 시대에 대한 탁월한 혜안을 가졌으니, 그가 만든 혁신적 집이란 뜻의 돔이노Dom-ino 이론이나 대량 생산의 기준 단위를 만든 모듈러Le Modulor 같은 제안은 구시대의 정신·관습과 완벽하게 결별하는 선언이었다. 주택은 살기 위한 기계라고 주장할 정도로 기계 미학을 신봉한 그는 모더니즘의 창시자이자 완성자였고, 현대는 그로부터 시작되었으며 그에 의해 완성되었다고 할 수 있다.

수없이 많은 걸작을 남겼다. 그의 현대 건축 다섯 가지 원칙이 고스란히 실현된 사보아 주택Villa Savoye, 공동 주택의 전범이 된 유니테 다비타시옹Unité d'Habitation, 그가 오랫동안 지닌 신념을 스스로 뛰어넘어 새로운 경지를 보인 롱샹 성당, 모든 것을 통틀어 최고의 건축인 라 투레트 수도원, 그리고 도시에 대한 이념을 모두 구현한 인도의 찬디가르Chandigarh 등등…. 그가 동서를 오가며 남긴 작품마다 온갖 논쟁이 붙었고, 결국 엄청난 아류를 발생시키며 현대 건축의 가장 중요한 교본으로 간주되었다. 그리고 결국 사후

50년이 지난 2016년 그의 작품 중 무려 열일곱 개의 건축물이 유네스코 세계유산으로 등재되어 인류 최고의 문화유산으로 남았다. 어떠신가.

나는 대학 시절 유독 르 코르뷔지에의 건축에 매료되었다. 제대로 된 정보를 구하기 어려운 1970년대였는데, 그에 관한 자료가 내 손에 건네질 때마다 마음이 누근댔고 그의 도면을 대할 때마나 그 위에 몇 번이고 트레이싱지를 얹어 베끼고 베꼈다. 라 투레트 수도원? 아마도 스무 번은 베꼈을 게다. 김수근 선생의 문하에 들어서기 전까지 나는 그의 맹신자였다.

르 코르뷔지에는 1965년 8월 27일 지중해에서 수영을 하다 심장마비로 숨을 거뒀다. 그는 지중해에 늘 향수가 있었다. 그가 그린 건축 스케치를 보면 수평선이 그림 위에 우선 그려져 있는 경우가 많다. 어릴 적 고향 라 쇼드 퐁에 있는 쥐라산맥 봉우리에서 내려다본 주변의 평원일 수도 있을 것이다. 그 수평선은 그가 의지해야 할 마지노선이었을까? 르 코르뷔지에는 그렇게 지중해로 즐겨 들어갔다. 그리고 그 속에서 숨을 거두었다.

수영객이 발견한 그의 주검은 이내 파리로 옮겨졌고, 9월 1일 루브르Louvre궁의 마당에서 프랑스 문화부 장관 앙드레 말로André Georges Malraux(1901~1976)의 집전으로 성대한 장례식이 거행되었다. 미국 대통령을 비롯해 소련, 일본 등 세계 각지에서 추모사가 전해졌다. 그리스 건축가들은 대표를 뽑아 그의 무덤에 아크로폴리스의 흙을 뿌리고자 가져왔고, 그가 건설한 찬디가르가 있는 인도는 그의 유해에 붓고자 갠지스Ganges강의 물을 담아 왔다. 앙드레 말로의 조사는 이랬다.

영광은 모욕을 통해 최고의 광채를 얻습니다. 그런 영광은 개인보다는 작품에 바쳐져 왔습니다. 오랜 세월 동안 폐쇄된 수도원의 넓은 복도를 작업실로 삼아왔고 많은 도시를 구상한 분이 결국은 쓸쓸한 오두막에서 죽고 말았습니다. (…) 그는 화가이자 조각가, 더 은밀하게는 시인이었습니다. 하지만 그는 회화나 조각이나 시를 위해 싸우지 않았습니다. 그는 오직 건축만을 위해 싸웠습니다. (…) 나의 오래된 스승이며 오래된 친구께 안녕을 고합니다. 편히 주무십시오. (…) 위대한 도시들로부터 이곳까지 당신의 죽음을 기념하는 여정이 있었습니다. (…) 갠지스의 강물과 아크로폴리스의 흙을 여기에 뿌립니다.

그와 절친했던 발터 그로피우스의 추도사도 소개하면 다음과 같다.

그가 이룬 성과를 일일이 들추어내기는 어렵습니다.
우리의 유한한 시계의 회상 너머로 그가 사라지는 순간,
고결하고 위대한 인격의 무게와 충격이 즉시 감지되었습니다.

그의 유해는 라 투레트 수도원을 거쳐 마지막 삶을 살았던 로크브륀 마을의 묘지에 묻힌다. 그 묘지는 코르뷔지에 스스로 설계한 것이었다. 르 코르뷔지에가 죽기 8년 전인 1957년 아내 이본 갈리 Yvonne Gallis(1892~1957)가 그의 곁을 떠났을 때, 이 묘지를 만들어 아내를 묻고 아내 곁에 자신의 자리를 남겨놓았던 것이다.

2014년에야 비로소 처음으로
로크브륀 마을 언덕에 있는
르 코르뷔지에 묘역을
참배할 수 있었다.

나는 이 묘지를 '죽은 자들의 거주 풍경'이라는 제목으로 떠난 2014년 동숭학당 기행 때 비로소 처음으로 방문할 수 있었다. 로크브륀은 경사가 가파른 산 위에 위치한 마을이며, 그 속 깊은 곳에 있는 마을 묘지를 찾기가 쉽지 않다. 게다가 좁은 길을 가지 못하는 대형 버스로 여행하는 단체에게는 애초에 무리한 목적지였다. 그러나 그전에도 두 번을 시도하다가 포기하고 돌아온 터이고 더구나 죽은 자의 거주 풍경을 보기 위한 기행에서는 반드시 가야 할 곳이었다. 그래서 무리하기로 마음을 먹고 버스 기사에게 전날부터 잘 보이려 무지 노력한 끝에 마을에서 가상 가까운 곳까지 버스가 올라가게 되었다. 마을을 거쳐 북쪽 끝에 있는 공동묘지에는 코르뷔지에가 묻혀 있다고 도중에 여러 번 표시하고 있었다.

　　코르뷔지에의 묘는 마을 묘지 중턱 벼랑 끝에 있었다. 다른 묘와 크기는 비슷하지만 그 모습은 확연히 달랐다. 묘지에 관해서는 자료를 통해 익히 알고 있었음에도 그 현장에 선 순간, 깜짝 놀랐다. 코르뷔지에가 서른 살에 그린 그림인 〈굴뚝〉과 불현듯 오버랩이 된 것이다. 그렇다. 코르뷔지에 스스로도 아테네Athenae 신전에서 본 빛과 공간을 그린 것이라고 했으니, 이 그림은, 건축은 빛 속에 빚어진 매스의 장엄한 유희라는 선언과 다름없었다. 그런데 그림만이 아니었던 것이다. 바로 내 앞에 그 그림이 실체화되어 놓여 있었다. 그 자체로도 정갈한 건축이었고 도시였다. 더구나 묘역 너머 멀리에 지중해가 배경으로 있었고, 그가 거의 모든 건축 드로잉에서 그린 선명한 수평선 아래 그가 혁명하려던 뭇 삶이 있었으니, 어쩌면 코르뷔지에의 모든 건축적 이념이 여기에 완성되어 있다고 느꼈다. 전율이었다.

코르뷔지에는 평소 심장이 약해 의사로부터 수영하지 말라는 권고를 받았으나, 이를 무시하고 카프 마르탱의 바닷속으로 들어가 죽었다. 사고사였을까? 내 심중에는, 아마도 그가 마지막 순간을 수평선 아래 바닷속에서 맞이하고 싶어 했을 것이라는 의심이 있다. 코르뷔지에는 스스로 지은 네 평짜리 오두막집에서 8년이나 홀로 기거해왔다. 고독 속 사유는 그의 일상이었으니, 바로 한 달 전 파리에서 쓴 글의 거의 마지막 부분에 나오는 내용은 다음과 같다.

그렇다. 전해지는 것은, 우리들 고귀한 노동의 열매인 사유뿐이다.

이 문장은 그가 자신의 최후를 미리 계획한 후 쓴 것이라고 나는 믿는 것이다.

카바농

카바농Cabanon이라고 불리는 이 통나무집은 코르뷔지에 고유의 모듈인 1.83미터(실은 자신의 신장이다)의 곱인 3.66미터를 한 변으로 하는 평면이니 네 평이 조금 넘는 크기지만, 그 속에 침대와 작업 테이블, 화장실과 세면대, 옷장 등을 다 갖추었으며 그가 손을 뻗치면 닿는 높이인 2.26미터의 천장으로 만든 최소한의 크기를 지닌 집이다. 그는 여기서 나체로 그림을 그리고 글도 쓰고 건축 설계를 했다. 그리고 작은 창문으로 보이는 바다의 푸른빛을 보며 절대 자유를 누렸다. 이미 모든 건축을 지었고 엄청난 규모의 도시를 건설했지만, 르 코르뷔지에에게는 불과 네 평의 공간이 그 모든 것보다 큰 건축이었다.

그는 이 집을 1951년의 마지막 날, 로크브륀 카프 마르탱의 해안가 카페에서 아내에게 주는 생일 선물로 스케치하고 지을 것을 약속했다. 그리고 1년 후에 완성된 이 작은 집은 나중에 유네스코가 코르뷔지에의 건축 열일곱 개를 세계 문화유산으로 성할 때 포함시켰으니, 유네스코 문화유산의 역사에서도 가장 작은 건축물로 기록되었다.

로크브륀 카프 마르탱까지는 버스가 내려가지 못했다. 해안도로변에 버스를 주차시킨 후 15분가량을 걸어서 내려가야 하는 작은 마을이지만, 이곳에는 기차역이 있어 혼자서 오기에도 교통이 나쁘지 않았다. 전에는 정보가 충분하지 못해 한 번은 찾지 못해 돌아가야 했으며 다른 한 번은 공사 중이어서 또 돌아가야 했던 것이다. 기차역 옆에는 가설 전시장이 있어 아일린 그레이의 가구전도 열리고 있었다.

아일린 그레이Eileen Gray(1878~1976). 이 카바농 근처에는 E-1027이라는 또 다른 유네스코 문화유산이 있다. 카프 마르탱의 해안가 절벽에 그녀가 설계하여 지은 백색의 집이다. 이 집은 이번 수도원 기행의 목적지가 아니어서 가이드북에서도 언급하지 않았으나, 개인적으로는 혹시 방문할 수 있지 않을까 여겼는데 카바농을 방문하려면 이 건축과 엮어서 관람해야 하는 뜻밖의 규정이 있어 필시 가봐야 했다. 행운이었다. 일행의 숫자가 많아 두 팀으

카바뇽 내부와
카바뇽을 위한 스케치

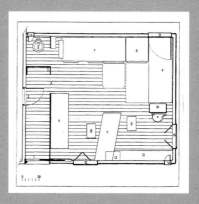

로 나누어서 카바농과 E-1027을 교차로 탐방한다고 했다.

아일린 그레이는 코르뷔지에보다 아홉 살이나 위이며, 아흔 여덟에 삶을 마쳤으니 코르뷔지에보다 스무 해 정도를 더 살았다. 우리 일행 중에는 여성이 반이며 거의 모두 미술가이며 디자이너 혹은 작가여서 20세기 초 남성 우월주의 시대에 가구 디자이너로서, 건축가로서 맹활약한 아일린 그레이에 그들 모두 깊은 감명을 받은 것 같았다.

E-1027이란 암호 같은 이름은 이 집을 설계한 아일린 그레이와 연하의 애인이자 긴축 잡지 편집장이던 장 바도비치Jean Badovici(1893~1956)의 이름 철자를 알파벳 순서대로 번호로 따서 만든 것이다. 그럴 정도로, 두 인물은 이 집의 탄생과 관계가 깊다. 가구 디자이너인 아일린 그레이가 이 주택을 설계하고 잡지를 통해 알려지자, 그녀는 단박에 시대적 건축가로 발돋움한다. 미스 반 데어 로에가 슈투트가르트Stuttgart에서 바이센호프Weissenhof 주거 단지 설계 전시회에 코르뷔지에를 비롯한 여러 젊은 건축가를 참여시켜 세계 건축계의 세기적 전환점을 만든 게 1927년이었는데, 그 전시회에 출품된 여느 건축 못지않은, 어쩌면 더욱 아름다운 집을 1928년에 지은 것이다. '어쩌면 더욱 아름다운 집'이라고 하는 건, 당시 모더니즘의 건축은 장소를 무시한 건축을 주장했으나 이 건축은 아름다운 해안 풍경의 장소적 조건을 중요한 설계 기준으로 받아들인 건축이어서 그렇다. 실제로 그러했다. 지형과 잘 어울렸고 집 안에서 보이는 풍경은 절경이었다. 일찍이 이 집의 평면도를 보며 짐작한 대로 내부 공간은 그다지 혁신적이지 않았다. 그러나 가구의 배치와 디자인은 몹시 정교했다. 모든 가구가 움직일 수 없는 정확

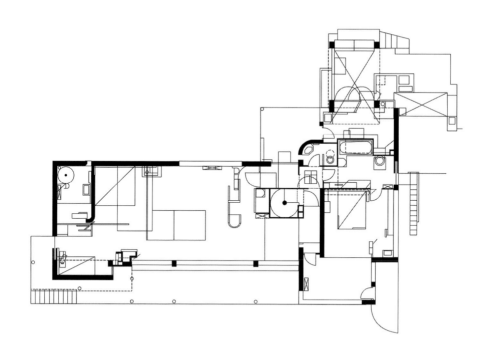

E-1027의 평면도.
평면 구성은 그다지 혁신적인 것이 아니지만,
땅의 조건을 받아들여
건축이 주변과 잘 어울렸다.
이는 땅의 구속에서 떠난
모더니즘 건축과 완연히 구별된다.

한 위치에 있어 내 행동을 제어했다. 가구가 지시하는 대로 앉아야 하고 누워야 하며 엎드려야 하는, 가구를 위한 공간인 듯한 게 부담스러웠다. 그러나 이 집이 주변과 더불어 형성하는 풍경의 아름다움은 이를 상쇄하고도 남았다.

코르뷔지에는 이 집을 1938년에야 방문하고 적지 않게 충격을 받은 모양이다. 질투였을 수도 있다. 그래서 아일린 그레이가 장 바도비치와 헤어져 이 집을 떠난 후에 그는 이 집에서 나체가 되어 흰색 벽에 그림을 그렸다. 어떤 그림은 레즈비언인 그레이를 풍사한 듯 난삽한 내용노 있었다. 그레이는 이 사실을 알고 격분했으며, 다시는 이 집을 찾지 않았다고 한다. 아무리 좋은 작품이더라도 주인의 허락 없이 남의 집에 그림을 덧대는 것은 나로서도 용서가 되지 않는 만행일 수밖에 없다.

《가디언》The Guardian지의 건축 평론가 로언 무어Rowan Moore는 코르뷔지에가 남의 영역에 오줌을 누는 개 같은 남성 우월주의자였다고 최근의 글에서도 비난할 정도로 코르뷔지에는 이 일과 관련해서 비난의 도마에 줄곧 올랐다. 심지어 아일린 그레이의 삶과 이 집의 설계 과정에 초점을 맞춘 영화 〈욕망의 가격〉The Price of Desire(2015)에서 코르뷔지에는 참 초라한 건축가로 그려져 있다. 감독 메리 맥귀키언Mary McGuckian(1963~)이 아일린 그레이와 같은 아일랜드 출신 여성이어서 그랬을까, 여길 정도로 코르뷔지에는 유명한 건축가지만 속 좁고 무지하며 때로는 우스운 인물로 설정되어 있었다. 그리고 더러는 카바농을 지은 사유도 E-1027에 대한 콤플렉스 때문이었다고 주장한다. 정말 그럴까?

1951년 아내를 위해, 이 카바농을 카페의 구석 테이블에서 45분 만에 그렸을 때는 아일린 그레이의 집을 본 지 23년이란 시간이 지났을 때다. 그리고 르 코르뷔지에는 이때 이미 유니테 다비타시옹 같은 놀라운 건축을 선보이며 세계 최고의 건축가 반열에 올라 인류의 위대한 문화유산이 된 롱샹 성당 설계에 열중할 때였다. 그런 그에게 아일린 그레이의 집이 그리운 추억이었으면 모를까, 여전한 질투의 대상이어서 그 집을 정신적으로 소유하고자 카바농을 지었다는 말에는 참으로 동의하기 어렵다.

카바농은 웃자란 쥐엄나무가 지붕을 덮고 있었다. 이 옆에서 코르뷔지에는 샤워를 했다고 하니 그때에도 있던 나무다. 다만 지중해변에 심은 나무들의 큰 키가 카바농 내부에서 밖을 보는 시야를 가려 바다를 보기가 다소 어려웠다. 카바농 내부는 합판으로 마감해 소박하기 이를 데 없었지만 완벽했다. 1센티미터의 오차도 없었다. 코르뷔지에의 마음속에는 스무 살 때 방문한 갈루초 수도원의 수도승이 스스로를 세상 밖으로 추방하여 유폐시킨 수도승방에 관한 기억이 여전히 남아 있었을지도 모른다. 직접 와서 보니 확실히 그렇다.

코르뷔지에가 카바농을 지어 아내와 함께 기거한 지 5년 만에 아내는 세상을 떴고, 1960년에는 코르뷔지에의 가장 강력한 지지자인 어머니마저 잃었다. 심혈을 기울인 라 투레트 수도원도 완공한 후였다. 이제 홀로 된 자, 모든 것에서 자유한 르 코르뷔지에였다. 그래서 추측건대 르 코르뷔지에는 이제 카바농에서마저 자유하기로 결심하여 그가 평생을 그린 지중해, 수평선 아래로 스스로 추방당한 것 아닐까….

헤테로토피아

버스는 다시 출발하여 인근에 있는 생 폴 드 방스Saint Paul de Vence 구시가지 인근 주차장에 도착했다. 원래 이곳에서 숙박하기를 원했으나 마을 안의 작은 호텔이 우리 일행 모두를 수용할 수는 없어 숙소를 지중해변 호텔로 정하고 여기서는 자유롭게 마을을 둘러보도록 일정을 정했다. 세 시간을 주었다. 중세에 머문 듯한 이 성채의 마을은 인구가 고작 3,000명 정도지만 산위에 높은 성벽으로 둘러싸인 모습이 마치 선택된 자들의 공동체 같다. 이곳을 생각할 때면 곧잘 떠오르는 단어가 있는데, 유토피아와 디스토피아, 그리고 헤테로토피아다.

'유토피아'Utopia는 토마스 모어Thomas More(1478~1535)가 1516년에 지은 소설책의 제목이다. 그가 그리스어 '유'U와 '토피아'Topia 두 단어를 합성해 만든 이 단어는 뜻이 이중적이다. 좋기는 좋은데 이 세상에 없는 곳이란 의미이기 때문이다. 즉 상상할 수는 있지만 현실 세계에 존재할 수 없는 도시가 우리가 '이상향'이라고 번역하는 유토피아다. 『유토피아』에는 유토피아를 그린 그림이 있는데 현실 세계와는 떨어진 섬이다. 이 유토피아를 다스리는 영주의 성채가 섬 가운데에 우뚝 솟아 있으며 영주의 지배와 감시를 거쳐 안전을 담보받는 세계다. 유토피아에 반대되는 말이 '지옥향' 혹은 '암흑향'으로 번역하는 '디스토피아'Dystopia라는 단어다. 디스토피아는 1932년 올더스 헉슬리Aldous Huxley(1894~1963)가 쓴 『멋진 신세계』Brave New World(1932)나 조지 오웰George Orwell(1903~1950)의 『1984』Nineteen Eighty-Four(1949) 같은 소

마을 자체가 성채인 생 폴 드 방스

설에 그려진, 비극적 종말을 맞이할 수밖에 없도록 철저히 통제된 사회다. 이 세계 역시 애초에는 유토피아를 꿈꾸었기에, 디스토피아는 결국 유토피아와 같은 뜻이라는 데 주목할 필요가 있다. 똑같이 폐쇄적 공동체인 까닭이다.

'헤테로토피아'Heterotopia는 프랑스의 철학자 미셸 푸코 Michel Foucault (1926~1984)가 만든 말인데, 여행지나 놀이공원 같은 비일상적 공간을 가리키며 실제화된 유토피아라고 했다. 이런 일시적 공간은 일상에 지친 이에게 활기를 주어 다시 일상으로 돌아오게 하는, 유용한 존재 가치를 가진다. 그러나 헤테로토피아에 사는 이, 예를 들어 놀이터에 근무하는 이에게 이 공간은 헤테로토피아가 될 수 없으니 헤테로토피아는 절대적 가치를 가지지는 않는다.

종교가 헤테로토피아일지도 모른다. 세속인에게 세속의 때가 지겹고 거칠 때, 그래서 위로받고 싶을 때, 찾아가 힘을 얻어 다시 일상에 복귀하게 하는 게 성소이기 때문이다. 이 글을 쓰는 도중에 책 하나를 소개받아 읽었다. 한국기독학생회 출판부IVP에서 번역하여 출간한 『도시의 영성』The Spiritual City: Theology, Spirituality, and the Urban(2014)이라는 책으로 영성신학자인 필립 셸드레이크Philip Sheldrake(1946~)가 썼다. 이 책에 헤테로토피아에 관한 설명이 나오면서 수도원이 그 예라고 기술한다. 그럴까? 수도원이 헤테로토피아라는 견해는 세속인인 우리의 시각일 게며, 그 속에서 일상의 삶을 산 수도사에게는 그들의 생명이 다하도록 지킨 유토피아라고 여겨 굳이 찾아갔던 것이다. 세속의 침탈을 막고자 스스로 폐쇄하여 만든 이 수도 공동체는 그들의 영적 전쟁터여서, 그 싸움에서 실패하면 이내 디스토피아가 되었다. 영적 전쟁. 그들은 무엇을 놓고 싸웠을까? 이 기행에서 줄곧 물어야 하는 질문이었다.

이곳 생 폴 드 방스가 일종의 헤테로토피아다. 그래서 여기에는 외부자들이 일상에서 탈출하여 들어와 거주한 흔적이 수없이 많다. 피카소Pablo Picasso(1881~1973), 사르트르 Jean Paul Sartre(1905~1980), 이브 몽탕Yves Montand(1921~1991)과 시몬 시뇨레Simone Signoret(1921~1985), 그리고 마르크 샤갈 Marc Chagall(1887~1985)…. 샤갈의 미술관도 여기 있지만, 특히 풍경화가에게 성소로 여겨져서 수많은 이가 방문한다. 지금도 이 조그만 마을에 갤러리가 70개나 있을 정도로 이 헤테로토피아는 그 풍경이 그림으로 수없이 옮겨졌다.

이곳의 모든 풍경이 내겐 익숙했다. 여러 번 방문한 까닭도 있겠지만, 경사진 지형을 타고 미로처럼 퍼져 있는 좁은 골목길은 우리의 산동네 길이 주는 친밀감과 다를 바 없어 더 그럴 게다. 점심 식사를 하러 간 식당도 오래전 그대로였고, 사람 좋은 주인도 변함이 없었다.

이번에는 두 곳만 목적지로 정하고 마을로 들어갔다. 성당과 묘역인데, 마을의 가장 높은 곳에 있는 성당과 성문 밖에 있는 묘지를 둘러보면 사실 마을을 한 바퀴 순회하는 셈이다. 마을 전경을 보면 가장 높이 솟은 탑이 있는 생 폴 주교좌성당Eglise Collégiale Saint Paul 은 14세기 초 로마네스크 양식의 아주 소박한 건물로 시작했지만, 마을 인구가 증가하고 세력이 커질 때마다 증축되어 건축이 시대별로 변화한 단계를 그대로 보여주고 있어 흥미롭다. 가파른 지형의 정상에 위치한 만큼 넓은 장소가 없어 증축이 회중석과 제단을 잇는 수직축의 방향이 아니라 좌우 옆으로, 특히 우측에 있는 시청의 광장 쪽으로 진행되었다. 그래서 가만히 보면 맨 왼쪽이 로마네스크 양식, 그 바로 옆이 고딕 양식, 또 그 옆이 바로크 양식 등으로 지어져서 규모는 작지만 양식 변천의 편린을 볼 수 있다. 그리고 바로크 시대에 이르러 도시가 황금시대를 맞으면서 교회당 전체가 화려한 장식으로 뒤덮였다.

긴 여행의 시간 가운데 성당을 들르는 일은 휴지부를 얻는 것과 같다. 잠시라도 회중석의 장의자에 기대어 묵상에 잠기면, 여행 중에 쌓인 피로가 허물어지는 것은 물론이고 마음도 다시 다지게 된다. 서울 같은 번잡한 도시에서도, 군이 종교적 색채를 띠지 않더라도, 성소를 곳곳에 만들어 지나가는 이들에게 영성을 발견할 기회를 가지도록 하면 좋을 것이라고 시에 제안했다. 아직 이루어지지 않았지만, 나는 번잡한 곳만이 아니라 경건한 영역이나 시설이 있어야 도시의 지속이 가능하다고 믿는 것이다. 경건한 곳이라면 죽음이 있는 무덤만한 곳이 없다. 그러나 우리는 묘역을 부동산 시세에 방해된다는 이유로 도시 밖으로 모두 쫓아내어, 마치 죽음을 모르는 양일상을 산다. 오래된 도시들을 보시라. 오래된 대부분의 도시는 무덤을 가까이 두고 늘 죽음을 보며 일상을 살기에, 그들은 지금 삶이 얼마나 소중한 것인지를 잘 안다.

묘역은 사실 죽은 자를 위한 공간이 아니다. 거기에 죽은 자의 실체는 아무것도 없다. 지혜로운 인디언의 노래에 이런 내용이 있다.

내 무덤 앞에서 울지 마오
나는 거기 있는 게 아니라오, 나는 잠들지 않는다오

나는 숨결처럼 흩날리는 천의 바람이라오 (…)

내 무덤 앞에 서서 울지 마오

웬만한 가수들이 다 불러 유명해진 이 곡의 가사에 따르면, 무덤에는 아무것도 없다. 사람은 영spirit, 혼soul, 육flesh, 체skeleton 네 가지로 구성되어 있는데, 죽으면 육과 체가 무덤에 묻혀 썩게 된다. 게다가 화장을 하면 흔적도 남지 않는다. 혼은 마음이나 열정 같은 것이니 육체가 소멸하기 전에 이미 사라지고 만다. 남는 것은 영인데, 영은 죽음과 동시에 육체에서 이탈하여 천당이나 극락에 가거나, 그렇지 않으면 떠돈다. 그러니 무덤에는 아무런 존재가 없다. 무덤이라는 장소는 우리가 죽은 자에 대한 기억을 떠올리며 어떻게 사는 게 옳은지 성찰하는 곳이다. 그래서 무덤은 죽은 자가 아니라 남은 자를 위한 곳이며 산 자인 우리에게 절실한 시설이 아닐 수 없다. 그런데도 이를 혐오 시설이라며 버렸다. 이는 결국 우리 자신을 버리는 행위와 같다.

발걸음을 옮겨 이곳의 묘역을 찾았다. 묘역은 마을 성벽의 남문 밖 좁은 지형 위에 있었다. 성모 마리아를 모신 경당이 절벽 끝에 있어 장례식장으로 쓰이고, 그 앞으로 묘들이 줄 이어 있다. 마르크 샤갈, 20년을 이곳의 풍경을 그리며 살았던 그도 1985년 여기에 묻혔다. 코트 다쥐르Côte d'Azur의 야트막한 풍경이 사방에 펼쳐져서 마치 녹색의 바다에 떠 있는 듯한 이 절벽 위 묘역은, 북편에 있는 마을의 문을 나서며 모든 것에서 자유한 죽음이 눕기에는 너무도 마땅한 장소였다. 이제 세상 밖으로 나가 자유하는 죽음의

생 폴 드 방스 묘역에 내린 일몰 풍경은 종교적 감성을 불러일으킨다.
세상의 모든 영혼이여, 이제 평화 속에 잠들라….

풍경, 성문 옆 성벽 위에 앉아 망연자실한 채 한참을 바라보았다.

지중해

5시에 모이기로 한 버스에 손승희 씨가 다소 늦었다. 샤갈이 만든 스테인드 글라스 교회에 갔다 오느라 그랬다고 연신 미안해하지만, 이해가 되고도 남는다. 샤갈의 작품을 다량 보유한 인근의 매그 미술관Foundation Maeght으로 안내하지 못해 오히려 미안했다.

차는 이제 우리의 헤테로토피아를 벗어나 리조트 지역인 빌뇌브 루베 Villeneuve-Loubet 해안의 숙소에 도착했다. 이 기행에서 유일하게 바닷가에서 숙박하는 날이다. 사람 좋은 기사 베니는 이탈리아를 벗어난 우리와 이제 작별해야 한다. 급작스럽게 투입되었는데도 오랫동안 같이 여행한 것처럼 대해주었다. 첫 번째 버스 기사를 떠올리며 더욱 감사했다. 굿 라이프Good Life, 베니!

숙소는 머큐어 호텔Hôtel Mercure Villeneuve-Loubet Plage인데 3성급 비즈니스 풍 분위기여서 리조트 해변의 럭셔리한 호텔을 기대한 몇몇 일행은 다소 실망한 듯했다. 그러나 두고 보시라. 내일의 호텔은 다르니…. 내일의 숙소를 드라마틱하게 맞이하기 위해서는 오늘 이 실무적(?) 분위기의 호텔이 안성맞춤이다. 그래도 바다에 면한 방은 충분히 넓고 전망이 좋아 오늘의 피로를 풀기에 부족함이 없었다. 바다가 위로할 것이다. 이제 저녁을 근사하게 먹을 수만 있으면….

오늘 저녁은 조별로 나눠서 먹는다. 그런데 프랑스에서 1년을 산 박민영 씨가 이리저리 수소문하고 종합하여 작성한 식당 리스트를 조장들에게 건넨 모양이다. 다소 반칙이었다. 조장이 앞장서서 정보를 얻어 정해야 하는 일인데 모두 박민영 씨에게 기대다니…. 나는 강미선 교수 조에 속해 식당의 위치를 문자로 건네받고 다소 늦게 혼자서 해변을 걸어 식당 쪽으로 향했다. 주말이어서 많은 이가 해변에 모여 저녁을 즐기고 있었다. 해변을 덮은 것은 모래가 아니라 자갈인데, 주로 1970~1980년대에 건립된 호텔들로 이뤄진 상업적 해변 풍경이 여기가 굳이 프랑스가 아니라 캘리포니아 어디쯤이어도 같을 듯해, 이도 재미가 없었다. 식당에 도착하니 앞마당에 임옥상 조가 자리를 잡고 있었다. 쯔쯔… 같은 식당을 골랐구나…. 우리 조는 식당 안쪽에 모여 있어, 해변의 식당 분위기가 아니었다. 그런데 옆을 보니 이은 조가 또 있었다. 어… 이러면 안 되는데…. 어라, 건너편 마당에 이충기 조가 또 들이닥쳤다. 아뿔싸… 이럴 거면 조별로 나눌 필요가 없었다…. 다 박민영 씨 덕분이었다. 내일 내 입에서 나갈 소리가 뻔했다. 게다가 우리 조는 음식도 코스로 통일해, 나는 힘도 못 쓰고 따를 수밖에 없었다. 이런 허무라니….

그러나 내 불평은 일행의 유쾌한 웃음에 지워졌고, 맛있는 음식과 와인 속에 시간은 저물었다. 그럭저럭 즐거운 식사를 끝내고 혼자 바닷가를 걸었다. 코르뷔지에만 그런 게 아니라 나도 바다에 애착이 많은 자다. 부산에서 태어나 서울로 대학에 가기 전까지 살았으니, 별 놀이터가 없던 그 시절에

빌뇌브 루베의 지중해.
일몰 때의 지중해는
바다와 하늘이 구분되지 않는다.

바다는 내게 유일한 헤테로토피아, 아니다, 내 모든 상상을 받아주는 일상이었다. 이런 일이 있었다. 중학교 때, 집안이 완전히 기울어 학교 월사금이나 기성회비를 도무지 납부할 수 없었다. 그러면 학교 벽에 미납 학생의 이름이 무슨 죄수 이름처럼 붙고, 일주일 후에도 납부하지 않으면 교무부 직원이 수업 중인 교실로 찾아와 내 이름을 불러 일으켜 세우고 강제 하교를 시켰다. 죽도록 창피했던 첫 번째만 제외하면, 두 번째부터는 으레 그러려니 하고 책가방을 챙겨 나왔다. 그런데 그렇게 집으로 바로 가면 집에 계신 어머니가 슬퍼할 게 뻔해서 학교에서 가까운 송도 바다로 가곤 했다. 학교 수업이 끝날 때까지 바닷가 바위에 걸터앉아 하염없이 바다를 바라보며 온갖 상상을 했다. 바다는 늘 잿빛이었다. 한 번도 다른 색을 보지 못했다. 그러나 그 잿빛은 깊었고, 내 모든 말과 원을 다 받아주며 항상 표정을 바꾸었다. 세상의 모든 바다가 다 다른 색채라는 걸 아는 지금도 내 바다는 늘 잿빛이어서, 혹시 좌절하고 슬프면 나를 천천히 위로하는 부산의 바다를 찾는다. 바다는 그렇게 나에게 위안의 다른 말이 되었다.

빌뇌브 루베의 바다는 밤이어서 그럴까, 짙은 잿빛으로 출렁였다. 갑자기 어릴 적 생각이 돋아 사람이 없는 곳을 찾아 자갈로 덮여 있는 바닥에 앉은 채 바다를 한참 쳐다보았다. 지중해가 늘 그렇듯 수평선은 밤하늘과 연결되어 구분할 수 없었다. 그러나 저 너머 먼 곳에는 아프리카, 아마도 튀니지가 있을 게다. 아, 내일은 떠나면서 그곳 출신인 아누아 브라헴의 음악을 틀 것이다. 그의 음악은 항상 그리움으로 가득하다.

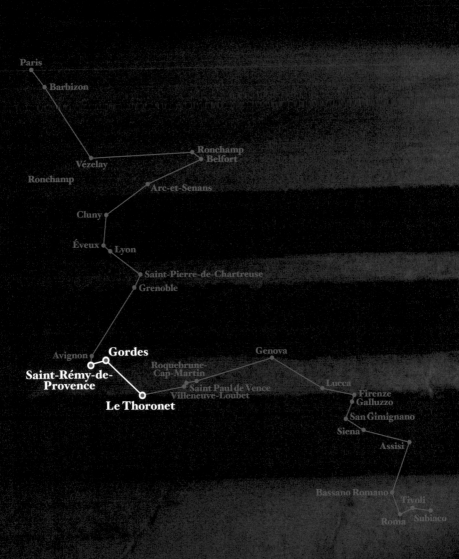

Paris

Barbizon

Ronchamp
Belfort

Vézelay

Ronchamp

Arc-et-Senans

Cluny

Éveux Lyon

Saint-Pierre-de-Chartreuse
Grenoble

Avignon **Gordes**
Genova

Roquebrune-
Cap-Martin

**Saint-Rémy-de-
Provence**

Saint Paul de Vence
Villeneuve-Loubet

Lucca

Le Thoronet

Firenze
Galluzzo

San Gimignano

Siena

Assisi

Bassano Romano
Tivoli

Roma Subiaco

진실에 대한 증언

Le Thoronet 르 토로네
Gordes 고르드
Saint-Rémy-de-Provence 생 레미 드 프로방스

FRANCE

● 아비뇽

● 세낭크 수도원
● 고르드

샤토 루쌍 ●
● 생 레미 드 프로방스

르 토로네 수도원 ●
● 르 토로네

르 토로네 수도원

새벽 4시에 눈을 떴다. 어제 11시 넘어 잠자리에 들었으니 다섯 시간을 잤다. 일요일. 당신의 진리와 정의를 전하고자 모이는 모든 교회에 은총을 내려주실 것을 기도하고 오늘 또 하루의 삶을 허락하신 데 감사하며 침상에서 내려왔다. 오늘 주신 새날로 새롭게 되게 하소서….

버스 주차장에 가서 새 버스와 새 기사를 만났다. 첫 버스 기사에 대한 좋지 않은 기억 때문에 몹시 신경이 쓰였는데, 새로운 기사는 포르투갈인으로 '알렉스'라고 했다. 흰 와이셔츠에 넥타이를 매고 우리를 맞는 태도가 좋은 서비스를 하겠다는 의지로 보였고 또한 그렇게 공손했다. 안심하며 감사했다.

9시에 출발한 버스는 해안가를 벗어나 프로방스 알프 코트 다쥐르 내륙으로 들어간다. 버스가 출발하자마자 아누아 브라헴Anouar Brahem의 〈디 어스타운딩 아이스 오브 리타〉The Astounding Eyes of Rita를 틀었다. 튀니지 고유 악기인 오우드Oud로 연주하는 멜로디는 이방인이 가진 향수를 아름답게 묘사하며 여행객의 로맨틱한 감정을 대단히 부추긴다. 10시를 조금 넘으면 르 토로네 수도원Abbaye du Thoronet/Le Thoronet에 도착할 것이다. 이번 여행의 백미를 꼽으라면, 르 코르뷔지에의 라 투레트 수도원과 더불어 이곳이다. 이 두 곳은 서로 긴밀한 사정이 있다. 여러 글에서 밝히기도 했고, 이 기행의 가이드북에도 일부를 소개했다. 첫 음악이 끝나자마자 마이크를 잡았다.

"오늘은 르 토로네 수도원으로 갑니다. 마침 일요일이기도 하고 무엇보다도 우리 수도원 기행에서 가장 중요한 방문지입니다. 이 수도원은 시토Citeaux 수도회 소속으로 세낭크 수도원, 실바칸 수도원Abbaye de Silvacane과 함께 프로방스의 세 자매로 불리는 대표적 시토회 수도원입니다. 시토 수도회는 1098년 몰렘Molesme의 수도사 로베르Saint Robert(1029~1111)에 의해 시토 지방에서 창설됩니다. 11세기는 유럽 수도원이 전성기를 구가하던 때입니다. 그 중심에 있던 수도원이 우리가 며칠 후에 방문할 클뤼니 수도원인데, 베네딕토 수도 규칙에 맞는 엄격한 수도 생활을 목표로 탄생한 이 수도원은 세력이 커져 무려 2,000여 개의 수도원을 산하에 둘 정도로 확장됩니다. 이 방만해진 수도원이 올바른 수도적 삶을 저해하는 데 이르자 베네딕토 수도 규칙을 더욱 엄격하게 적용하며 수도 생활을 하려는 열망이 일었고, 로베르가 앞장섰습니다. 클레르보Clairvaux의 베르나르Saint Bernard(1090~1153)라는 수도사가 이를 이어받아 시토회를 성장시켰고, 나중에는 클뤼니를 대체하는 새로운 수도회가 전 유럽에 세워질 정도로 세력이 커졌습니다.”

르 토로네 수도원은 시토회가 세력을 가장 크게 확대할 즈음인 1176년 착공한 수도원이다. 1200년에 완공했다고 하니 로마네스크 시대의 수도원 건설에 불과 24년이 걸린 셈인데, 이는 아마도 건축에 재능이 뛰어난 힌 수도사의 지휘 아래 한꺼번에 지어졌다는 뜻일 것이다. 지금은 일부가 허물어진 폐허로 남아 박물관이 되어 관람객을 맞고 있다. 주일이면 동네 주민을 위해 미사가 진행되기도 하는데, 오늘도 아마 미사가 있을 것이라서 원하면 참여하라고 전했다.

프로방스의 깊숙한 산골에 있는 이 수도원을 아마도 내가 처음으로 국내에 소개했을 것이다. 이 수도원의 존재를 알게 된 때가 1998년도였다. 그 당시 북런던대학교(지금의 런던 메트로폴리탄대학교)의 객원 교수로 런던에서 1년을 거주하던 중 혼자서 라 투레트 수도원을 찾아가게 되었다. 7년 만에 다시 찾는 두 번째 방문이었지만 혼자서는 처음 가는 길이었고 혼자 하는 여행인 만큼 자유를 만끽하느라 아무런 예약도 하지 않았다. 리옹에서 기차를 타고 라 투레트 인근의 라브렐L'Arbresle 역에서 내렸는데, 그 한적한 시골 역에서 3킬로미터 정도 떨어져 있는 언덕 위의 라 투레트 수도원까지 짐을 들고 갈 방법이 마땅치 않아 두리번거리고 있었다. 그때 한 노신사가 다가와 수도원에 가느냐고 묻고는 자기 차에 타라고 권했다. 행운이 닥친 것이다. 알고 보니 그는 라 투레트 수도원의 원장인 앙투안 리옹Antoine Lion 신부였다. 리옹 역에서 이미 내 행동거지를 보고 라 투레트로 가는 자라고 여겼

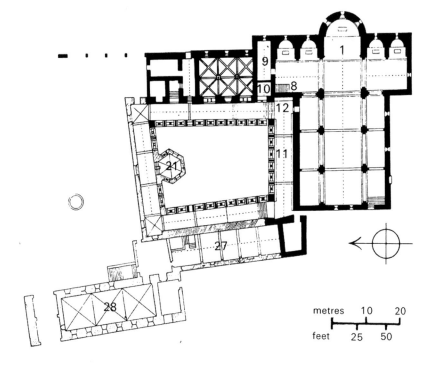

metres 10 20

feet 25 50

로마네스크 양식이 지닌
구축의 아름다움을 이 건축에서
만끽할 수 있다. 중정을 둘러싼
네 변의 기능 중 식당은 폐허로
남았으나 나머지는 온전하며,
특히 지형의 경사를 따라
높낮이가 변하는 회랑은 도면으로는
파악할 수 없는 변화가 있어
대단히 미묘한 공간을 형성한다.

는데, 별 뾰족한 방법 없는 무작정 방문객일 거라 짐작했다는 것이다. 그뿐이 아니었다. 내가 숙박 예약을 하지 않았다는 것을 알고 난처한 표정을 지었는데, 왜냐하면 그날 하버드대학생들이 단체로 숙박하는지라 남는 방이 없을 듯하여 걱정했기 때문이다. 그러고는 수도원에 도착하자 이리저리 알아보고 방을 하나 주기까지 했다. 하나님, 감사합니다. 행운은 계속 이어졌다. 나와 코르뷔지에에 관해 말문이 트이자, 일반에게 잘 공개하지 않는 지하 경당은 물론 건물의 훼손 위험 때문에 출입이 금지된 옥상 정원까지 몸소 열쇠로 문을 열어가며 안내하는 것 아닌가. 행운도 유분수였다. 원장 신부는 식사를 마친 나를 자기 서재로 안내해 칼바도스까지 건네주며 코르뷔지에에 대한 이야기를 이었다. 한국이라는 땅끝에서 온 자가 코르뷔지에와 그의 건축에 관해 많이 알고 있을 뿐 아니라 종교에 대해서도 이러쿵저러쿵 하는 게 신기했던 모양이다.

급기야, 코르뷔지에에게 라 투레트 수도원의 설계를 맡긴 도미니크 Dominic파 수도원장 쿠튀리에 신부가 그에게 프로방스의 르 토로네 수도원을 가서 보고 참조해달라고 한 이야기를 자랑스럽게 하더니 책을 한 권 보여주었다. 그 책이 바로 『진실의 건축』Architecture of Truth(1957)이라는 제목의 르 토로네 수도원 사진집이었다. 책에는 코르뷔지에가 쓴 서문이 있는데, 프랑스어여서 내용을 알지 못했다. 그런데 페이지를 넘기니 흑백 사진 속에 너무도 놀라운 건축 공간이 나타나 있었다. 짙은 빛과 깊은 그림자로 이루어진 수도원에는 침묵의 신비가 가득했다. 숨죽이며 한 장 한 장 넘겼고, 그리고 다시 또 처음부터 넘겼다. 내 태도를 다 읽은 원장 신부는, 이 책

이 책은 1957년에 발간한 원본을
건축가 존 포슨 John Pawson 이
새로 디자인하여 2001년에 복간한 것이다.
존 포슨은 이 책에 후기를 덧붙이면서,
이 수도원이 세상에서 만난 가장 아름다운
건축이라고 했으며 코르뷔지에가 만든 원본 책은
그의 서가에서 가장 중요한 위치에
늘 있다고 기술했다.

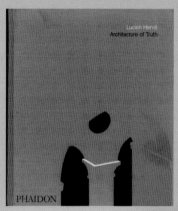

은 1957년에 출간된 후 절판되었고 한 권만 자신이 가지고 있어 안타깝지만 내게 줄 수 없다고 했다. 사사건건 내 태도는 다 파악된 거다. 하는 수 없이 거듭 감사를 표하며 원장의 서재를 나올 수밖에 없었다. 그러나 그날 밤 수도원의 작은 승방에 누운 나는 라 투레트 수도원에 대한 감동과 르 토로네 수도원을 향한 선망으로 좀체 잠을 이룰 수 없었다.

그리고 이후로 3년이 지난 2001년, 조성룡·정기용·민현식·김병윤·이일훈 다섯 명의 건축가와 프랑스 여행을 하게 된다. 1991년 '4·3그룹'에서 라 투레트 수도원을 단체로 답사했을 때, 나와 이일훈 씨가 10년 후에 우리 다시 오자고 약속한 것을 지키는 여행이었다. 이때에 르 토로네를 굳이 행선지의 하나로 삼아 처음으로 방문하게 된다. 그때도 6월 말이었다. 나와 이 영민한 선배·동료 건축가들, 우리는 모두 이 수도원에서 망연자실했다. 맑은 빛과 짙은 그림자가 만들어내는 공간의 신비를 온몸으로 받으며 침묵 가운데 한참을 머물렀다. 황홀의 극치였다. 모두 말이 없었다. 어쩌면 우리가 가진 한계에 좌절하기도 하고, 다시 출발하겠다고 다짐도 했을 게다. 다음 일정을 지켜야 하는 상황이 야속했지만 아쉬움 가득한 채 나올 수밖에 없었다.

그런데 출입구에 있는 가게를 보니 놀랍게도 전에 아쉽게 놓아야 했던 『진실의 건축』 책이 있었다. 영문본도 있어 얼른 집어 펼쳐보니 2001년 바로 그해 파이돈PHAIDON 출판사에서 건축가 존 포슨의 글을 덧붙여 복간한 것이었다. 참으로 반가워, 이 책을 우리 모두가 구입했다. 나는 한 권을 더 샀고, 여행에서 돌아온 후 친구인 김광현 교수에게 이 책을 손에 넣기까지의 과정을 속표지에 써서 주었다.

　나는 그때 우리 일행을 위해 커다란 밴을 빌려 줄곧 혼자 운전하는 중이었다. 숙소에 들어가면 피곤이 몰려와 이내 잠을 자야 했지만, 그날 밤 그 책을 읽지 않고는 잠을 잘 수 없었다. 쿠튀리에 신부가 라 투레트 수도원의 설계를 부탁한 시기는 롱샹 성당 공사를 시작한 1953년이었다. 이미 세계적으로 명성이 확고한 거장 건축가에게 12세기에 지은 옛 수도원을 가보고 참조해서 설계해달라는 부탁은 예의가 아니다. 나라면 기분이 상했을 법하다. 그러나 코르뷔지에는 순종하여 이 수도원을 찾아 나선다. 그때는 이미 카바농을 지은 다음이어서 남프랑스의 풍경에 익숙했겠지만, 카바농에서 서쪽으로 130킬로미터 떨어진 이곳을 찾기가 그리 쉬운 일은 아니었을 게다. 그가 설계한 마르세유Marseille의 유니테 다비타시옹에서도 동쪽으로 100킬로미터 남짓 떨어진 곳이다. 가는 길은 대책 없이 구불구불하고, 밀집한 숲을 한참 비집고 들어가야 한다. 그리고 만난 르 토로네 수도원, 그는 이 폐허의 수도원을 보고 정말 놀란 모양이다. 감동에 감동을 받은 르 코르뷔지에는 파리로 가자마자 그의 건축을 전속해서 찍던 사진가 뤼시앵 에르베Lucien Hervé(1910~2007)에게 부탁하여 르 토로네 수도원 사진을 찍게 하고 그 사진을 모아『진실의 건축』이란 이름으로 책을 내게 했다. 그리고 책의 서문을 직접 썼다. 간추리면 이렇다.

　이 책 속의 그림들은 진실에 대한 증언이다. 이 건물의 모든 디테일은 창조적 건축의 원칙을 표현한다. (…) 인간의 가장 좋은 친구인 석재. (…) 여기서

석재는 언제나 새로우며 늘 다르다. (…) 어떤 것도 더할 수 없다. 빛과 그림자는 이 건축이 지닌 진실, 고요, 그리고 강인함을 크게 외친다. 어떤 것도 더할 수 없다. 조잡한 이 콘크리트의 시대에, 이 엄청난 만남을 반기고 축복하며 인사하자.

여기까지 설명하자 버스는 어느새 수도원에 도착했다. 12시까지 두 시간을 이 수도원에서 자유롭게 머문다고 전하고 버스에서 내렸다. 상수리나무 숲이 전보다 훨씬 울창했고 녹음은 더욱 짙었다. 프로방스의 태양은 강렬하여 그 빛을 받은 건물 외벽은 녹음 사이로 눈부시게 반짝였다. 개울을 건너는 다리에는 10시 입장을 기다리는 방문객이 모여 있었다. 잠시 기다리다 문이 열려 모두 들어갔다. 여섯 번째 오는 셈인데도 마음이 두근거렸다.

어수선한 뮤지엄 숍을 지나 계단을 오르면 울창한 버드나무 사이로 수도원 성당의 정면이 나타난다. 로마네스크 양식, 아니다, 양식에 대한 의식을 넘어선 이 건축은 그냥 박공집이라 부르는 게 맞다. 돌벽 정면에 응당 있는 정문은 가운데가 아니라 오른편 귀퉁이에 작게 뚫려 있다. 왜 그럴까? 바로 이 문은 '죽은 자의 문'이라 불리며 수도사가 죽으면 장례를 마친 후 그 주검이 나오는 통로였다. 외딴곳, 세상의 끝을 찾아 수도하는 이들의 공간에는 외부자가 들어가 미사 드리지 않으니 외부자를 위한 정문이 필요할 리 없다. 그러나 이제는 이 죽은 자의 문을 입구로 삼아 우리가 들어간다는 사실, 어쩌면 우리가 저지른 세상의 죄로 죽은 자 되었던 몸이 새로운 삶을 찾기 위해 들어가는 문 아닐까….

이 작고 낮은 문으로 들어가면 바깥의 눈부신 태양에 노출되었던 눈은 갑작스레 밀려온 어둠으로 암흑의 순간을 맞이한다. 그러다 서서히 어둠에 적응하면, 지극히 아름다운 빛의 다발이 고요하게 성당의 내부 공간을 밝히고 있음을 볼 수 있다. 바닥, 벽, 기둥, 천장 모두 이 부근에서 채취된 한 가지 종류의 석재로 되어 있다. 작은 창을 투과한 감동적인 빛은 석새의 거친 표면을 긁기도 하고, 모서리의 각을 선명히 드러내기도 하며, 둥근 천장을 부드럽게 감싸 안기도 한다. 그리고 말할 수 없는 고요함이 그 위를 덮는다. 석재는 지극히 검박하게 쓰였다. 장식도 극도로 절제되어 있으며 석재끼리의 맞춤도 대단히 정교하고도 단순하다. 코르뷔지에의 말처럼 어디 하나 모자람도 없고 더함도 없다.

본당은 동서로 배치되어 제단은 전통적 관습에 따라 동쪽을 향하고 있다. 본당의 북쪽 면은 중정에 접하며 제단 부근에 뻗어 나온 계단을 타고 오르면 수도사의 숙소에 도달하고 아래 출입구로는 회랑과 연결된다. 회랑에 들어서면 중정으로 향한 아치형 창문들 사이로 프로방스의 빛이 들어온다. 이 빛이 그림자와 어우러지는 모습은 이루 말할 수 없는 감동을 방문객에게 선사한다. 장엄한 음악. 마치 그레고리안 찬트 Gregorian Chant 가 회랑을 내내 맴돌며 울리는 듯한데, 지형에 따라 미세하게 높낮이가 변하는 바닥의 리듬이 고저와 강약을 조절하며 가슴에 깊게 스며든다. 빛은 시간에 따라 서서히 변하다가 늦은 오후가 되면 짙다 못해 퇴색된 검은색의 그림자를 바닥에 길게 눕힌다. 그 안쪽 돌벽에 가만히 기대어보시라. 모든 돌이 일어나 찬양하는 듯하니 죽어 나가는 문으로 들어온 우리는, 그냥 돌이 되어 사라지고 마

입구.
외부인의 출입이 있는 건축이 아니었으니
위쪽 사진의 입구는 원래
작업장이나 식당의 자재 출입 등
서비스를 위한 출입구였고,
오른쪽 사진의 본당 출입문은
죽은 수도사의 주검이 나가는 통로였다.

본당

수도원 인근에서 채취한 돌은
건축의 어떤 부분에 쓰이느냐에 따라
신묘하게 변해 마치 이를 위해
원래부터 그렇게 생성된 듯하며
이들은 더없이 적절한 방법으로 만나
더 견고해졌다.

회랑.
건축은 동결된 음악? 아니다.
느리고 오랜 시간이 걸리지만
늘 소리를 내는 아름다운 음악일 게다.

는 듯 복되고 복되다.

키리에 엘레이손

본당에서는 마침 미사가 진행 중이었다. 우리 일행 가운데 몇몇은 의자에 앉아 미사에 참여하고 다른 이들은 본당 옆의 통로로 나가 이곳저곳을 자유로이 탐색했다. 나는 뒷줄 끝에 잠시 앉았다. 미사 전례 중 연주되는 음악이 현대적이어서 멜로디는 생소했지만, 소리는 역시 장엄했다. 소리가 석재의 작은 홈에 들어가 맴돌며 머물다 나와 합쳐져서 만드는 울림은 세상 어느 음악당에서도 만들지 못한다. 그리고 그 위로 쏟아지는 경이로운 색채의 빛으로 그 소리는 더욱 크게 영혼을 두드렸다. 아, 이제 다시 기억이 났다. 며칠 전 로마 카타콤베에서 문득 떠오른 음악, 슈베르트의 〈리타나이〉를 여기서 들었다. 전번에 방문했을 때도 미사가 진행 중이었고 한 여성이 이 성가를 불렀다. 절제된 빛 사이로 흐르는 단선율의 성부가 너무도 절박했고, 석재의 벽을 두드리고 나오는 그 아름다운 소리에 전율했다. 마치 이 공간에 머무른 모든 이의 회한을 끄집어내며 위로하는 듯했다. '모든 영혼이여, 평화 속에 잠들라'Alle Seelen ruhn in Frieden라는 노랫말 그대로인 한없는 평화를 보고 있었던 기억이 다시 살아났다.

그때였다. 건너편에 앉아 있던 공지영 씨가 머리를 떨구어 울기 시작했다. 그녀는 이 여행에 합류하기 직전, 『해리』(2018)라는 책의 원고를 탈고하고 출판사에 넘겼다고 했다. 그즈음에 이따금씩 그녀가 뉴스에 중심인물로 등장하는 것을 접하며 다소 걱정이 앞섰다. 세상의 불의, 불공정, 부정직을 참지 못해 늘 항거한 그녀였고 그 책도 그러한 내용이었다. 그러나 본인에게는 그런 상황이 참으로 두렵고 외로우며 아픈 게 틀림없다. 르 토로네의 빛은 기다렸다는 듯 그녀의 고독을 넉넉히 받아 위로하고 있었으니 나도 덩달아 울컥하여 일어서 중정의 회랑으로 나와버렸다. 주여, 자비를 베푸소서. 키리에, 키리에 엘레이손Kyrie, Kyrie Eleison….

오전의 빛이 짧게 반짝였다. 그러나 회랑에 내린 부드러운 음영은 오히려 석재의 결구와 쓰인 돌의 표정을 훨씬 선명하게 나타냈다. 중정은 정사각형이 아니라 다소 각이 일그러진 사각인데 그 각도가 절묘하다. 지형의 차이 때문에 생긴 바닥의 높낮이 차와 함께 틀어진 각이 한정할 수 없는 크기의 공간을 만들며 신비를 더했다. 2층으로 올라가 수도사의 숙소 공간과 테라스를 돌았다. 디테일 속에 신이 있다고 미스 반 데어 로에가 말했다. 그는 여기에 와보았을까? 정말 그 속에 신이 있었다. 그렇지 않으면 그토록 완전할 수 없다. 이를 지은 건축가가 과연 누구일까? 결코 나타나지 않는 그를 정말 알고 싶었다. 그의 간절함이 없었다면, 이 완벽한 아름다움은 불가능했다. 그래서 몇 번을 여기 왔어도 그때마다 그가 이룬 성취에 항복한 나는 패배자가 된 듯 이곳저곳을 기웃거리는 초라한 건축가다.

그런데, 전에 발견하지 못한 위안 하나를 이번에 얻었다. 하나의 잘못된 디테일을 발견하고 회심의 미소를 지은 것이다. 챕터 룸에서다. 수도원장이 수도사들을 모아놓고 베네딕토 수도 규칙서를 한 장씩 읽는 방이며, 수도원

글로리아 인 엑셀시스 데오 Gloria In Excelsis Deo

미사

공지영

공간 중에서는 제일 화려한 장식이 있는 곳이다. 이번에 그 구석에 가만히 앉아 있다가 내부 벽의 창틀 밑을 받치는 돌과 벽체가 만나는 부분이 일체가 되어야 하는데 이미 튀어나온 돌을 어떻게 할 수 없어 그 끝부분을 슬며시 뭉개버리고 만 것을 보았다. 틀림없이 건축가는 이 난감한 상황을 두고 고민에 고민을 거듭했을 것이고, 전체 창을 들어내고 다시 해야 하나 망설이다가 '에이, 구석진 끝부분이니 그냥 끝만 뭉개고 말자'라며 두 눈 질끈 감고 마무리한 게 분명했다. 그 완벽한 건축가 수도사도 나와 같은 면이 있었다. 킬킬거리며 그 방을 나와 안도했으니 이제 더는 여기를 오지 않아도 될 텐가….

12시에 모두 다시 버스에 타고 르 토로네 마을의 식당으로 가서 점심을 먹었다. 점심 내내 르 토로네 수도원에서 받은 감동에 관한 이야기가 흘렀다. 공지영 씨는 『수도원 기행』이란 제목으로 이미 두 권의 책을 낸 바 있을 정도로 세상의 여러 수도원에 경험이 있지만, 이런 수도원은 처음 온다고 했다. 그녀가 수도원 기행 세 번째 책을 쓰면 어떤 내용일까? 그녀는 조만간 꼭 다시 오겠다고 하며 박민영 씨와 벌써 일정을 상의하고 있었다. 점심 후 다시 버스를 타고 다음의 목적지인 세낭크 수도원을 향하는 도중에도 몇몇은 오전의 감동을 술회하며 새로운 힘을 얻어 간다고 말하기까지 했다. 나는 이들에게 눈물까지 흘리게 하는 르 토로네 수도원 건축의 힘이 어디서 온 것인지를 짐작한다. 절박함일 게다.

예전에 어떤 이가 내게 당신의 건축은 어디서 오느냐고 물었다. 같은 대

뭉개고 만 석재 모서리에서
내 긴장은
다 풀어졌으니….

답을 했다. 절박함. 돌이켜보면 나는 늘 절박했다. 어릴 적 파산한 집의 곤궁함으로 학교도 제대로 못 다닐 처지여서 절박했고, 내 의지와 관계없이 주어진 종교는 늘 의심덩어리여서 믿음을 강요하는 주변 사람들과 갈등하며 절박했다. 겨우 들어간 대학은 도무지 내가 꿈꾸던 아카데미의 세계가 아니라서 늘 떠돌며 절박했고 밖에서는 군부 독재의 억압으로 잡혀가고 목숨까지 잃는 친구들을 보고 숨죽이며 절박했다. 그 속에서 내가 할 수 있는 것은 밀실에서 건축 속으로 파묻히는 일뿐이었다. 얼마나 많은 밤을 새우며 내 몸을 혹사했는지 모른다. 젊은 시절 허구한 밤을 세도판 위에서 하얗게 지샜다. 동료들이 핏발 선 내 눈을 보며 걱정했지만, 그럴수록 그들이 잠잘 때 나는 또 밤을 새웠다. 혹시 쉬는 틈이 생기면 그 멍청함을 참지 못해 소주를 입에 붓고 고꾸라졌다. 그랬으니 나는 주변에 너무 예의가 없었고 매몰찼으며 이기적이었다. 비난받을수록 더욱 건축을 팠다. 오직 건축만이 희망이요, 생명이었다.

그러다 깨어난 게 1990년대 초다. 내가 붙들었던 건축이 내 것이 아니며 내 삶도 아니라는 사실을 알고 좌절한 것이다. 껍데기였고 그도 나 스스로 만든 게 아니며 내가 사용할 언어가 아니라는 것을 그제야 깨달은 결과였다. 한동안 방황하며 나 자신을 풀어버렸다. 그러다 어느 날 문득 나에게 '빈자의 미학'이 도둑처럼 왔다. 나는 안다. 언어는 내가 말하는 게 아니라 내게 오는 것임을…. 그때는 막스 피카르트의 『침묵의 세계』를 읽기도 전이었다. 태초에 말씀이 있었다고 했다. 절박함 끝에는 늘 침묵이 있기 마련이며 그 침묵을 견디면 진정한 언어가 온다는 것이다. 빈자의 미학, 다시 말하면 내가 죽어서 다가온 언어였으며 나를 평생 쫓아다니는 존재가 베푼 은혜였다. 그 은혜로 다시 절박하여 글을 써서 책까지 낸 터라 나는 이 절박함에서 이제 영영 벗어나지 못한다.

　버스는 세낭크 수도원으로 향했다. 나는 라 투레트 수도원에서 녹음된 그레고리안 찬트 CD를 꺼내어 틀었다. 절박한 사내들이 소리하는 단성부의 음성이 버스 안을 감돌며 채웠다. 그리움일 게다. 저렇게 아름다운 소리의 바탕은….

세낭크 수도원

세낭크 수도원Abbaye Notre-Dame de Sénanque은 1148년에 건설이 시작되었으므로 르 토로네 수도원보다 다소 빠르지만 기본적 골격의 완성은 100년 가까운 세월이 지나 이루어졌다. 르 토로네와 마찬가지로 엄격한 수도 생활을 위해 베네딕토 규칙 준수와 노동과 찬양을 일상의 삶으로 삼아 수도에 정진하도록 세워진 이 수도원은, 다른 수도원처럼 종교 전쟁이나 흑사병 같은 재난의 역사 속에서 부침을 겪기도 했으며 프랑스 혁명 때 국유화되기도 했으나, 20세기 초 시토회 본부에 의해 다시 수도원 본래의 기능을 회복하여 오늘에 이른다. 따라서 여전히 많은 수도사가 수도에 정진하며 공동체를 이루고 있는 이곳은 그 진정성으로 오늘날에도 수많은 이가 방문하는 장소이기도 하다.

세낭크 수도원은 지금도 수도원 기능을 수행하고 있는 만큼
시대에 맞게 증축이 이루어져 왔지만.
그 건축적 성과는 초기 모습에 못 미친다.
회랑은 초기 모습을 잘 보전하고 있어
여전히 아름다운 빛과 그림자를 만든다.
건축이 늘 진화하는 것만은 아니다.

6월 말과 7월 초 사이면 계곡에 진동하는 라벤더의 보랏빛 향기

건축 역시 베네딕토 수도 규칙에 따른 형식이며, 생 갈렌 수도원의 도면처럼 회랑이 둘러싼 중정을 가운데 두고 성당, 챕터 룸, 기숙사, 그리고 작업장이 네 변을 만들고 있다. 르 토로네 수도원의 디테일이 가지는 정교함에는 못 미치지만, 여기서는 그런 지극한 정교함을 만들려는 집착을 버린 듯한 자유를 느낄 수도 있다. 그럴지도 모른다. 르 토로네 수도원의 완벽함으로 좌절을 느낄 수밖에 없는 건축가는 다소 부실한 디테일을 여기서 발견하고 어쩌면 희열까지 느낄 게다. 바로 내가 그랬으니 졸렬함이 이만저만이 아니다.

이 수도원의 큰 특징이 둘 있는데, 하나는 라벤더 재배였다. 6월 말 그 넓은 수도원의 뜰을 가득 채우며 만개한 보라색 라벤더 꽃의 향연을 보게 되면 그 찬란함에 또 망연자실하게 된다. 몸속 깊이 스며드는 향기는 짙고 짙어서 마치 내 몸이 라벤더로 물든 듯하여 쿵쿵거리게 한다. 아무리 라벤더 물감과 향수로 먹고 산다고 하지만, 도대체 이 수도사들은 이 향기의 유혹을 어떻게 이겼을까? 더러는 수도복을 벗고 탈주하지 않았을까? 신심에 대한 결기가 하도 부족한 나는 몇 번을 그랬을 게다. 수도사의 마음이 어떠했건, 외부자인 방문객은 모두 물결처럼 펼쳐진 라벤더를 배경으로 떼로 몰려 사진을 구한다.

또 하나 특별한 점은 이 수도원의 로케이션이다. 여기를 오려면 프랑스 알프스 서쪽 끝의 산에 있는 고르드Gordes라는 산중 마을을 거쳐야 한다. 이 도시는 해발 630미터 높이에 있는데, 대단히 가파른 지형에 붙어 아슬아슬한 풍경을 가지며 암반의 절벽과 건축은 일체가 되어 풍화된 모습이 장관이

깊고 깊은
계곡 속의 수도원

다. 이 마을을 지나면 왼편에 갑자기 절벽이 나타나고 마치 천 길 낭떠러지 밑에 이 수도원이 놓여 있는 것을 볼 수 있다. 굽이굽이 느리게 길을 내려와 계곡 속의 이 수도원에 서면 사방은 가파르게 하늘로 솟은 산이다. 세상과 담을 쌓아 결별한 곳, 이곳에 와서야 비로소 세상의 번뇌를 끊고 수도에 매진할 수 있게 된다니…. 오로지 자연과 마주하며 절대 고독에 휩싸일 수밖에 없는 이곳, 성경의 시편 제121장은 이렇게 위로했다.

> 내가 산을 향하여 눈을 들리라 나의 도움이 어디서 올꼬
> 나의 도움이 천지를 지으신 여호와에게서로다
> 여호와께서 너로 실족지 않게 하시며 너를 지키시는 자가
> 졸지 아니하시리로다
> 이스라엘을 지키시는 자는 졸지도 아니하고 주무시지도 아니하시리로다
> 여호와는 너를 지키시는 자라 여호와께서 네 우편에서 네 그늘이 되시나니
> 낮의 해가 너를 상치 아니하며 밤의 달도 너를 해치 아니하리로다
> 여호와께서 너를 지켜 모든 환난을 면케 하시며 또 네 영혼을 지키시리로다
> 여호와께서 너의 출입을 지금부터 영원까지 지키시리로다

　우리는 이번에 이 수도원의 내부에 들어가지 않았다. 다음 일정에 시간이 다소 부족하기 때문이기도 했지만, 일행이 오전에 르 토로네 수도원을 본 터라 건축에 대한 감식안이 아무리 부족하다 해도 디자인 수준이 그와 비교해 떨어지는 이 건축을 보면 시큰둥할 게 염려되어서였다. 또 이곳은 수도

고르드 마을 풍경

원의 기능을 여전히 수행하는 까닭에 반드시 가이드를 받아야 둘러볼 수 있다. 유용한 지식을 전하기도 하지만 내가 경험한 바로는 반은 쓸데없는 설명이고 그 형식 또한 불편하여 내부 관람을 그만두었다. 다만 수도사들이 현재도 사는 곳인데 그 내밀한 향을 맡지 못하게 하는 일이 조금 안타까웠다. 그런데 이제 보니 방문자 대부분이 우리나라 사람과 중국인의 단체다. 짐작건대 이들은 수도원을 알고자 오지 않았다. 누군가 관광업계에 이 황홀한 라벤더의 풍경을 알린 게 분명했다. 그 탓에 인기 코스가 되었으며, 관광객이 수시로 라벤더 꽃밭에 들어가서 사진 찍는 행태까지 생겨 전에 없던 철조망 울타리까지 친 것이다. 그러니 내부 관람을 하러 들어가 이들과 섞이면 성질 나쁜 나는 화만 잔뜩 나서 나올 게 뻔해, 신청하지 않은 걸 다행이라 여겼다.

　일행을 태운 버스는 왔던 길에 다시 올랐다. 이번에는 고르드 마을 중심을 통과하며 지나는데 마을의 고색창연함을 본 일행 사이에서 짧은 탄식이 일었다. 혼자의 여행이라면 당연히 여기서 머무를 게다. 다음에 다시 오시라고 얘기하고 버스를 그냥 달리게 놔두었다. 내려가는 길에는 이 마을의 전경이 가장 아름답게 보이는 지점이 있다. 설까 말까 마음에 갈등이 있었는데 버스는 지나쳐버린다. 체념한 내 표정을 힐끗 본 버스 기사 알렉스가 설까 하고 묻는다. 그러면 좋겠다고 하니 버스는 오던 길을 되돌려 아까 그 지점으로 올랐다. 이런 센스와 친절함이라니…. 모두 내려 기념사진을 찍으며 좋아했다.

생 레미 드 프로방스의 루쌍 호텔

오늘은 내가 특히 서두른 까닭이 있었다. 오늘 묵는 호텔에서 머무르는 시간을 가능한 한 길게 가지며 여행의 피로도 풀고 모두 모여 제대로 된 만찬을 가질 생각이었다. 오늘 묵는 호텔은 노스트라다무스Michel de Nostradamus(1503~1566)의 고향인 생 레미 드 프로방스Saint-Rémy-de-Provence에 있다. 반 고흐Vincent Willem van Gogh(1853~1890)가 그린 〈별이 빛나는 밤〉La Nuit étoilée이라는 그림을 아시는가? 그 그림이 그려진 마을이다. 인구 1만 명의 예쁜 마을을 보는 것도 흥미롭지만, 이번에 마을은 그냥 지나친다. 르 토로네 수도원으로 오늘에 족하며 모처럼 맑아진 영혼을 갖게 된 것을 프로방스의 자연 속에서 서로 축하하는 게 훨씬 좋다. 마을 근교에 있는 샤토에서 숙박과 저녁 만찬을 할 예정으로, 전형적인 프로방스 풍경 속에 16세기 르네상스 시절의 저택으로 지어져 지금은 호텔로 사용하는 샤토 루쌍Château de Roussan을 애초에 예약했다. 방 개수가 몇 개 안 되는 호텔이니 우리 일행이 전체를 빌린 거나 마찬가지여서 넓은 정원에 우리를 위한 테이블을 특별히 만들어달라고 주문한 바도 있었다.

생 레미 드 프로방스 진입로에는 수 킬로미터에 걸쳐 수령이 몇백 년은 족히 되어 보이는 울창한 플라타너스가 터널을 만들어 들어오는 이들을 반긴다. 여간 인상적인 풍경이 아니다. 버스는 마을의 중심부로 향하더니 곧장 우회도로로 들어가 다시 외곽으로 빠졌다. 외곽에 있는 생소한 길에 익숙할 리 없는 버스는 내비게이션의 안내를 받았는데, 버스가 가기 어려운 길로 안내하는 바람에 알렉스가 힘들게 호텔 입구 근처에서 우리를 내려주었다. 여기에도 두 번을 왔다. 한 번은 저녁 식사만을 위해 왔고 다른 한 번은 숙박까지 했으나 늦게 체크인을 하고 다음 날 일찍 떠난 터라, 프로방스의 풍경을 즐기지 못해 아쉬웠다. 오늘은 다르다.

7시 무렵의 하늘은 아직 밝았지만, 호텔 안팎의 울창한 숲이 만드는 녹음과 새소리가 저녁의 넉넉함을 알렸다. 간간이 이는 바람은 부드럽게 내 몸을 스치고 달아났다. 이 지역에는 미스트랄mistral이라는 특별한 바람이 불어 든다. 강렬한 바람이라 했는데 비단결 같았다. '풍경'이라는 단어, 바람과 볕. 서양 언어로 토지 소유권에서 비롯한 '랜드스케이프'landscape와는 차원이 다른 말이다. 마치 선승이 하는 말과 저잣거리에서 행해지는 소리의 차이인 게다. 풍경. 이 아름다운 단어가 내내 머리에서 맴돌았다. 모두 저녁 식사 전까지 자유롭게 주변을 다녔다. 임옥상 형은 이 아름다운 경치에 감탄을 하다 결국 한 자리에 앉아 스케치북을 꺼내어 그 풍경을 담았다. 그로써 평화였다.

백색의 천이 잘 펼쳐진 테이블에 모여 앉았다. 모두 만찬에 어울리는 의상이었다. 와인이 나오고 서로 잔을 부딪치며 분위기가 오르자 몇 사람이 노래를 부르기 시작한다. 임옥상 형이 자리에서 나가 흐드러지게 한 곡조를 부르자 목소리 좋은 최강욱 변호사가 나와 〈서울에서 평양까지〉를 부른다. 분위기가 익어가자 김종규 대표가 오늘 와인을 다 사겠다고 이고은을 통해 알려왔다. 그렇지 않으면 이 분위기를 만든 내가 다 사야 했다. 서울대 건축과 출신인 그가 작은 규모의 시공 회사를 경영하는 것은 다소 의외다. 그는

플라타너스 숲속의 호텔

임옥상의 스케치

이은 감독의 친구로 동승학당을 접하게 되었고, 대부분의 강의에 출석할 정도로 열심이다. 심한 사투리를 쓰는 그를 경상도 깡촌 출신으로만 알면 사람을 몰라봐도 너무 모르는 것이다. 그가 진지한 표정을 지을 때 한번 보시라. 번뜩일 정도로 단호하다. 그렇게 속 깊은 그여서 이 기행 중 가장 달아오른 날 와인을 다 사겠다고 한 게다. 익명으로 해달라고 한 걸, '김종규 대표가 이름을 밝히지 말라고 하며 와인을 다 샀다'라고 모두에게 전했다.

별은 밤의 어둠을 뚫고 빛을 쏟아냈다. '스태리 스태리 나이트!' Starry starry night, 우리는 모두 대취했다. 내가 〈혼자 사랑〉을 불렀던가…. 오늘의 여정이 길었고 쏟아낸 말의 양이 몹시 많은 까닭이었다.

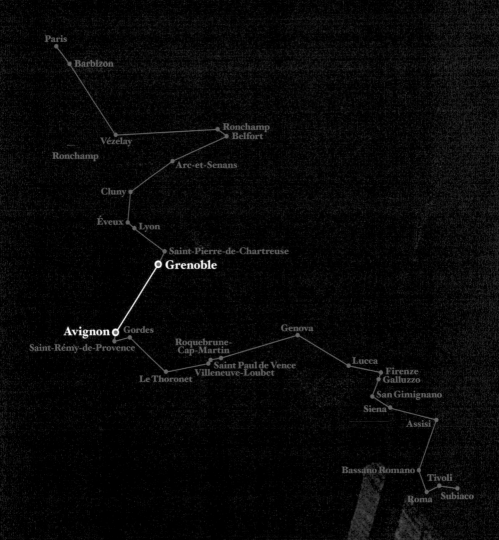

너를 위하여 우상을 만들지 말라

Avignon 아비뇽

Grenoble 그르노블

FRANCE

PROVENCE-ALPES
CÔTE D'AZUR

● 생 베네제 다리
　● 아비뇽 교황청
● 아비뇽

● 고르드

● 생 레미 드 프로방스

아비뇽 교황청

역시 어제 술이 좀 과했다. 이제는 술이 넘치면 내 위가 감당하지 못한다. 밤새 부글거리는 속 때문에 잠도 설쳤다. 머리마저 멍하다. 주섬주섬 챙겨서 로비로 내려가니, 이고은이 위장약 한 첩을 건네준다. 여전히 그녀는 내 상태를 모두 짐작하고 있는 게다. 버스는 정확히 9시에 출발했다. 오늘의 여정은 아비뇽^{Avignon}을 거쳐 250킬로미터 떨어진 그르노블까지 간다. 교황청을 답사한 다음 아비뇽에서 점심까지 먹기로 했다. 호텔에서 아비뇽까지는 30분 거리여서 시간이 별로 없기도 했지만 속도 편하지 않아 일정만 설명하고 음악을 틀며 그냥 쉬었다.

그때 주현신 목사가 내게 와서 청을 했다. 시무하는 과천 교회의 교인 중에 이재상이라는 젊은 친구가 있었는데, 작년에 아비뇽으로 여자 친구와 여행을 와서 아비뇽 성벽 앞을 흐르는 론^{Rhône}강에서 익사했다는 것이다. 건축을 전공한 학생이라고 했다. 세상에…. 이재상의 부모님은 슬퍼서 차마 현장에 와보지도 못했고, 그분들의 청을 받아 사고 현장에서 위로 예배를 드릴 생각이니 가능하면 시간을 달라고 내게 부탁했다. 부모님의 슬픔이 바로 내 속을 파고들었다. 그럼요, 얼마든지 드리시지요. 버스에서 내리기 전, 그 사정을 모두에게 전하고 점심을 먹고 떠나기 전 예배에 참여하여 도와주기를 부탁했다.

　아비뇽에 교황청이 왜 있을까? 기독교는 어떻게 보면 예수가 만든 게 아니라 바울이 만든 종교일 수도 있다. 로마 시민인 바울이 예수를 따르는 무리를 체벌하고자 다마스쿠스로 가던 길에서 회심하여 예수의 복음을 재생산하며 전파하는 사도 중의 사도가 된 사실은, 맹목적이고 맹신적인 헤브라이즘Hebraism이 합리적이며 논리적인 헬레니즘과 결합한 역사적 사건이었다. 로마식 교육을 받고 자란 바울은 그가 가진 탁월한 논리로 예수를 이야기하며 민중을 설득한다. 그리고 어떤 시스템도 두지 않은 예수를 따르는 무리에 직제를 만들고 규율을 제정하여 이들을 체계화했다. 그러면 권력이 붙게 마련이다. 교황·추기경·대주교·주교 혹은 장로·집사·권사 등이 발생하고 본인의 뜻과는 별개로 욕심이 생겨, 곧 세속화되기 십상이다. 그 결과 역사적으로 교회의 권력자는 여덟 가지 죄 가운데 하나인 탐욕과 결별한 적이 별로 없었다. 아니다. 어쩌면 늘 탐욕적이었다고 해야 맞을 게다.
　서로마제국은 이교도와 야만인에 의해 476년 멸망했지만 로마에는 여전히 교황이 있었다. 베네딕토 수도 규칙으로 수도원 운동이 활발해진 7세기 이후 로마에 있는 많은 이교도를 비롯한 각 지역의 민중이 기독교로 개종했다. 그러나 기독교 교리를 전하는 필사본 성경은 구하기도 힘들지만 그리스어나 아람어로 쓰여 이교도가 읽기에 어려워, 기독교 교리의 이해를 위해서는 그림이나 성물이 유효한 전달 매체였다. 따라서 이런 물건들 제작이 성행할 수밖에 없어서 급기야 기독교의 본질보다 성상 자체에 대한 신앙이 점차 커지게 된다.

그러나 이는 십계명 제2항 '너를 위하여 새긴 우상을 만들지 말고, 또 위로 하늘에 있는 것이나, 아래로 땅에 있는 것이나, 땅 아래 물속에 있는 것의 어떤 형상도 만들지 말며, 그것들에 절하지 말며, 그것들을 섬기지 말라'에 위반되는 행위였다. 따라서 이성적 힘이 강한 콘스탄티노플Constantinople의 동로마제국 레오 3세Leo III(680?~741)가 성상 파괴령을 내렸는데, 이는 성상 파괴령을 받아들일 수 없을 정도로 성상이 일반화된 로마와 이미 로마에 고운 눈길을 보내지 않던 콘스탄티노플이 서로 결별하는 중요한 원인이 되고 만다.

이때까지 로마의 교황들은 동로마제국 황제에게 충성을 맹세하는 신하였는데 로마 교황과 그레고리오 2세Gregorius II(669~731)가 성상 파괴령을 거부하자, 황제는 로마 교황의 권리를 콘스탄티노플의 주교에게 넘기고 말았다. 이에 군사적 보호의 필요성을 느낀 로마 교황이 프랑크Frank 왕국의 피핀Pippin(714~768)에게 도움을 요청하면서 로마 가톨릭교회와 콘스탄티노플은 정치적으로도 결별한다. 서로 적대시했으나 그래도 편익에 따라 상호 교류는 이어져 오다가 11세기에 로마와 콘스탄티노플은 전례와 교리의 차이를 들어 상대를 이단이라 하며 논쟁하면서 결국 상호 파문하여 완전히 분리

되었다. 사실 거기에는 교황과 총대주교의 선임에 관한 주도권을 두고 벌어진 싸움이 있었다. 탐욕의 결과였으나, 교회사는 이를 동서 교회의 분리 혹은 시스마schisma라고 기록한다.

요즘의 그리스 정교회나 러시아 정교회 모두가 이 동방 교회Eastern Orthodox Church에 속하여, 정교회라는 이름처럼 기독교의 정통성을 주장한다. 간혹 이 지역에 한국 기독교가 선교사를 파송하여 기독교를 전하는 일을 보면 웃지 않을 수 없다. '개독교'라고 놀림당하며, 교회가 사회를 걱정하는 게 아니라 사회가 교회를 걱정하는 지경에 이른 우리네 한국 기독교는 정통성에 관한 좌표를 만들면 어느 지점에 위치할까? 통회하여야 한다.

서로마 가톨릭에는 또 하나의 경천동지한 사건이 있었다. 이른바, '카노사Canossa의 굴욕'이다. 서로마 교황이 군사적 보호를 목적으로 프랑크 왕국에 도움을 요청한 바 있었고, 이 왕국은 후에 스스로를 신성로마제국이라 칭하기에 이른다. 그리고 11세기까지 성직자 임명권은 황제에게 있었다. 당시 교황인 그레고리오 7세Gregorius VII(1020~1085)는 개혁적이어서 그 서임권을 다시 가져오려 했는데, 하인리히 4세Heinrich IV(1050~1106) 황제가 반발하자 교황은 그를 파문하고 말았다. 그런데 주변 제후들은 민심의 흐름이 교황에게 있는 것을 알고 황제 편에 서기를 꺼려서 황제가 청한 도움을 거절했다. 이에 절망한 황제가 1077년 1월의 혹독한 겨울날, 교황이 머물고 있던 북부 이탈리아 카노사의 성문 앞에서 맨발로 사흘을 금식하며 간청하여 교황의 용서를 구한 일이 바로 카노사의 굴욕이다. 그러나, 교황이 승리하는 듯했던 이 사건은 8년 후 절치부심한 하인리히 황제의 복수로 그레고리오는 교황에서 쫓거나 살레르노로 도주하고 거기서 병사하고 말았다. 왕권과 교권. 서로 다른 세계관을 가진 이 두 권력의 충돌은 언제나 비극으로 끝났다.

아비뇽의 교황청은 이런 역사적 배경을 두고 탄생한다. 교권과 왕권이 아슬아슬하게 대립을 지속하던 1303년, 프랑스 국왕 필리프 4세Philippe IV(1268~1314)의 명을 받은 군대가 로마에서 떨어진 별장에 있던 교황을 습격하여 폐위시키고 프랑스인 추기경을 교황 클레멘스 5세Clemens V(1260?~1314)로 세웠다. 이 꼭두각시 교황은 황제의 명에 따라 1309년 아비뇽에 교황청을 마련하고 거주한다. 그러다가 이탈리아에서는 신성로마제국의 하인리히 7세Heinrich VII(1274?~1313)가 로마를 침략하는 바람에 교황은 로마로 돌아가지 못하고 계속 아비뇽에 체재하게 되었고 일곱 명의 교황이 바뀌는 1377년까지 이 상태가 지속되었다. 물론 이 기간은 프랑스 왕의 강력한 간섭을 받은 기간이다. 이 억류 상태를, 기원전 587년 유다Judah 왕국의 멸망으로 유대인들이 바빌론에 포로로 끌려간 사건인 '바빌론 유수'Babylonian Exile에 빗대어 '아비뇽 유수'라고 했으니 빈정대는 표현이었다.

그러나 아이로니컬하게도 이 사건이 진행되면서 아비뇽은 엄청난 도시 발전을 이룬다. 68년간이나 교황청의 도시였으니 당시 유럽 종교와 정치, 상업과 문화의 중심지였고, 그에 걸맞은 면모를 구축하여 도시가 융성하게 되었다. 특히 교황이 세운 도시 성벽의 길이는 4킬로미터가 넘는데, 아직도 잘 보존되어 론강을 가로지르는 생 베네제Saint-Bénézet 다리가 끊어진 모습과 더불어 아비뇽의 대표적 이미지로 남아 있다.

교황청의
완강한 성채

아비뇽 교황청 Palais des papes d'Avignon 건물은 높이 50미터에 연면적만 4,500평인 거대한 성채다. 교황이 떠난 후 폐허가 된 이곳은 19세기에 감옥으로 사용되고, 이어서 군 시설로도 쓰이는 과정을 겪는다. 외벽은 완강한 돌벽으로 난공불락 같으며, 마당을 가운데 둔 구궁전과 이를 ㄴ자로 두르며 형성된 신궁전으로 구성된 내부 공간은 마치 미로처럼 만들어 전체가 비밀의 도시같이 느껴진다. 나는 여기도 이미 여러 번 방문하여 내부 공간을 살폈지만, 종교적 신심이나 영성이 발현된 곳을 어디에서도 찾지 못했다. 그저 권력과 암투의 밀실로만 보여 실망을 거듭한 것이다. 이번에도 예외가 아니어서 일찌감치 옥상 카페로 올라가 일행의 관람이 끝나는 시간만을 기다렸다. 옥상에는 총포를 쏠 수 있는 장치들도 있었으니, 이 건축은 사랑과 평화를 말하는 종교의 시설이라 하기에는 민망하기 이를 데 없는 집이었다.

고해

교황청 인근 식당에서 점심을 먹고, 주현신 목사의 인도에 따라 강미선 교수와 김지선 실장 등 몇몇이 론강 예배에 동참하고자 떠났다. 갈까 망설이다가 나는 따르지 않았다. 그 학생의 죽음이 지극히 안타깝고 부모의 슬픔을 생각하면 너무도 서러울뿐더러, 그 죽음에 개입하여 얻게 될 또 하나의 트라우마가 두려웠다. 평화하시게, 젊은 친구…. 마음으로만 되뇌고, 강가로 간 일행이 돌아올 때까지 버스 안에서 건너의 론강을 물끄러미 쳐다보고만

끊어진 생 베네제 다리와
론 강가에서 추모 예배를 드리는 일행

있었다.

심란함이 그치지 않았다. 음악 하나가 생각나 틀었다. 일본 작곡가 시노자키 마사쓰구篠崎正嗣(1950~)가 지은 〈나의 아들〉My Son. 아들을 향한 사랑이 참으로 간절한 곡이다. 어쩌면, 하나밖에 없는 아들 예수를 십자가에 처형시켜야 하는 아버지의 슬픔일까…. 하모니카 음으로 시작하는 이 곡의 마지막 부분은 바이올린이 간절한 운율을 아주 느린 템포로 다시 반복한다. 그렇게, 슬픔은 느릴수록 슬프며 감출수록 더하다.

버스가 다시 출발했다. 그르노블까지 250킬로미터는 고속도로를 타고 가는 길이라 주변 풍경은 쨍이어서 세 시간 동안 일행 모두의 이야기를 듣기로 했다. 어제 과음으로 인해 늘어진 몸도 회복해야 하므로 쉬고 싶은 것이다. 그런데도 그에 앞서 교회사 대강을 이야기하며 아비뇽 교황청의 연유를 설명했으니, 오늘의 내 소임은 마친 셈이었다. 한 명씩 차례로 앞으로 나와 이 기행에 대한 소감을 술회하기 시작했는데, 맨 앞자리에서 늘어진 내 몸은 허물어지기 시작하여 비몽사몽이 된다. 놀라움, 감동, 감사, 다짐에 관한 언어와 약속의 단어가 고해하듯 버스 안을 계속 떠도는 것 같았다. 그러더니 변재희 씨가 거의 울먹이며 본인의 아픈 과거를 고백했고, 삶을 다시 시작하겠다고 다짐하며 말을 맺었다. 그녀는 인테리어 디자인을 하면서 빈티지 가구를 서구에서 국내로 들여와 소개하고 판매하는 일을 한다. 그래서 곧잘 유럽을 여행하는 것으로 알고 있어 이곳 건축이나 풍경에 익숙하다고 믿었건만, 전혀 새로운 지경을 접한 모양이었다. 모든 이를 스스로 드러내게 하며 성찰하게 하는 이 여행, 마치 고해의 여정 같은 수도원 기행의 힘, 과연 어디서 비롯하는 건지 내가 알아내야 비로소 이 여정이 끝날 게다.

아, 그런데 이고은마저 이야기를 하다 말고 울었다. 그것도 놀랄 정도로 하염없이 울어 모두가 의아해했다. 여행이 끝나도록 그 이유를 물어보지 않았지만, 나는 연유를 짐작했다. 오랫동안 나를 도와 일하던 이고은은 한 번은 새 꿈을 꾸어보겠노라고 내게 양해를 구하고 한국을 떠났다. 새로운 삶은 때로는 잔인한 청구서를 내민다. 홀로 이를 치르느라 눌러둔 슬픔이 그리웠던 이들 앞에서 터진 것이다. 그러나 이 여행의 끝에 서면 자신을 다시 찾을 수 있을 게다. 그게 이 여행이 갖는 치유의 힘이다. 틀림없다.

그르노블

일행 모두의 고해성사 같은 발언이 끝날 무렵, 버스는 그르노블Grenoble 시내로 들어섰다. 동계 올림픽의 도시 그르노블은 알프스산맥 아래, 론강과 합류하는 이제르Isère강과 드라크Drac강이 만나며 만들어진 델타 지역에 형성된 마을로 2,000년의 역사를 가지고 있다. 스탕달Stendhal(1783~1842)의 고향으로도 알려진 이 도시는, 지도를 보면 사방이 산으로 막혀 있는 듯해서 옛날부터 군사적으로 중요한 입지 조건을 가졌다. 프랑스 알프스산맥을 관통하는 주요 교통의 교차로인 까닭에 산업적으로도 중요하여 군사적·종교적 세력 간에 이권을 놓고 늘 다툼이 일어날 수밖에 없었다. 지금은 지속 가능 산업의 기술 개발과 연구로 이름이 높다고 했다.

이곳을 숙박지로 삼은 이유는 이 도시 탐방이 목적이 아니라 내일 아침, 알프스산맥의 저편 아래, 여기서 30~40킬로미터 떨어진 곳에 위치한 그랑드 샤르트뢰즈 수도원을 탐방하기 위해서다. 험준한 지형을 거쳐 찾아가자면 새 힘이 필요하여, 그르노블에서 묵기로 했다. 스쳐 가는 곳이라 잠만 자려고 선택한 비즈니스형 호텔은 이제르 강변에 있는 그르노블 철도역 앞에 있었고, 구도심까지도 불과 1킬로미터 남짓하여 가까웠다. 그리고 오늘 저녁 식사는 그룹별로 한다.

나는 이충기 교수 조에 속했다. 이 교수가 넌지시 내게 어디로 가면 좋을지 물었다. 속도 불편하여 아침부터 따뜻한 국이 생각나던 터였는데, 그르노블에 한식당이 있다고 했다. 정해진 시간에 우리 조가 모여 그 집을 찾아가니 아니나 다를까, 또 모두 다 여기에 있었다. 한식당이 이곳 하나만 오픈한 까닭이었고 어제 모두 과음한 탓이니 누구를 탓하랴…. 그 한식집은 현지인이 경영하는 식당이었는데, 현지인에 맞춘 만큼 내게는 다소 불편한 맛이었지만 일행의 즐거움에 묻혀버렸다. 내일 일정이 중요하기도 해서 가능한 한 일찍 잠자리에 들기로 했다. 카카오톡 단체방에는 암석 산 위의 바스티유Bastille까지 케이블카를 타고 올라 찍은 사진들이 올라왔다.

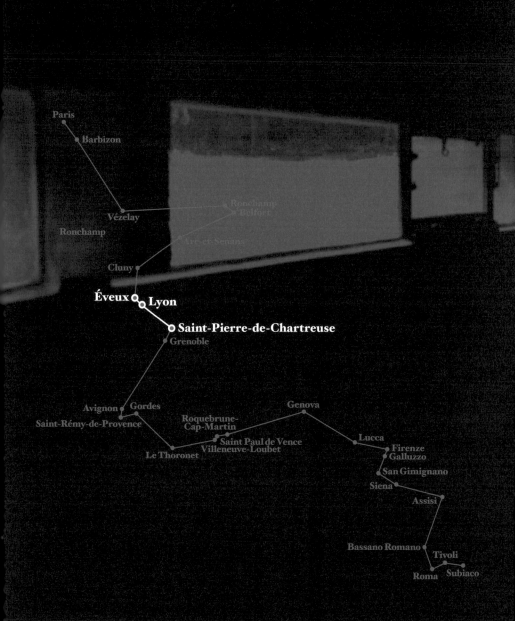

Paris
Barbizon

Ronchamp
Belfort

Vézelay
Ronchamp
Art-et-Senans

Cluny

Éveux Lyon

Saint-Pierre-de-Chartreuse

Grenoble

Genova

Avignon Gordes
Roquebrune-
Cap-Martin
Saint-Rémy-de-Provence
Saint Paul de Vence
Villeneuve-Loubet
Lucca
Le Thoronet
Firenze
Galluzzo
San Gimignano
Siena
Assisi

Bassano Romano
Tivoli
Roma Subiaco

제 11 일

완전한 침묵 속에서만 듣는 것이 시작되며,
언어가 사라질 때에만 보는 것이 시작된다

Saint-Pierre-de-Chartreuse 생 피에르 드 샤르트뢰즈
Lyon 리옹
Éveux 에브

FRANCE

클뤼니 •

AUVERGNE-
RHÔNE-ALPES

라 투레트 수도원 🖢 에브
• 리옹

그랑드 샤르트뢰즈 수도원 ●
생 피에르 드 샤르트뢰즈 •

• 그르노블

그랑드 샤르트뢰즈 수도원

4시 반에 눈을 떴다. 이 시간에 눈을 뜨면 더는 자지 못한다. 11시에 누워 도중에 세 번만 깼으니 그나마 괜찮은 잠이었다. 버스는 9시에 출발했다. 오늘의 일정은 이번 기행에서 가장 중요할지도 모른다. 그랑드 샤르트뢰즈 수도원을 들르고, 라 투레트 수도원에서 숙박한다. 사실 이 기행의 일정을 정할 때 라 투레트 수도원의 숙박 가능 여부가 핵심적인 사항이었다. 이 기행을 이끌기로 결심한 연초에 기행 일정을 확정하기 위해 무엇보다 라 투레트 숙박이 가능한지를 먼저 확인했다. 스물여섯 명을 받을 수 있는 날이 이즈음에는 오늘만 가능하다고 하여, 이 날짜에 라 투레트 수도원에서 숙박하기로 정하고 그 전후로 전체 일정을 짠 것이다. 라 투레트 수도원은 건축인, 특히 서구의 건축 학교 학생은 필시 한 번은 숙박을 경험해야 하는 곳이어서 평소에도 방문객이 많다. 그런데 지난 2016년 코르뷔지에의 다른 작품들과 더불어 유네스코 문화유산으로 등재되고 일반인도 숙박이 가능하다고 알려지는 바람에 단체인 경우 오래전에 예약하지 않으면 숙소로 삼기가 어렵게 되었다. 마이크를 잡았다.

"우리의 기행이 이제 종반으로 접어들었습니다. 오늘은 이번 수도원 기행을 구성하게 된 가장 중요한 장소를 향해 가는 날입니다. 먼저 수도원의 역사에서 새로운 지평을 열어 오늘날, 현대에 이르도록 깊은 영향을 미치는 그랑드 샤르트뢰즈 수도원Monastère de la Grande Chartreuse을 방문합니다. 전에 말씀드린 바와 같이 클뤼니 수도원이 성장하여 방대한 상태가 되자 그 번잡함을 떠나 베네딕토 규칙을 엄격히 지키며 오로지 침묵 속에서 수도에 정진하고자 랭스Reims의 브루노Saint Bruno(1030?~1101) 수도사가 1084년 여덟 명의 동료 수도사와 함께 프랑스 알프스의 깊은 산중에서 개척한 수도원이지요. 우리는 이미 이 수도회의 다른 형태를 방문한 적이 있는데, 피렌체 근교의 갈루초 수도원이었습니다. 갈루초 수도원의 본부가 바로 이 수도원입니다. 체르토사, 카르투지오, 카투샨, 차터하우스 모두 이곳 샤르트뢰즈의 지명에서 파생된 말이며 우리말로 봉쇄 수도원을 가리킵니다. 수도원 체제로는 클로이스터가 아니라 모나스터리라고 부르며, 스스로 작은 방에 갇혀 평생을 침묵 속에 오로지 성경 필사와 찬송으로 보내는 수도사의 공동체를 뜻합니다. 이들의 본부 격인 그랑드 샤르트뢰즈 수도원의 승방에는 이런 문구가 적혀 있다고 합니다.

우리의 가장 중요한 목표와 소명은 이 안의 침묵과 고독 속에 머무는 것이다.

그랑드 샤르트뢰즈 수도원 전경

저는 2012년 이곳에 처음으로 갔는데, 그르노블에서 직선거리로는 불과 30킬로미터에도 못 미치는 곳이지만 차로 한 시간 반이 족히 걸렸습니다. 그럴 만큼 지형이 험준합니다. 그러니 그 옛날 수도사 브루노는 이곳이 세상의 끝이라고 여겼을 겝니다. 이 수도원은 지금도 2킬로미터권 안에는 일반인 출입을 허락하지 않습니다. 우리는 수도원에서 2킬로미터 밖에 있는 박물관을 갈 뿐이지만, 그들이 선택한 땅의 풍경 속에 들어가는 것만으로도 그들의 고독을 공유할 수 있으리라 여겨 갑니다."

이 수도원은 1,000년 가까이 세월이 흐르는 동안 한 번도 외부에 문을 연 적이 없다. 그런데 1984년 독일의 영화감독 필립 그로닝Philip Gröning(1959~)이 이곳 수도원장에게 편지를 보낸다. 이 수도원을 다큐멘터리 영화로 만들고 싶으니 촬영을 허락해달라는 청원이었다. 그런데, 그 답장을 무려 16년 후에야 받을 수 있었다. 아직도 이 수도원을 찍을 의사가 있다면 와도 좋다는 답신이었고 조건이 있었다. 단 혼자만 오라는 것이다. 필립 그로닝은 홀로 촬영 도구를 챙겨 2002년 3월 이곳에 갔고, 두 번에 걸쳐 6개월을 머물며 영화를 찍었다. 그리고 그 필름을 편집하는 데 다시 2년 5개월이 걸려서, 2005년에야 비로소 개봉한 영화의 제목이 〈위대한 침묵〉Die große Stille(2005)이다.

이 영화는 러닝타임이 2시간 49분으로, 대사가 거의 전무하며 소리는 간혹 들리는 성가가 전부다. 어떻게 보면 지겹기 짝이 없는 영화인데, 나는 이 영화가 2009년 한국에서 개봉할 때 시사회에 해설자로 나설 것을 요청받

〈위대한 침묵〉 영화 포스터

아 응한 적이 있다. 시사회에 가기 전에 영화사에서 제공한 DVD로 영화를 혼자 미리 보아야 했는데, 이 긴 러닝타임이 내게는 눈 깜짝할 사이에 끝이 났다. 이 수도원 건축에 관해 알고 있던 차였고 수도원 평면을 떠올리며 수도사들의 동선을 입체적으로 이해할 수 있었던 탓도 있겠지만, 영화 후반부에 들어가면서 수도사들의 침묵이 마치 그들의 언어처럼 들리는 착각에 빠졌던 것이다. 침묵은 말에 속하며 그 침묵을 통해서 말은 건축으로 나아간다는 막스 피카르트의 또 다른 말이 영화를 보는 내내 떠올랐다. 그리고 피카르트는 급기야 건축에 대해서도, 건축은 말 속에서 함께 침묵되며, 따라서 고독하지 않다고 단언했다.

　수도사들의 침묵은 바로 그들 영혼이 건네는 언어였고, 그들이 기거하는 공간의 형식은 그들 영혼의 존재 방식이었다. 영화에 등장하는 수도사는 원장부터 신입 수도사에 이르기까지 십수 명이다. 그리고 이들의 삶을 위해 식사를 만들고 옷을 짓고 이발을 담당하는 이들도 나온다. 아프리카인도 있고 아시아인도 있는데, 나중에 보니 수도원장과 면담하는 도중에 서울로 돌아가겠다는 말을 하여 그 가운데 한 사람이 한국인 수도사인 걸 알았다. 또 어떤 나이 든 수도사는 장님이며 곧 죽음을 앞두고도 있지만, 모든 일에 감사하는 마음이 그의 오래된 몸에 철저히 배어 있다. 이를 보면 가진 게 엄청나게 많으면서도 만족하지 못하는 우리 자신을 부끄러워할 수밖에 없다. 이 영화의 모든 것에 하나의 일관된 단어를 떠올릴 수 있었다. '평화'였다. 평화….
　살을 에는 듯한 알프스의 겨울 추위로 떠는 모습에는 애처로움을 금할 수 없지만, 한 달에 한 번 주어지는 외출 때 모두 눈밭에서 미끄러지며 웃는 천진난만한 모습에 나는 얼마나 위로받았는지 모른다. 아니다. 어쩌면 그 순진함이 더 슬퍼서 그랬을 수도 있을 게다. 그러나, 우리가 누리는 일상의 행복은 그들의 행복에 비하면 너무도 얇고 희미하며 헛되다는 것을 영화가 끝나면서 서서히 알게 된다. 영화에는 이 문구가 반복되어 나타난다.

가진 것을 다 버리지 않으면 내 제자가 될 수 없다.

아마도 성경의 마태복음 제16장 24절의 내용일 게다. 이렇게도 쓰여 있다. 예수 그리스도의 말이다.

아무든지 나를 따라 오려거든 자기를 부인하고 자기 십자가를 지고 나를 좇을 것이니라

우리는, 그렇게 세상을 버린 자들, 자기 스스로까지 부인한 자들, 그래서 끝내 스스로를 추방한 자들, 이들이 얻은 평화의 향기라도 맡고자 그 앞까지만이라도 간다고 말하며 마이크를 내려놓았다.

세상의 끝, 세상의 경계 밖에 거주하기로 결단하고 세상의 풍경이 없는 곳까지 가서 기어코 거기에 거주하는 이들의 장소를 찾는 일은 늘 특별했다. 2017년 동숭학당의 여름 기행은 '기억과 신화 속, 자유를 향한 행선'이

1541년에 지은 메테오라의
발람Varlaam 수도원.
메테오라에서 두 번째로 큰
이 수도원은 성인들의
수도원으로 불리는데,
접근 수단은 오로지 도르래였다

라는 주제로 그리스를 여행했다. 아테네 멸망 이후 무려 2,000년이 넘는 세월 동안 국가를 가지지 못한 그리스인들이 부르짖는 자유를 공감하고자 구성한 이 여행은 같이 간 어느 누구보다 내게 깊은 감동을 주었다. 세계의 문명을 열어 오늘날 지성의 기반을 구축했지만, 역사의 격랑은 그들에게 오랫동안 자유를 허락하지 않았다. 그래서 종교가 그들을 위로했을까, 그리스 땅과 섬 곳곳에 정교회의 뿌리는 깊었다.

전체 일정 속에 수도원을 굳이 포함했다. 그리스 북부 칼람바카Kalambaka 지역의 메테오라Metéora. 공중에 달려 있는 곳이라는 뜻의 메테오라는 마치 바위를 수직으로 깎은 듯 기괴한 봉우리들이 집단으로 모여 특별한 풍경을 이루는데, 그 봉우리 위에 수도원이 있다. 애초에 수도하고자 세상을 버리고 광야로 나간 수도사들이 절벽 동굴을 찾아 기거한 게 수도원의 초기 형태였다. 그런데 이곳은 그 절벽의 봉우리 위에 굳이 건축을 한 것이다. 14세기 무렵 비잔틴제국이 이슬람 세력에 의해 패퇴를 거듭하자, 위협을 느낀 수도사들은 절대 고도 같은 이곳에 수도원을 짓고 세상과 결별했다. 로프와 나무 사다리를 늘어뜨려서만 겨우 세상과 이어지고, 경우에 따라 그 줄을 거두어 세상과 단절했다. 세상보다는 하늘이 더 가까운 이 수도원, 이곳의 수도사들이 보는 세상의 바다는 고통과 시름의 바다였을까. 수없이 많은 가파른 돌계단을 숨 가쁘게 올라 그 높은 봉우리 위에서 본 파노라마의 세상은, 그러나 내 눈에 더욱 아름답게 보였으니 나는 확실히 세상에 속한 자였다.

메테오라의 수도원이 세상의 경계에서 가장 높은 곳이라면 샤르트뢰즈는 가장 낮고 깊숙한 곳 아닐까. 버스는 굽이굽이 산을 돌아 계곡 속으로 빠지는 듯 들어갔다. 깊어서 끝이 없는 듯한 알프스의 길은 한참을 이어지다가 이윽고 두 갈래에서 멈췄다. 왼쪽은 수도원으로 오르는 길이며 오른쪽은 박물관으로 향한다. 수도원으로 향하는 길 앞에는 침묵이라고 쓴 팻말이 마치 날카로운 비수처럼 나를 겨눈다. 침묵하지 못하는 자는 돌아가시오. 나는 그 길로 들어설 수 없다. 바람마저 서늘했다. 알프스의 만년설이 내리는 기운이겠지만 참으로 시렸다. 하는 수 없이 아랫길로 내려가 박물관을 찾았다. 입구에서 만난 안내자는 이 박물관 영역도 수도원의 일부라고 누누이 강조한다. 수도원에 못 들어가 섭섭해진 심사를 달래려는 게 틀림없다. 박물관 안에는 수도원의 승방 몇 개와 채플 하나를 재현해놓았고, 수도원에 관한 기록과 여러 시설을 조직적으로 전시하고 있었다. 6년 전에 왔을 때보다 내용이 훨씬 풍부해졌다. 그러나 아무리 잘해놓은들 가짜다. 내 완악한 마음이 감동할 리가 없다. 차라리 박물관 전시보다는 바깥 풍경이 수도원을 더 잘 설명하고 있었다. 절대 고독의 장소였다. 바람 소리만이 이따금 들려 고요하고 거룩했다. 저 밖은 속된 곳. '파눔'Fanum이라는 단어가 문득 생각이 났다.

기원전 1000년경 솔로몬이 지은 예루살렘 대성전을 추정한 도면을 보면, 담장으로 한정된 직사각형의 평면이 있고 그 속에 지성소를 핵으로 하여 주위를 사각의 겹들이 둘러싸서 엄격한 위계를 나타낸다. 이 모두를 가리켜 파눔이라고 하며, '경건한 곳' 즉 '성전'이라는 의미를 가진다. 서쪽 외벽의 가운데에 있는 출입구 밖, 파눔으로 들어가기 전의 공간을 '프로파눔'Profanum이라고 하는데, 이게 속됨을 뜻하는 영어 '프로페인'Profane의 어

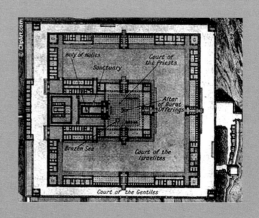

솔로몬 왕이 만든
예루살렘 옛 성전을 추정해 그린 도면.
명확한 위계질서를 지닌 공간이다.

사방을 완전히 위요하는 프랑스 알프스 준령

왼편은 수도원으로 가는 길인데,
수도사 외에는 출입이 금지되어 있다.
오른편 길은 박물관으로 향한다.

원이다. 그러니 경건함을 취하고자 하면 반드시 영역을 달리해야 하며 경계를 건너야 한다. 교회라는 단어는 원어로는 '에클레시아'Ecclésia여서 건물이 아니라, '콜링 아웃'calling out 즉 '부르심을 입은 자들'이라는 뜻이니 이 또한 어느 영역에서 불림을 받아 다른 영역으로 모인 이들을 의미한다. 이 역시 경계의 문제다. 그래서 경건함이란 이 속된 세상에서 스스로를 추방하여 얻을 수 있는 것이다. 브루노 수도사는 속된 세상으로부터 완전히 벗어나고자 깊은 알프스 산속으로 굳이 왔다. 그래서 이 장소는 수도원 건물이기 이전에 이미 경건한 곳이며 파눔이다. 깊이깊이 숨을 쉬었다.

박물관은 그래도 전시를 밀도 있게 구성하고 있었다. 재현한 수도사 방에는 가구와 성경 필사본도 비치하고 있다. 가구야 이리저리 옮겨 다녀도 되니 진정성을 탓할 수 없어 그 간결한 결구의 아름다움을 감상하는 데 무리가 없었다. 세상 여러 곳에 있는 카르투지오 수도회의 수도원을 그린 지도와 조감도 등도 충분한 볼거리가 되었다. 특히 나같이 지도를 보면 상상의 날개가 걷잡을 수 없이 커지는 자에게는 흥미진진했다. 그러다 놀라운 지도 하나를 보았다. 바로 카르투지오 수도원을 표시한 세계 지도였는데, 유럽에는 위치 표시가 밀집해서 찍혀 있었고 아시아에서는 오로지 한반도에만 두 군데 찍혀 있었다. 경북 상주시와 충북 보은군의 카르투지오 수도원일 게다. 앞서, 영화 〈위대한 침묵〉에 한국인 수도사가 등장한다고 했다. 그는 신입 수도사로 들어와 의복을 챙겨 입는 장면에서 보이고 나서 한동안 화면에 나타나지 않다가 거의 마지막 부분에 등장하여, 아마도 원장인 듯한 이가

박물관 안에 설치된 실물 크기의 수도승방.
아무리 잘 만들었어도 진정성이 있을 수 없다.

어디로 가느냐고 묻자 서울로 간다고 대답했다. 나는 영화를 처음 보았을 때, 한국인 수도사가 이 수도원의 삶이 하도 고되어서 수도 생활을 접고 환속하는 것으로 이해했다. 그러나 그는 정해진 기간의 훈련을 마친 후 한국 땅에 있는 나 같은 속된 자를 구원하고자 거친 곳으로 돌아가는 것이었다. 그러니 나는 그저 내게 유리하고 편리한 방향으로만 모든 걸 이해하고 있었다. 속되고 교만하고 우둔하고 덜된 자여….

　박물관에 부설된 상점에서는 이 수도원에서 제조한 독주를 판다. 전에 왔을 때 알코올 도수로 40도와 55도의 독주를 사서 마신 적이 있다. 두 가지 술이 역시 있을 것으로 여기고, 이를 사러 진열대에 섰는데 이번에 다시 보니 무려 69도짜리가 있었다. 69도의 증류주를 만든다는 것은 모든 불순물을 제거하여 가장 순수한 액체를 결정짓도록 하는 최고의 정제 기술이 있다는 뜻이다.

　오래전인 2006년 시베리아 횡단 열차를 타고, 돌아가신 이윤기 선생 등 문화 예술계 인물들 중심으로 20여 명이 함께 여행한 적이 있다고 앞서 말했다. 나중에 컬처그라퍼 출판사에서 이 여행의 기록을 모아『북위 50도 예술여행』(2010)이라는 제목으로 책까지 냈다. 여행 멤버가 다양했지만 시대에 대해 서로 공유하는 바가 많아서 모두 매일 보드카를 마시고 마시며 다녔다. 그러다가 러시아인에게 보드카의 존재는 무슨 의미인지 논쟁이 붙었다. 심각할 리 없는 이런 논쟁은 꿈이야, 삶이야, 하는 시답잖아 보이는 이야기로 늘 시작된다. 농담 같은 이야기가 왁자지껄 돌고 난 후 이윤기 선생이

그랑드 샤르트뢰즈 수도원에서
주조한 증류주. 69도와 55도 두 종류가 있다.
서양에서 스피리츠라고 부르는 증류주를
우리는 왜 독주라고 했을까?

이렇게 말했다.

"이런 독주류를 보통 리쿼liquor라고 하는데, 어떤 분류표를 보면 스피리츠spirits라고 표기되어 있기도 합니다. 그렇습니다. 러시아인에게 보드카는 바로 영혼입니다."

무릎을 쳤다. 역시 탁월한 코멘트였다. 6년 전 이 수도원의 뮤지엄 숍에서 이 술을 보았을 때 신생의 이야기가 바로 떠올랐다. 1602년부터 수소했다는 이 독주는 여기서는 당연히 스피리츠라 불러야 했다. 수도사들의 영혼, 침묵으로 빚은 음료인 게다. 술은 부드럽지만 독했다. 그리고 뮤지엄 숍에서 〈위대한 침묵〉 DVD를 하나 더 샀다. 케이스에 이렇게 쓰여 있었다.

완전한 침묵 속에서만 듣는 것이 시작되며, 언어가 사라질 때에만 보는 것이 시작된다.

불안

버스는 리옹Lyon으로 향했다. 라 투레트 수도원을 가기 전에 점심 식사를 하고자 리옹의 손Saône 강변 구시가지에 있는 식당을 예약했다. 버스를 타고 가는 동안 이충기 교수에게 약속한 강의를 하게 했다. 그는 준비된 자료를 또 배부하고 30분간이나 라 투레트 수도원에 관한 강의를 했다.

이충기 교수는 교수 이전에 좋은 건축가이며, 학교에서 주로 설계 스튜디오를 담당한다. 아마 학교에서도 참 좋은 선생일 게다. 그러나 학자라기보다는 작가적 입장에 있는데, 이번 강의는 학자적 입장이었다. 이렇게 촌평하니 그 둘이 어떻게 다른지 묻는다. 학자는 아는 것과 읽은 것을 말하지만, 작가는 믿는 것과 느낀 것을 말한다고 대답했다. 맞는 대답인지는 몰라도, 그래서 나는 좋은 선생은 되지 못한다고 오래전에 깨달은 바 있다. 내가 믿기로는, 우선 좋은 선생은 좋은 재능을 가지고 가르치는 이가 아니라 학생들과 오랜 시간 같이 있어 줄 수 있는 사람이다. 나같이 실무뿐만 아니라 다른 여러 영역에서 시간을 소모하는 자는 선생이어도 불과 강의 시간만 학생과 같이할 뿐이니, 결코 좋은 선생일 수 없음을 늦게 깨닫고 학교에서 정기적으로 가르치는 일을 바로 그만두었다.

게다가 내가 하는 말은 학문을 기반으로 삼지 않는다. 내가 지닌 생각, 믿음, 신념, 이런 것이 바탕이니 내 말은 늘 주관적이다. 다른 말로 하면, 시시때때로 아집과 지극한 편견에 사로잡혀 있다. 그러니 누구에게나 통용되는 보편적 진리를 말할 자격이 없으며, 쏟아내는 말이 오류로 인해 진실이 아닌 경우가 허다할 게다. 그래서 강의를 하거나 글을 쓸 때도 '나'라는 일인칭을 쓰는 일이 잦다. 이런 나를 두고 소설가 김훈 선생이 '나라는 말을 쓰는 걸 보면, 승효상은 늘 소수며 그래서 불안한 자'라고 평한 적이 있다. 맞는 말이다. 비록 건축가로서 이름이 나 있다고 해도 한국 건축계의 주류를 따르지 않으니 소수에 속할 뿐이며 사회 일반에서도 대다수의 흐름을 따라가지 않는 행태를 보이니 또 소수여서, 내 소수적 의견이 다수의 관습과 규례를 벗어나기에 항상 불안한 것이다.

그렇지만… 건축가라면 그래야 마땅하지 않을까? 더구나 새로운 삶을 살겠다고 설계를 부탁하는 이들에게 관습과 규례로만 설계된 도면을 주는 것은 건축가의 직능을 배반하는 일이라고 믿는다. 또한 내가 설계한 집에서 살게 되는 이들이 혹시 설계가 잘못되어 잘못된 삶을 살면 어떻게 하나 늘 초조하고 불안하여, 그렸다가 지우고 다시 그리고 또 지우며 이러지도 저러지도 못한다. 그래서 결정 장애, 실패에 대한 강박은 내게 붙은 형벌적 훈장이며, 이는 건축을 하는 이상 떼어놓을 수 없다. 이를 숨기려 가끔 오버 제스처까지 쓰니 그 과장의 끝 무렵에 나는 늘 슬프다. 그래서도 소수다.

코르뷔지에도 그랬을 게다. 그의 스케치를 보면 알 수 있다. 그의 스케치 대부분에서 많은 선이 중첩되어 나타나며, 단선이라 해봐야 확신으로 그어진 게 아니라 힘이 없어 가다가 끊어지며 주저한다. 차 있는 것보다 비운 게 더 많은 자코메티의 선도 한없이 중첩되어 있다. 조각가 알베르토 자코메티 Alberto Giacometti(1901~1966)와 연극 〈고도를 기다리며〉를 쓴 극작가 사무엘 베케트 Samuel Barclay Beckett(1906~1989). 이들의 작품 세계를 비교하며 쓴 책 『공허 속에서의 대화』 Dialogue in the Void(매티 메지드 Matti Megged 지음, 1985)를 보면, 이 두 세기적 작가에게 작품의 원동력은 실패에 대한 두려움이며 그 불안이 그들의 작업에 내내 내재한다고 밝힌다. 나는 오래전 이 책을 읽고 얼마나 위안을 받았는지 모른다.

쿠튀리에 신부

무신론자인 코르뷔지에가 롱샹 성당을 설계하여 한창 짓고 있던 1953년, 롱샹 성당 설계를 의뢰한 쿠튀리에 신부로부터 라 투레트 수도원을 맡아달라는 부탁을 받는다. 알랭 쿠튀리에Alain Couturier(1897~1954)라는 사람. 그는 제1차 세계대전에서 부상당해 후송된 후 도미니크 수도회에 들어가 신부가 되었지만, 원래 예술가가 되려 했기에 미술에 조예가 깊었다. 그런 까닭으로 쿠튀리에 신부는 성聖 미술에서 성당 건축에 이르기까지 전후 서양의 종교 미술에 새로운 물결을 만들며 크게 공헌했다. 그가 코르뷔지에를 처음 만난 1948년, 열 살 차이인 이 둘은 마르세유 근처 라 생트 봄La Sainte Baume의 동굴 성당을 설계하기로 의견을 모았다. 하지만 수도회 위원회와 관료들의 반대로 이 일이 무산되면서 코르뷔지에는 상처를 입은 모양이다. 1950년에 쿠튀리에 신부가 코르뷔지에를 다시 찾아가서 롱샹 성당을 부탁했는데, 2년 전의 불쾌한 일을 기억하던 코르뷔지에가 자신은 신자가 아니니 신자 건축가를 찾아가라고 면박을 주었다. 그러나 건축가를 찾고 있지 신자를 찾고 있지 않다는 쿠튀리에 신부의 말에 끝내 설득당해, 결국 희대의 명작이 되는 롱샹 성당 설계를 맡았고 이 특별한 두 사람은 현대 건축사에 위대한 족적을 남긴다.

그리고 1952년 10월, 리옹 근처에 수도원을 짓는다는 소식을 들은 쿠튀리에 신부는 리옹의 수도회 감독에게 편지를 보내 건축가 교체를 강력히 요청했다. 이미 설계가 끝났고 정부 허가도 받은 상황에서 이를 뒤집으라는

무리한 요구에 뜨거운 논쟁이 일었다. 쿠튀리에 신부의 태도는 너무도 완강했으며, 수도회가 일을 그냥 진행하기에는 그의 영향력 또한 무시할 수 없었다. 놀라운 것은, 기존에 설계를 완성한 건축가 모리스 노바리나Maurice Novarina(1907~2002)가 15년 전에 쿠튀리에 신부와 협력하여 아시Assy 성당을 지은 바 있었다는 사실이다. 마티스Henri Émile Benoît Matisse(1869~1954)의 그림으로도 유명한 이 성당의 건축이 성공적이라는 평을 들었는데도 쿠튀리에 신부는 굳이 코르뷔지에를 고집한 것이다. 논란이 심해지자 쿠튀리에 신부는 1953년 2월 3일 리옹 관구 수도회 회의에 출두하여, '신자는 아니지만 재능 있는 건축가를 뽑을 것'을 주장하고 급기야 건축가를 다시 선정하기 위한 투표를 하도록 만든다. 결국 이 회의는 찬성 일곱, 반대 넷, 기권 하나의 표결로 코르뷔지에에게 설계를 맡기는 '세기적' 결정을 내리고 말았다.

그러나 코르뷔지에는 정작 이런 과정과 사실을 전혀 모르고 있었다. 코르뷔지에가 라 투레트 수도원의 건립 장소를 찾은 때가 1953년 5월이었으니 그 회의가 열린 직후였으며, 현장에서 그는 "이런 곳에 아무 목적도, 의의도 없는 수도원을 짓는다면 그것은 죄악이다"라고 일갈했다. 모리스 노바리나의 고전적이며 관습적인 형태의 설계를 알고 한 말인지는 알 수 없지만, 아마도 당시 짓고 있던 롱샹 성당의 성취에 힘입어 그와 연계된 이미지를 이미 갖고 있지 않았을까…. 내 추측이긴 하지만, 그럴 개연성이 짙다.

쿠튀리에 신부는 라 투레트 수도원의 설계를 부탁하며 '조용하며 많은 사람의 영혼이 안식을 얻을 수 있는 곳'이면 좋겠다고 말했고, 프로방스의 르 토로네 수도원을 가보고 그곳에 흐르는 정신을 참조해줄 것을 당부했다.

코르뷔지에는 당시 예순여섯의 나이에 이른 세계적 거장이었다. 그러나 그는 르 토로네 수도원에서 충격을 받는다. 그 건축을 가리켜 '진실의 건축'이라고 하며 롱샹 성당의 성취를 버렸다. 오히려 그가 건축을 시작하며 선언한 각종 원칙과 질서를 다시 끄집어냈으며, 자신이 숱하게 약속한 말들을 되새겼고, 그리고 르 토로네 수도원 건축이 이룬 정신에 모든 것을 버리며 투항했다. 투항. 그랬다. 바로 그 지점에서, 내가 믿기로는 20세기가 만든 가장 위대한 건축인 라 투레트 수도원을 그가 그린 것이다.

1953년 9월에 기본 계획안이 수도회에 제출되었다. 수도회의 신부들은 코르뷔지에가 제출한 설계가 르 토로네 수도원과 비슷하다는 것을 알았다. 비슷하다고 말하면 모욕적이라고 생각해서인지, 은거하는 수도사를 위한 시토회 수도원 양식은 대중 속에 파고 들어가 선교하는 도미니크 수도회 정신에 부합하지 않는다고 평하며 제출된 안이 르 토로네 수도원과 닮았음을 은근히 비꼬았다.

도미니크 수도회는 성 프란체스코 수도회와 같은 시기에 스페인 출신의 도밍코 펠릭스 데 구즈만Domingo Felix de Guzman(1170~1221)이 설립한 수도회로 진리 탐구와 청빈한 삶을 강조한다. 특히 이단에 대한 판단을 위해 엄격하게 교리를 연구하고 공부하는 수도회여서, 설교자의 수도회라고도 불릴 정도로 경전에 밝았다. 불교로 치면 시토회는 선종이요, 도미니크회는 교종이라고 할까. 그러니 은수자의 삶을 사는 시토회의 수도원을 닮은 듯한 설계안에, 지식이 많다고 뻐기는 이들이 으레 하는 식의 하대가 있었을지도 모

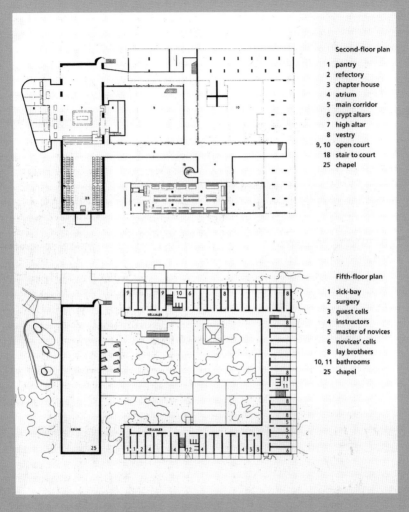

시토회 수도원의 평면 구성과
유사한 라 투레트 수도원 평면도

른다.

　그러나 그 닮음이 결코 베끼거나 훔친 게 아니라, 고전에 대한 경외와 진실을 향한 겸손의 결과였기에 이 가치의 숭고함을 확신한 노장은 물러서지 않았다. 르 토로네 수도원을 가보라고 강권한 쿠튀리에 신부의 적극적인 지원도 있었다. 긴 설득 끝에 설계안은 결국 받아들여졌고, 3년이 지난 1956년 9월 드디어 공사가 시작될 수 있었다. 그러나 까다롭기 그지없는 디테일, 늘 어만 가는 공사 기간, 따라서 턱없이 부족한 예산 등등으로 우여곡절을 겪고 난 후인 1960년 10월 19일에야 이 걸작은 드디어 완공되어 성대한 헌당식을 가진다. 헌당식에 참석한 기자 한 사람이 코르뷔지에에게 질문을 던졌다. 무례했다. 가톨릭 신자도 아니면서 신념과 다른 이 건축을 어떻게 설계할 수 있었느냐고, 그리고 롱샹 성당보다 후퇴한 듯한 디자인 아니냐고 물었다. 코르뷔지에는, 건축가를 필요로 하는 곳에서 건축가로서 필요한 일을 했을 뿐이라고 담담하게 대답했다. 그가 세상을 버리기 5년 전이었다.

라 투레트 수도원

리옹에서 출발한 버스는 서쪽으로 내가 가보지 않은 새로운 길을 택해 라 투레트 수도원Couvent Sainte-Marie de La Tourette에 도착했는데, 전과 달리 수도원 입구까지 가지 못하고 아랫마을의 주차장에서 우리를 내려주었다. 아마도 유네스코 문화유산으로 등재된 이후에 이 수도원을 찾는 차가 많아진 까닭일 게다. 짐을 끌고 쇄석이 깔린 길을 따라 입구로 갔다. 동쪽을 향한 입구에는 상징적인 문이 있다. 수도원의 땅은 경사져서 내려가는데, 길에서 짧은 다리를 건너기 전 콘크리트로 가볍게 프레임을 만들어 세웠다. 높이는 틀림없이 2.26미터다. 코르뷔지에가 자기 손을 들면 닿는 높이. 어쩌면 르 토로네 수도원 성당의 낮은 입구와 같다. 우리로 치면 불로문일까….

입구에서 수도원의 신부로부터 통상적인 안내 멘트를 들은 후 승방의 키를 모두 건네받았다. 7시에 식당에서 모두 모여 식사를 한다고 했고, 내가 보탰다.

"드디어 이번 수도원 기행에서 가장 중요한 지점에 왔습니다. 지금부터 각자 열쇠를 받아, 들어가서 자유롭게 시간을 보내시면 됩니다. 6시 반에 본당에서 저녁 기도가 있는데, 참예하셔도 좋습니다. 지하 경당을 여는 열쇠도 받았으니 열어놓겠습니다. 내일은 가는 거리가 멀어 8시에 떠납니다. 지금부터 그때까지 이 수도원의 안팎에서 줄곧 시간을 보냅니다. 한 가지 당부가 있습니다. 침묵입니다. 이곳을 떠날 때까지 주어진 시간을 침묵 속에서 보내시기 바랍니다."

나는 방으로 가 짐을 풀고 샤워실로 가서 몸부터 씻었다. 그리고 다시 입구로 내려와 수도원 공간을 찬찬히 돌기 시작했다. 오라토리움oratórīum. 쿼드랭귤러 피라미드quadrangular pyramid. 정확히 가로세로 5.49미터 사각뿔 속 공간은 수도사들이 수시로 모여 기도와 찬송을 하는 곳이다. 15년 전의 기

경사진 지형과 대비를 이루며 떠 있는 듯한 수도원

콘크리트 프레임으로 만든
단순한 정문이지만,
이 문을 들어서고 나서는
순간이 애틋하다.

오라토리움.
수도사들이 모여
성가를 부르는 곳이며
소리의 효과가 탁월하다.

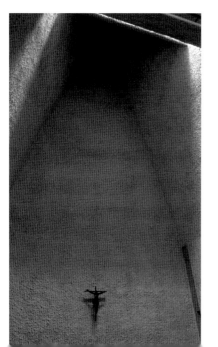

억이 생생히 살아났다. 15년 전, 박노해 시인이 주도하는 '나눔문화'의 수도원 기행을 이끌어 이곳에 온 적이 있다. 많은 동행이 있었는데 임옥상 부부도 참가했다. 그런데 서울을 떠나기 직전, 임옥상 형이 내게 상의를 해왔다. 미뤄온 결혼식을 이번 여행 중에 치를 수 있으면 좋겠다고, 그 방법을 물었다. 나는 즉각 라 투레트 수도원에서 하자고 했다.

일행에게 미리 알리지 않았다. 라 투레트 수도원을 들어가면서 그 계획을 알리고 협조를 구했는데, 모두 즐거워하며 미리 축하 세례를 건넸다. 그리고 수도원에 사정을 설명하고 오라토리움을 잠시 빌려 사용할 수 있는지 물어 승낙을 받았다. 6시에 모두 오라토리움에 모였다. 나는 준비해온 슈트로 갈아입었고 신랑과 신부는 예복과 드레스로 단장하고 내려왔다. 갑작스러운 발표에 일행이 당황했지만, 그중 몇 사람에게는 내가 특별한 역할을 부탁했다. 모두 기꺼이 받아들이며 이 예식에 참여했다. 오라토리움의 제단을 가운데 두고 모두 둘러서서 내 사회로 예식을 진행했다. 박노해 시인은 즉시 지은 축시를 낭송하고, 한국예술종합학교의 김봉렬 교수는 축가를 불렀다. 열화당의 이기웅 사장은 참 아름다운 말로 축사를 하고, 여성들은 수도원 주변에서 구한 꽃으로 화환을 만들어 선사했다. 느닷없고 짧았지만, 이 아름다운 결혼식에 신부는 울음을 터트렸고 우리는 축하의 말을 거듭하며 축복을 건넸다. 다음 날인 일요일 아침 미사에서 수도원의 주임 신부로부터 축복의 기도까지 받았으니, 비록 수도원 규율에 따라 그날 밤 떨어져 자야 했으나 임옥상·김희경 부부는 이곳을 평생 잊지 못할 것이다.

본당으로 가는 동선은 세 가지 루트가 있는데, 하나는 출입구 옆 계단을 내려가 가운데 중정을 통과하는 복도를 통하는 것이고, 또 남쪽의 계단을 내려가 식당을 거치는 루트가 있으며, 출입구 층의 긴 통로를 따라 남쪽 계단으로 한 층을 내려가는 방법도 있다. 세 번째 루트가 좋다. 마치 성소를 향해 긴 여행을 하는 것 같아서다. 눈높이에 놓인 기다란 수평의 창이 동쪽 벽을 단호하게 가르며 행로를 만드는 길을 지나 계단으로 내려가 성당으로 향하는 복도 끝에 서면, 오른쪽 창의 리드미컬한 창살이 만드는 빛과 그림자가 바닥에 음표처럼 펼쳐진다. 르 토로네 수도원 회랑의 빛과 그림자가 만들었던 그 장엄한 음악의 현대적 버전 같다. 크세나키스^{Iannis} Xenakis(1922~2001)라 하면 대개 전자 음악과 컴퓨터 음악을 바탕으로 한 현대 음악 작곡가로 알고 있지만, 원래 아테네에서 건축을 공부한 건축가였고 코르뷔지에 문하에서 일하면서 이 악보 같은 라 투레트 수도원의 창살을 디자인했다.

바닥은 식당을 지나면서 경사로로 변한다. 천장도 갑자기 낮아져 앞으로 쏠린 몸이 더는 뒤로 가지 못한다. 그 강제된 통로의 끝에는 놋쇠로 된 검은 문이 닫혀 있는데, 마치 굵은 목소리로 말하는 듯했다. '여기는 거룩한 땅이니 네 신발을 벗으라….' 숨을 죽이며 문을 여는데, 육중한 문이 회전하여 사각의 입구를 가르며 섰고, 아… 그 안, 어둠 속에 드러난 공간은 완벽히 다른 세계다.

나는 이 건축을 수도 없이 베끼고 외웠으므로 누구보다 이 건축에 대해 자신이 있었고 모든 것을 다 안다고 말하고 다녔는데, 라 투레트 수도원을

본당을 가기 위해서 거치는 복도,
코르뷔지에는 이를
건축적 산책로라 불렀다.

본당 입구

가장 대표적인 사진이며 빛과 어둠으로 인해 시시각각 이루어지는 변화가 극적이다.
그러나 나는 이 빛마저 사라진 한밤중의 공간,
아주 희미하게 남은 빛이 공간을 훑고 남긴 흔적에서 더 전율했다.

처음 본 1991년 여름, 이 검은 공간으로 발을 디딘 순간 심장이 멎는 듯한 충격에 빠졌다. 내 상상은 관습이었고, 지식은 헛된 것이었다. 다른 세계였다. 이 말밖에는 할 수 있는 말이 없었다. 폭 12미터, 길이 42미터, 높이 12미터? 아니었다. 공간은 무한이었다. 암흑. 그 속을 뚫고 비수처럼 들어온 빛은 시간에 따라 천차만별의 조화를 부리며 암흑을 농락했다. 그때마다 벽은 거친 표정을 바꾸며 숨을 쉬었고 바닥은 때에 따라 내려앉는 빛을 산란시키며 모든 순간을 받았다. 견고했다. 그리고 가운데 올려진 단 위에 놓인 제단은 마치 태고의 고원 위에 놓인 최초의 돌같이 빛났다. 음성이 들렸다. '나는 빛이요, 길이요, 진리요, 생명이니….'

정신을 차려 주변을 보면 그제야 노랑·초록·빨강의 색이 보이고, 콘크리트 의자들의 정교한 디테일이 눈에 띈다. 빛의 대포라고 하는 천창도 보이고, 제의실과 기도실의 아름다운 곡선도 느껴진다. 그러면, 비로소 위안이 찾아드는 순간이 온다. 수도사의 장의자 끝에 몸을 기탁하면 드디어 침묵의 세계로 들어가 영혼과 육체는 같이 탐닉한다. 오로지 사유만이 깊게 흐르는데 끝내 내 가슴 깊은 곳에서 오르는 소리, 나를 불쌍히 여기소서….

여기 온 게 이번이 여덟 번째여서 그 옛날의 충격을 다시 받지는 않지만, 이 공간은 변함없이 내 근본을 묻고 있었다. 일행이 띄엄띄엄 앉아서 침묵하며 이 공간의 신비를 깨닫고 있었고, 공지영 씨는 건너편 장의자에 앉아 깊은 기도에 묻혀 있었다. 그때, 저녁 기도회를 시작하고자 다섯 명의 수도사들이 들어왔다. 하얀 수도사 복장은 지극히 깨끗했다. 그리고 시작된 의

태초에 말씀이 계시니라 (…)
그 안에 생명이 있었으니
이 생명은 사람들의 빛이라

본당

식, '베스퍼스'Vespers는 이 공간을 환히 밝히며 피어올랐다. 프랑스어와 라틴어가 섞인 듯한 언어가 공간의 어두움을 가르는 빛과 부딪혔고, 새로이 된 빛은 더욱 빛났다. 적어도 아흔 살은 족히 되어 보이는 원장 신부가 고운 테너의 높은음으로 선창하여 이루어지는 아카펠라의 음색은 거친 벽에서 반사되어 아름답고 아름답게 공간을 채우고 넘쳤다. 꿈결인 듯, 저녁의 기도가 끝났다. 수도사들이 나갈 때까지 머리를 숙이고 성당을 나왔다.

　지하 경당으로 내려가니 벌써 많은 일행이 들어와 경당의 엄숙하고 진정한 분위기에 또 압도당하고 있었다. 이 공간을 찾기는 쉽지 않다. 출입문 옆의 작은 문을 통해야 하며, 제의실에서 내려가 성당을 가로지르는 좁은 통로도 거쳐야 한다. 그러나 이곳에 들어가면 또한 놀라운 공간 체험이 기다린다. 일곱 개의 제단이 경사진 지형에 따라 단을 지으며 배열되어 있는데, 그 위로 둥근 천창을 통해 빛이 내려앉으며 전체를 밝힌다. 수도사들이 개인 미사를 보던 곳이지만, 죽음에 대해 특별한 생각을 하게 하는 장소인 듯 철저히 개인적이어서 스스로 더욱 성찰하게 한다. 어쩌면 이미 죽은 자들을 위해 평화를 빌기도 했을 터이니, 이곳에는 그 기억이 거주하고 있다. 도대체 코르뷔지에의 상상은 그 끝이 어딘가….

　수도원 남쪽 계단의 맨 아랫부분에는 밖으로 나가는 문이 있다. 이 문을 열고 계단을 내려가면 들풀이 무성하게 덮인 경사진 지형이 전개된다. 들풀 사이로 걸어 숲의 가장자리에 서면, 수도원 남측이 온전히 보이고 그 너머로 라브렐의 평원이 펼쳐지며 그 속 마을들은 불빛을 피워 넉넉하고 평화로운 저녁 풍경을 만든다. 수도원은 상부에 강력한 수평선을 긋고 그 하부에

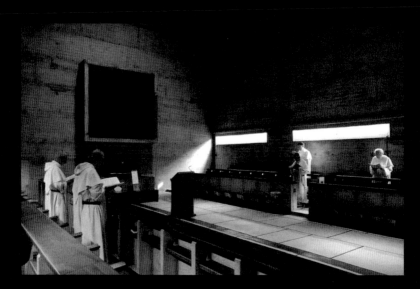

저녁 기도 '베스퍼스'

아래층 경당의
일곱 제단

석양 속의 수도원

수도사들의 무덤은 남쪽 언덕 위에 있다.
두건을 쓴 듯한 십자가 비목이 이곳저곳에
널브러지듯 서 있는 모습이 수도사가 끝내 얻은
자유함 때문일 게라고 여겼다.

승방이 있는 상부 두 개 층은
공동 시설이 있는 하부 층과
완연하게 구별되는 형태를 갖는다.
개별과 공동, 이 구분은 이미
갈루초 수도원에서 목격한 바 있었다.

옥상 공간은 코르뷔지에가 만든 또 다른 세상이지만,
안전상의 문제로 출입이 통제되어 있다.
나는 20년 전 이 위를 산책했다.

도시의 조직 같은 수도원 풍경

모든 시설을 달아매어 경사지에 내린 듯하다. 그러니 코르뷔지에의 건축은 땅을 디디고 서지 않는다. 그의 건축 스케치를 보면 수평의 선이 확연히 그려져 있고 건축은 하부에 있는 경우가 많아 더욱 그렇게 생각되는 것이다. 혹시 어릴 적 쥐라산맥의 기슭에서 본 도시의 모습이 마음 깊이 남은 게 아닐까…. 알 수 없다.

수도원은 100개의 승방이 상부 두 개 층을 형성한다. 상부의 개인적 공간과 하부의 공동 공간, 이 두 영역의 대비가 수도원 건축의 형태를 결정했다. 철저히 개인적인 공간인 상부 승방과, 아마 코르뷔지에가 최초의 여행에서 만난 갈루초 수도원에 대한 기억이 남은 탓이겠지만, 하부 공동 공간이 이루는 구조는 대단히 도시적이며 자유롭다. 길과 광장이 곳곳에 배분되어 있고 안과 밖의 풍경이 수시로 넘나들어 수도원 안에서도 도시에서처럼 사람들이 만나고 헤어진다. 그러니 이곳은 코르뷔지에가 만든 작은 도시다.

마산 성당의 기억

식사를 하러 식당으로 향하다가 김지선 실장이 보여 다가가 말을 걸었다. "뭔가 익숙하지 않아요?" 이렇게 물은 데는 이유가 있다. 그녀는 마산 출신이다. 내가 김수근 선생 문하에서 책임을 맡아 설계한 마산 성당은 그녀가 초등학생일 무렵인 1978년에 지어졌다. 내가 이 성당을 설계한 시기는 그로부터 1년 전이니 만 스물다섯의 나이였다. 설계 실무를 배우고 있을 때며 프로젝트를 책임지고 맡아 일할 경력이 아닌데도, 김수근 선생은 내게 이 설계의 책임을 지웠다. 숱한 밤을 새우며 죽자 사자 하고 그랬다. 그때 라 투레트 수도원의 도면과 사진을 꺼내 들었고, 이를 닮으면서 닮지 않으려 그렸다. 기다란 진입로, 홀로 선 십자가, 작은 출입문, 그리고 내부의 빛과 그림자…. 내가 해석한 라 투레트였다.

그러나 내가 만든 모든 안이 선생에게는 마음에 들지 않았다. 급기야 또 어느 날, 내가 그린 반듯한 사각의 형태를 뭉개고 지우며 벽면을 기울여 새로운 입면을 그렸는데, 김수근 선생이 한밤중에 다가와서 몇 부분을 고치더니 이렇게 하자고 해서 완성된 게 지금의 마산 성당이다. 불규칙한 다각형 공간으로 그린 형태는 다른 동료들이 도무지 도면으로 그리기가 어려웠다. 지금이야 아무리 복잡한 공간도 컴퓨터의 도움을 받아 쉽게 그려내지만, 당시에 그 복잡한 조형을 도면화하자면 수학적 상상력이 필요했다. 그게 '삼수선의 정리'라는 공간 도형에 관한 수학이었는데, 사무실에 이 기하학의 정리를 이해하는 이가 없어 하는 수 없이 내가 실시 설계 도면까지 그리게 된다. 실시 설계 경험이 전무한 내가 그린 만큼 결국 온갖 허점이 드러나고 만다.

그러나 이 건축은 김수근 선생이 세계적 명성을 얻는 계기가 되었고, 그 당시 《SD》라는 세계 건축을 다루는 일본 잡지의 표지에도 실렸으니 성공한 건축이라고 할 수 있다. 지금은, 내 미숙함과 이 특별한 건축의 시공상 오류가 빚은 하자로 원전과 다르게 개수되어 가슴이 아프다. 이 성당은 김수근 선생의 작품이 틀림없지만, 내가 처음으로 지은 건축이기도 해서 내 건축 인생에서 둘도 없이 중요하다. 무엇보다 내가 건축을 택하며 대학에 합격하

마산 성당

고 부산을 떠나올 때, 신에게 맹세한 바를 실천한 것이라 더욱 그렇다. 그때 내가 다니던 구덕 교회의 익숙한 골방에서 기도했다. 반드시 당신의 집을 짓겠으니 나를 허락하소서….

김지선 실장의 마산 집이 이 성당 옆에 있었던 모양이다. 새로 지은 이 성당을 찾는 이들이 하도 많아 이상하게 여기면서 건축에 관심이 커졌다고 했다. 마산 성당에 수도 없이 발을 디디며 이 건축과 오랜 교감을 나눈 그녀는 대학을 진학해서도 관심이 변하지 않았고, 혹시 나중에 집을 지으면 이 성당 설계자인 김수근 선생이나 '공간'을 찾아야겠다고 마음먹었다고 한다. 그런데 대학 시절 유홍준 교수가 이끄는 문화유산 답사에 참여하면서 유 교수로부터 그 건축을 설계한 이가 사실은 승효상이라는 말을 듣고 나에게 줄곧 관심을 갖는다. 그러다가 출판 디자인 회사 디자인비따를 만들어 기반을 닦은 후 파주출판도시 2단계에 참가하여 드디어 사옥을 지을 기회가 생겨서 나에게 설계를 의뢰하려 했다. 그러나 파주출판도시 규율에 따라 정해진 다른 건축가가 설계해야 한다는 것을 알고 낙담할 수밖에 없어, 내가 설계하지 않으면 탈퇴하겠다는 생각까지 했다고 한다. 그런데도 나는 그 사실을 전혀 모르고 있었고, 그녀에 대해서도 잘 알지 못했다. 그러다가 유홍준 교수가 일본 답사기를 쓰던 2013년, 일본 교토京都 답사단에 포함되어 함께 떠난 적이 있는데 그때 거기에 그녀가 있었다.

다른 이들은 닷새의 일정이지만 나는 바쁜 사정으로 사흘만 동행했는데, 돌아오기 전 저녁 식사 자리에서 그녀가 내 옆에 앉게 되었다. 마산 출신이라고 하는 바람에 내가 마산 성당을 아느냐고 물었다. 잠시 머뭇하더니 김

파주 디자인비따 사옥

실장은 기나긴 이야기를 하기 시작했다. 나는 그날 적지 않은 충격을 받았다. 한 사람의 인생에 이렇게 깊게 구체적으로 관여했는데 이를 전혀 모르고 있었다는 사실이 너무도 미안했다. 그리고 그녀가 오랫동안 꿈꿔온 건축을 진심을 다해 내게 맡기고자 했는데 그러지 못해 좌절했다는 사실을 토로하는 순간, 나는 죄인이었다. 결국은 서울로 돌아온 즉시, 디자인비따 사옥이 속한 블록의 담당 건축가인 최문규 교수에게 전화를 걸어 사정을 설명하고 양해를 구해 내가 드디어 맡게 된다.

디자인비따 사옥의 건축적 개념은 이미 오래전부터 정해져 있었는지도 모른다. 김지선 실장과 나를 연결시킨 건축을 다시 해석하는 일이 당연한 듯 먼저 떠올랐다. 더구나 파주의 그 땅은 롯데 아웃렛 쇼핑몰 바로 옆에 있었다. 거대 상업 건물의 번잡스러운 위세에, 조그만 땅은 존재 자체가 위태로워 보였다. 이 상업주의에 대항하는 힘은 무엇일까. 바로 영성이었다. 그렇다. 자본의 힘이 아무리 세다 해도 작은 영성 하나를 감당하지 못한다. 그러니 자연히 나로 하여금 건축에 대한 확신을 가지게 한 마산 성당, 무려 40년 가까이 된 일이었으나 그 건축을 만든 애초의 생각을 끄집어내며 그렸다. 그랬더니 어떤 부분은 놀랍게도 라 투레트 수도원까지 연상시키게 되었다. 물론 어떤 이는 오라토리움 같은 사각뿔의 공간을 지적할 수 있고 높은 층고의 큰 방을 예로 들며 둘의 유사성을 말할 수도 있다. 그러나 그런 건 사소한 부분이다. 그보다는 디자인비따 사옥 어디에나 존재하는 고요와 침묵의 언어를 들어 말하는 게 더 정확하다. 그래서 물은 것이다. 여기 라 투레트 수도원을 보며 행여 익숙하지 않느냐고. 그녀는 웃으며 그렇다고 대답하는데,

라 투레트 수도원 챕터 하우스

라 투레트 수도원 식당

수도승방 내부.
책을 읽고 사유하기에 이만한 곳이 없다.
현재는 여덟 명의 수도사가 있을 뿐이어서
많은 방이 순례자를 위한 숙소로 쓰인다.
저녁과 아침 식사도 제공하는데,
숙박비는 미안할 정도로 저렴하다.
당연히 많은 이가 찾으니,
원하는 날짜에 가려면 몇 달 전에
예약하는 게 필수다.

오래전부터 이미 알고 있었던 듯했다.

　라 투레트 수도원에는 시토회 수도원으로 치면 챕터 하우스chapter house에 해당하는 수도사들의 회합소가 식당과 이웃해 있다. 우리는 식당에서 소박한 저녁 식사를 했다. 침묵으로 지내는 수도원이지만 이 공간에서만큼은 마음 놓고 대화해도 되며 조금 크게 소리를 내어도 되건만 모두 조신한 자세로 식사를 마쳤다. 매번 식사 때마다 웃음과 해학이 넘쳐나던 일행이었는데, 모두 묵상의 분위기에 젖고 만 것이다. 공간이 그렇게 만든다. 나는 방으로 돌아왔다. 폭 1.83미터, 길이 5.92미터, 발코니 길이 1.83미터. 세 평 남짓한 이 작은 방에는 세면기 하나에 작은 옷장과 침대, 그리고 책상만 있다. 샤워장과 화장실은 공동으로 쓰게끔 다른 곳에 모여 있다. 좁고 긴 방은 마치 사유의 통로처럼 보여 여기서는 묵상이 가장 편안한 거주 방식이다. 창가의 책상에 앉으면 바로 숲과 건물의 경계에 있는 듯해서 새소리와 바람 소리가 음악처럼 들어온다. 일행이 밖에서 산책하는 소리도 섞여 들어왔다. 점점 어둠이 짙어지고, 사유는 깊이 흘렀다.

　코르뷔지에는 죽기 전에, 혹시 자기가 죽으면 라 투레트 수도원에서 하룻밤을 보내게 해달라고 부탁한 바 있었다. 그래서 루브르궁에서 장례식을 마친 그의 주검은 로크브륀의 묘지로 가는 길에 여기서 밤을 보낸다. 그는 가톨릭 신자가 아닌 까닭으로, 그가 지은 라 투레트 수도원이지만 아무런 가톨릭 의식을 치르지 못했다. 그러나, 내가 믿는 바, 그날 그를 위해 하늘 문이 활짝 열렸을 것이다.

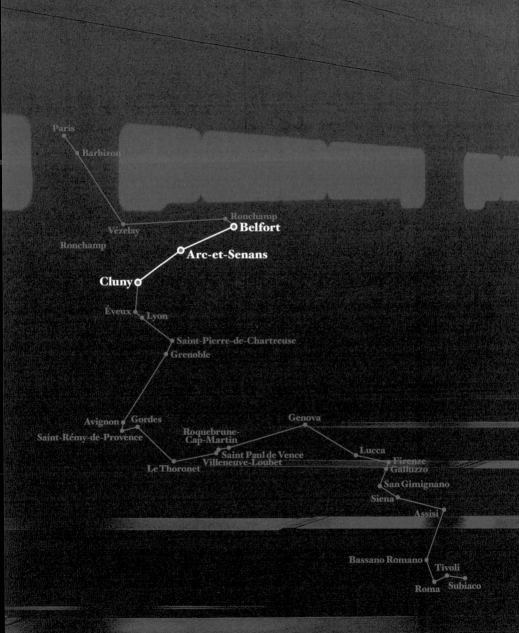

나는 저승을 믿지 않는다

Cluny 클뤼니

Arc-et-Senans 아르케스낭

Belfort 벨포르

FRANCE

BOURGOGNE·FRANCHE·COMTÉ

롱샹 •

• 벨프르

• 아르케스낭
● 왕립 제염소

클뤼니 수도원
●
클뤼니 •

AUVERGNE-
RHÔNE-ALPES

• 에브

빈 나자로 수도원의 기억

어제 일찍 잠자리에 들었지만 도무지 잠을 이룰 수 없었다. 일어나서 책상에 앉았다가 다시 눕기를 반복하길 몇 차례, 그러다가 그냥 일어나버렸다. 저녁 식탁에 놓인 두 병의 와인을 일곱 명이 나눠 마셨으니 과음해서 그런 것도 아닌데…. 확실히 내 불면은 심리적인 게 더 크다. 그리고 점점 더 커진다. 심지어 코르뷔지에가 라 투레트 수도원을 설계할 때의 나이가 지금 내 나이인데 나는 무엇을 하고 있으며 어디에 있는 것일까…, 하고 생각하며 밤을 지새웠으니…. 쓸데없고 철없는 불안이 틀림없는데, 정도가 심하다.

몸은 무거웠지만 머리는 그래도 맑았다. 수도원에서 밤을 보낸 까닭이다. 수도원에는 특별히 더 수많은 영령이 있다는 것을 나는 안다. 오래전이지만 수도원에서 4개월간 산 적이 있다. 빈 시내에 있는 한 수도원에서다. 20대 후반인 1980년이었다. 그해 5월 광주 민주화 운동의 충격은 내게도 너무 컸다. 그때도 김수근 선생의 '공간'에서 밤낮을 가리지 않고 건축 속으로 파고들어 20대 후반기를 보내고 있었다. 가뜩이나 잠이 없는 몸이었기에, 잠자는 날보다 밤을 하얗게 새우는 날이 더 많았다. 충혈된 눈, 마른 몸… 누구는 역광으로 보면 내가 보이지 않는다며 농을 건넬 정도였으니, 스스로를 노예처럼 혹독히 부렸다.

그렇게 건축에 몰두하게 된 이유가 있다. 대학 때, 군사 독재 정권에 맞선 데모대의 앞 열은 늘 지방에서 올라온 학생들이었고 특히 부산 출신은 더했다. 나도 그 앞에서 물불 가리지 않고 있었는데, 내 꼴을 보다 못한 학생회장이 나를 불러 대열에서 빠지라고 했다. 경남고와 건축과 둘 다 신배인 그는 항상 흰색 두루마기를 걸치고 태극기를 흔들며 독재 타도를 앞장서 외치던 우리 모두의 대장이었다. 그런 그가 나에게 데모보다 건축에 몰두하라고 했고, 그 말은 거역할 수 없는 명령이어서 나는 그만 거리에서 이탈하고 만다. 안 그래도 들을 가치가 없다고 여긴 학교 수업은 휴교로 늘 중단이어서 나는 학교 제도실 구석에 박혀 홀로 건축 속으로 파고들었다. 바깥의 함성이 커질수록 밀실의 어둠으로 더욱 맹렬히 들어갔던 것이다. 그리고 이런 외곬의 삶은 김수근 선생의 문하에 들어가서 더 심해졌다. 하는 일이 끝나 어쩌다 쉬게 되면 할 일 없는 시간을 참을 수 없어 밤새껏 소주를 입으로 부어 넣었다. 훈련? 아니다, 자학이었다. 나는 그렇게 1970년대를 살았다.

1980년은 경동 교회 설계를 끝내고 착공시켜놓았을 때이며, 청주박물관을 그리고 있을 때였다. 하지만 광주의 일은 너무도 충격이어서 내 마음은 설계실에 있지 못했다. 잘 전달되지 않는 뉴스를 입으로 전해 들을 때마다 몸서리쳤고 무력함에 좌절했다. 살 수가 없었다. 이러다 잘못될 것을 안 나는 주위 사람과 의논하여 서울을 떠나기로 한다. 전부터 막연히 불치의 땅 같은 한국을 떠나고 싶어 한 것도 사실이어서, 때를 정하지 못했으나 준비는 하고 있었다. 미국은 가기도 힘들지만 가기 싫었고, 급히 갈 수 있는 데가 유럽이라 마산 성당의 건축주며 주임 신부인 요제프 플라처Josef Platzer(1932~2004)(한국명이 박기홍인 이분에게 많은 도움을 받았는데, 내가 신세를 전혀 갚지 못한 상태에서 그는 세상을 떠났다) 신부에게 도움을 청해 급히 빈 공과대학교의 입학 허가서를 받았다. 플라처 신부는 그곳이 처음인 내게 숙소까지 주선해주었으니 그게 빈의 서부역 앞에 있는 나자로 수도원 Lazaristenkloister in Wien 이다.

19세기 말에 지은 이 수도원은 은퇴한 사제들을 위한 처소로 쓰이고 있었고, 대부분의 거주자가 나이가 많았다. 어쩌면 이곳이 그들에게는 세상의 마지막 처소여서, 까만 사제복을 입고 가만가만히 수도원 내부를 오가는 노령의 사제들을 보면 늘 죽음에 대한 생각이 들었다. 그들 사이에 끼여 저녁을 같이 먹을 때, 아무도 말하지 않는 그 침묵의 식탁은 기묘하기 짝이 없는 풍경이었다. 죽은 자들이 밥을 먹다니…. 이런 상상에 이를 때면 다문 입술 사이로 흘러나오는 웃음을 참느라 애를 먹었다. 그리고 거동조차 불편한 검은 옷을 입은 사제들이 식사를 간신히 마치며 성호를 긋고 나가는 모습은 언제나 슬펐다. 나는 맨 위층인 5층의 모퉁이 방을 사용했다. 정해진 시간에 울리는 성당의 종소리가 내게 큰 위안이어서 그 시간을 늘 기다렸다.

지금의 빈은 그때와는 정말 다르게 밝고 화려한 시가지 풍경을 가지고 있지만, 그때는 역사의 무게에 하도 힘겨워 겨우 버티는 도시인 듯했다. 시

빈 시내에 있는 나자로 수도원.
지금은 노인 복지 시설로 쓰인다.
나는 이 사진 오른편에 보이는
건물의 꼭대기 층
맨 오른쪽 창이 위치한 방에서
1980년 8월부터 4개월을 지냈다.

내 건물이 짙은 때를 벗지 못해 거의 다 칙칙하고 어두웠으며, 길거리에는 노인과 개만 한가롭게 오가는 참으로 을씨년스러운 모습이었다. 날씨까지 매섭고 늘 추웠다. 참, 수도원의 음식은 너무도 소박했다. 항상 시커먼 소시지와 커피, 마른 빵이 전부였다. 나는 그래서 지금도 소시지를 먹지 못한다. 술? 그 4개월 동안 거의 한 방울도 먹지 않았을 게다. 아는 이도 없고 요즘처럼 통신망이 흔하디흔한 것도 아니니 철저히 고립된 외부자였다. 군이 학업에 정진하고자 하여 입학한 학교도 아니어서, 듣기 힘든 독일어로 진행되는 학교 수업에서도 늘 겉돌았다. 한국에서 왔다고 하니 내게 묻는 건 온통 광주의 비극과 만행에 관한 것이라 부끄럽고 처량해서 그들을 피했다. 오로지 고독이었고 침묵이었다. 그리고 절망은 더해갔다.

결국, 그 고립과 침묵의 무게가 도무지 견딜 수 없게 무거워지자, 나는 서울을 떠나기 직전 약혼한 아내를 군이 오게 해서 눈이 펄펄 오는 날 빈 교외의 작은 교회에서 너무도 작은 결혼식을 올리고, 그 수도원을 떠나게 된다. 그러나 아름다운 결혼식 날, 오랜만에 먹은 술로 나는 정신을 잃었고 집으로 돌아가다 길바닥 위에 쓰러지고 말았다.

클뤼니 수도원의 폐허

라 투레트 수도원을 떠났다. 언제 다시 오게 될까…. 이제는 하룻밤만 보내지 말고 한 달이라도 여기서 거주하면 어떨까. 이런저런 궁리를 하는 사이 버스는 언덕을 내려와 국도로 진입했다. 다시 마이크를 잡았다.

"드디어 우리의 수도원 기행은 후반부로 접어듭니다. 오늘 아침 우리의 첫 번째 목적지는 수도원 역사에서 가장 번창한 클뤼니 수도원Abbaye de Cluny입니다. 이 수도원은 수도원 개혁 운동의 결과로 건립되었지만, 또한 수도원 개혁으로 인해 폐허가 된 수도원입니다. 베네딕토 수도 규칙이 816년 루이 황제에 의해 수도원의 단일 규칙으로 공표될 정도로 9세기 유럽에서 수도원은 막강한 권한을 쥐게 되지만, 그 권한은 왕권에 의해 보호받는 형태였습니다. 왕에게 복무하는 수도원, 마치 세속 기관처럼 된 수도원의 수도사들은 국가 공무원의 지위를 누렸고 호사스러워졌습니다. 결과적으로 재정적·정치적 환경을 보장하는 권력자를 위해 봉사하는 수도회가 경쟁적으로 창궐했으며, 베네딕토 규칙을 변칙적으로 따르는 수도회도 날로 증가하기에 이르렀습니다. 이때 아키텐Aquitaine의 공작 기욤 1세Guillaume I(875~918)가 자신과 가족의 속죄를 위해, 바른 수도 생활과 예배의 회복을 원하는 수도사들에 의한 수도원 설립을 목표로 910년 그의 사냥터였던 부르고뉴Bourgogne의 숲속에 수도원을 세웠습니다. 바로 클뤼니 수도원의 탄생입니다. 그런데 그는 당시 관행이던 설립자의 권리를 포기했으며 수도자들이 직접 원장을 선출하게 하고, 심지어 수도원이 세속 권력으로부터 벗어나도록 면책 특권까지 부여했습니다. 이 놀라운 사건을 계기로 드디어 권력과 단절된 수도원이 탄생한 것입니다."

첫 원장이 베르노Berno(850~927)였다. 그는 이미 수도원 개혁을 위해 여러 곳에서 동분서주하던 인물로, 클뤼니 수도원의 원장을 맡으면서 본격적으로 수도원 개혁에 돌입한다. 우선 방만해진 수도사의 태도와 생활을 개혁하고자 베네딕토 규칙을 엄격히 적용하여 예배의 형식을 완성한 것이 바로 성무일도聖務日禱, Officium Divinum라는 전례다. 거의 세 시간마다 예배와 기도를 가지는 형식으로, 한밤중의 마르틴스Martins, 이른 새벽의 라우드스Lauds, 동틀 녘의 프라임Prime, 오전의 테르세Terce, 정오의 섹스트Sext, 오후의 노네스Nones, 저녁 기도인 베스퍼스Vespers, 그리고 마감인 콤플라인Compline이다. 음식도 엄격하여 겨울이나 사순절에 식사는 하루에 한 번만 제공하고 여름에는 두 번이지만 고기는 금지되었다. 육성 대화는 금지하고 필요하면 수화를 사용하게 할 정도로 침묵의 규칙이 엄격했다. 공동 예배와 개인적 기도, 그리고 노동 생활을 제도화하고자 열 명의 수도사를 감독하는 수석 사제Dean를 두었고, 매일 원장의 집무실인 챕터 룸에 모여 수도 규칙서를 한 장씩 읽으며 수도사의 태도를 가다듬었다.

엄격한 규율의 수도회지만 오히려 진정한 영성적 삶을 희구하는 수많은 수도사가 몰려들었다. 세력은 점점 커져 많은 수도원을 산하에 거느리게 되어, 수도회가 생긴 지 100년이 된 무렵에는 지회支會 같은 수도원이 300여 개에 달하고 대학까지 설립하여 방대한 조직으로 발전했다. 역사는 반복하게 마련이다. 심지어 클뤼니 수도원에서 기른 말이 1,000필이 넘었다고 하니 이만저만 방만한 운영 규모가 아니어서, 당연히 편법도 생기고 베네딕토 규칙을 준수하기가 어려울 정도에 이르렀다. 현장은 비록 폐허로 남아 있지만, 원래의 크기를 짐작할 수 있다면 실로 어마어마하다고 느끼게 된다. 실제로 로마의 바티칸 대성당이 세워지는 17세기까지 이 수도원 성당이 서방의 기독교 세계에서 유럽 최대의 성당이었다. 그러니 당연히 이런 방만한 수도원을 외면하는 수도사들이 생겨, 다시 진정한 수도 생활을 염원하여 만들어진 게 카르투지오 수도회이며 시토 수도회인 것이다.

"이 클뤼니 수도원은 12세기부터 결국 쇠락의 길로 접어듭니다. 한 번도 원래의 영광을 찾지 못하고 퇴락을 거듭하던 이 수도원은 급기야 프랑스 혁명 시절, 자유를 찾은 민중에게 '구체제' 즉 '앙시앵 레짐'ancien régime 의 상싱석 존재처럼 여겨져 1793년 수도원의 도서관과 아카이브가 모두 불탔고, 설립된 지 888년이 되던 1798년에 매각되어 기능이 완전히 상실하고 말았습니다. 수도원을 수백 년 지탱해온 두터운 석벽은 마을을 건축하는 데 필요한 석재를 얻는 채석장처럼 변했습니다. 그리고 지금은 남쪽 종탑 일부 벽체와 잔해가 남아 이 수도원의 기억을 전하고 있습니다."

　나는 이곳에 2010년 처음 방문했다. 그때는 클뤼니 수도원이 목적이 아니었다. 이 수도원 근처에 테제 Taizé 라는 공동체가 있는데, 현대의 수도원이다. 이곳에 내가 다니는 교회 청년들이 영성 훈련을 하러 간다고 해서 격려차 방문하고 그들과 함께 수도원 순례를 하기로 하여 간 것이다. 이 테제 공동체는 가톨릭이 아니라 스위스 출신의 칼뱅 Calvin 주의자인 로제 쉬츠 Roger Schütz(1915~2005) 수도사에 의해 1940년 설립된 개신교 수도원으로, 청소년의 신앙 양육이 목적이며 종파를 막론한다. 영성에 목마른 젊은이들에게 대

클뤼니 수도원 모형과 내부를 그린 그림

단히 인기 있는 수도원이며 순례지로, 한 해에 무려 10만 명 이상의 젊은이가 모여들 정도다. 내가 갔을 때도 국적과 인종을 불문하고 엄청난 숫자의 젊은이가 모여 찬송과 기도를 드리고 있었다. 모두 웃음 가득했으며 주어진 일이어서든 자발적으로든 뭔가를 나누고 서로에게 봉사하려 했다. 시설은 열악해서 숙소나 편의 시설이 태부족했지만, 어디에서나 평화가 가득했다. 인생을 산 지 그리 오래지 않은 그들이 누리는 평화, 어디서 기인하는 걸까?

교회 청년들이 영성 훈련의 일정을 마무리할 때쯤 내가 테제를 하루 정도 들러서 보기로 하고, 그 인근인 클뤼니의 숙소를 예약하다가 부르고뉴 호텔이라는 곳을 알게 되었다. 놀랍게도 이 호텔은 클뤼니 수도원 폐허의 현장 속에 있었다. 1817년에 지어진 호텔이다. 그때면 클뤼니 수도원이 수도원 기능을 상실하고 부동산으로 매각된 지 불과 19년이 지났을 즈음인데 그 속에 호텔이 지어졌다는 것이다. 당시는 나폴레옹이 세인트헬레나Saint Helena에 유폐되어 있던 때니 프랑스가 지극히 혼란한 시기였음을 고려하더라도 충격적이었다. 그래서 구태여 거기서 묵었다. 역사적 장소, 그것도 영성의 흔적이 남아 있을 터의 가운데에 있는 호텔이라니…. 그러나 이 호텔은 지난 100년의 세월로 무리한 건축이 가질 수밖에 없는 어색함을 덮었고, 폐허 속에 박혀 이미 역사 도시의 한 풍경이 되어 있었다. 역시 시간은 최고의 건축 마감 재료다.

호텔이 성당의 작은 부분만을 겨우 차지하고 있을 정도로 폐허의 크기는 놀라웠다. 성당만 해도 길이가 200미터에 가깝고 폭도 45미터였으니 어마어마했다. 폐허에 남은 기둥의 직경이 1.5미터에 가까우니 족히 30미터를

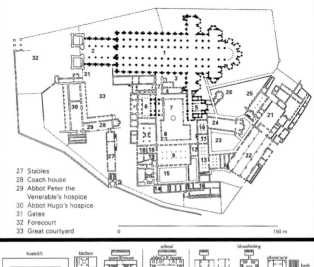

27 Stables
28 Coach house
29 Abbot Peter the
   Venerable's hospice
30 Abbot Hugo's hospice
31 Gates
32 Forecourt
33 Great courtyard

0   150 m

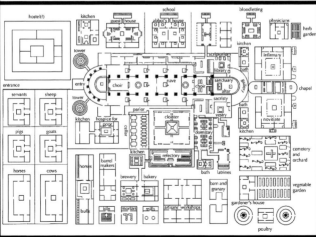

클뤼니 수도원의 평면도와 생 갈렌 수도원에 소장된 수도원 평면도.
이 둘을 비교해보면 방대한 수도원 시설 구성이 대단히 유사하다.

넘는 층고를 가졌을 게다. 생 갈렌 수도원 도서관에서 소장하고 있는 수도원 도면에 기술된 모든 시설이 있었다. 본당뿐 아니라 여성을 위한 성당도 있었고, 수도원장 저택과 수도사 숙소, 방문자 호텔, 유아 학교, 크고 작은 식당, 철공소와 목공소 등의 작업장, 정원 및 농장과 작물 재배에 필요한 부속 시설들, 마구간과 창고… 그리고 이 모두를 둘러싸는 완강한 성벽과 다섯 군데에 놓인 성문. 이는 자족 기능을 갖춘 완전한 종교의 도시였고 막강한 위세를 뽐냈다.

이 수도원은 르네상스 문화의 태동에 지대한 기여를 했다고 한다. 걸작으로 남은 많은 건축·조각·그림이 클뤼니 수도원의 후원으로 탄생했고, 이 수도원의 도서관에 보관된 고대와 중세의 문헌, 수도원장들의 설교와 신학 이론 자료 등은 중세 문화를 이루는 굳건한 바탕이 되었다. 이 역사적 수도원은 현재에도 발굴을 진행하고 있다. 지난 2017년에는 수도원 발굴 과정에서 2,200개의 드니에르denier 은화와 그리스 화폐뿐 아니라 이슬람 은화와 금붙이 등이 대량으로 발견되었다. 특히 '드니에르'라는 은화는 수도원에서 자체적으로 주조했다고 판명되었으며, 무려 850년 동안 묻혀 있던 동서를 오간 진귀한 보물이 나와 클뤼니 수도원의 위세를 여실히 보여주었다.

8시 반에 출발한 버스는 10시가 못 되어 클뤼니 수도원 인근에 우리를 내려주었다. 나는 일행을 수도원의 주 출입문으로 인도해 전체 수도원의 윤곽을 다시 설명했다. 폐허는 입구를 알기 힘들어 자칫하면 전체 윤곽을 파악하지 못한다. 그러면 오로지 파편만 보게 되니 가나 마나다. 지금의 폐허는 예

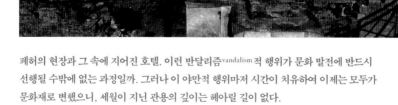

폐허의 현장과 그 속에 지어진 호텔. 이런 반달리즘vandalism적 행위가 문화 발전에 반드시 선행될 수밖에 없는 과정일까. 그러나 이 야만적 행위마저 시간이 치유하여 이제는 모두가 문화재로 변했으니, 세월이 지닌 관용의 깊이는 헤아릴 길이 없다.

수도원 성벽의 서쪽 정문과 성당 입구에 들어서는 것만으로도
수도원의 시설이 얼마나 방대했는지 알 수 있다.

전보다 훨씬 잘 정리되어 있었다. 18세기에 새로 지은 수도원 회랑에는 이 수도원의 역사를 담은 박물관이 폐허와 함께 있어 그간의 역사를 생생히 증언했다. 보통 박물관 전시는 박제된 상태가 되기 쉬운데, 여기는 현장의 박물관 즉 '온 사이트 뮤지엄'On-Site Museum이어서 현실감이 대단히 크다.

이 박물관을 다 관람하고 나오면 광장인데, 여기는 수도원이 만들어졌을 때도 입구 광장이었으므로 어디보다 많은 역사적 사실을 담았을 장소다. 지금은 마을의 중심 광장으로 쓰이는데, 앞으로도 장구한 세월을 기록하며 여기 있을 것이다. 광장의 바닥에 대한 경외감이 들어, 가운데를 밀치고 들어온 카페의 바깥에 앉아 이 땅을 한없이 쳐다보았다. 광장 둘레에는 옛 수도원 벽체의 흔적이 흘깃흘깃 보였다. 폐허는 과거가 아니라 현실이라는 걸 여실히 보여주었고, 그 둘은 잘 어울리며 역사의 단층을 읽으려는 나를 편안하게 했다.

존 B. 잭슨은 『폐허의 필요성』에서 "폐허는 우리가 다시 돌아가야 하는 근원을 제공하며, 우리로 하여금 무위의 상태로 들어가 그 일부로 느끼게 한다"라고 했다. 폐허를 갈 때마다 내 머릿속에 맴도는 문구다. 다른 말로 하면 건축과 도시의 종착점이 폐허라는 것이다. 우리가 폐허에 서면 자못 비장해지는 이유가 우리의 종말을 보는 듯하기 때문이며, 그럼으로써 우리가 건축의 본질과 우리 삶을 다시 성찰하는 계기를 가진다. 잭슨은 그 글의 끝에 다시 이렇게 적었다.

역사는 중단함으로 존재한다.

르두의 이상 도시

클뤼니 수도원으로 진입하는 수도원 성벽 밖의 길은 이제는 마을의 간선도로가 되어 있고 주위에 상점과 식당이 즐비하다. 엄청난 규모의 수도원이었으니 옛날에도 이 길은 오고 가는 사람과 물자로 번잡했을 것이다. 오히려 지금이 그때보다 쇠락한 풍경일 수도 있다. 이 길에 면한 르 나시옹Le Nation이라는 예쁜 식당 2층에서 모두 모여 점심을 맛있게 먹었다.

　오늘의 숙박지는 아름다운 성이란 뜻의 벨포르Belfort인데 여기로 가는 이유는 내일 롱샹 성당을 방문하기 위해서다. 벨포르까지 300킬로 정도 먼 거리를 가야 해서, 중간에 그 사이에 있는 아르케스낭Arc-et-Senans을 들르기로 했다. 이곳은 9월이면 국제 음악 축제가 열리는 브장송Besançon 바로 아래에 있는데, 18세기의 천재적 건축가 르두Claude Nicolas Ledoux(1736~1806)가 설계한 왕립 제염소La Saline royale d'Arc-et-Senans가 있는 마을이다. 이 제염소에 담긴 도시적 이념은 서양의 도시 역사에서 대단히 중요한 대목이며 유토피아의 도시를 언급할 때면 반드시 거론된다.

　소금은 18세기 프랑스에서 대단히 중요한 자원이었다. 왕실에서 생산을 직접 챙겼다. 당시 프랑슈 콩테Franche-Comté 지역의 지하 동굴에서 다량의 소금 온천이 발견되어 이 온천수를 그 인근에서 소금으로 추출하고 있었다. 땔감은 그 부근 숲의 나무였는데 남벌로 인해 주변 숲이 황폐화되기에 이르면서 더 풍부한 목재를 구할 수 있는 숲을 찾아 그곳에서 19킬로미터 떨어진 아르케스낭에 제염소를 세우기로 한다. 소금물은 통나무로 만든 도관으

세계 도시의 역사에서
반드시 언급되는
르두의 이상 도시 계획안.
이 중에 반만 실현되었다.

단일 중심의 도시를 상징하는 중앙의 감독청

로 운반하는 방법을 택했고, 루이 16세^{Louis XVI(1754~1793)}가 왕실 건축가 르두를 이 프로젝트의 책임자로 선임했다.

지금으로 보면 산업 단지다. 르두는 400명 이상 거주할 이 산업적 시설을 도시로 간주하고 그의 신념을 그린다. 그때는 계몽주의가 시대적 정신이었으니, 민중은 교화의 대상이었다. 그는 전체 땅의 한가운데에 감독관 숙소를 두고 이를 중심으로 원을 그려서 둘레에 노동자의 숙소를 배치하여 감시의 시선이 닿지 않는 곳이 없도록 전체 공간을 조성했다. 사무 구역 내에는 재판정을 설치하고 미사를 볼 수 있는 공간도 두었다. 이 안에서 모든 일상의 삶이 가능하도록 계획한 단일 중심의 도시인 셈이다. 1차로 반원만 지어졌으나 추후 나머지 반원에도 시설이 들어설 예정이었던 이곳은 서양의 전통적 도시 형태를 이어받는 봉건 도시의 핵심적 뼈대였다.

도시는 익명을 전제로 하는 공동체다. 다만 이 전제는 근대 이후에서 성립한다. 근대 이전의 도시는 항상 권력에 의해 만들어졌는데, 시에나에서 모두에게 설명한 바 있다. 시에나 시청사에 그려진 로렌체티의 그림에 나타난 성벽으로 둘러싸인 도시, 이는 권력으로 이루어진 지배 체제를 보호하고자 허가받은 자들만 성 안으로 들어갈 수 있는 풍경이었고, 성내의 모든 거주자는 신고되고 통제받아야 했으니 이 도시는 익명의 공동체가 될 수 없었다.

분명한 것은 이런 배타적이며 정치적인 공동체는 오래 지속할 수 없다는 사실이다. 예컨대 스파르타^{Sparta}가 일찍 멸망한 중요한 이유는 시민권의 제한 때문이었다고 한다. 스파르타의 시민권자, 즉 스파르탄^{Spartan}은 특정 부류에만 특권으로 주어졌으며 다른 계층에는 결코 부여되지 않아 결국 1,000명도 되지 않는 인원만 시민으로 남아 소멸할 수밖에 없었다. 적군에게까지 시민권을 주며 포용한 로마가 누린 수백 년의 영광과 비교해보면 쉽게 납득이 된다. 로마의 통치에 굴복하고 팍스 로마나를 인정하고 받아들이면 누구나 같은 권리를 누렸으니, 팍스 로마나는 2,000년 전에 많은 이가 누린 보편적 가치였다.

기독교가 세계적 종교로 융성한 이유가 여기에 근거한다. 가톨릭이란 말을 우리는 천주교를 의미하는 단어로 알고 있지만, 원래의 그 뜻은 보편성이다. 2세기부터 이 단어가 교회에서 쓰였는데, 사도신경이라는 기독교의 대표적 기도문에 명시된 것이다. 사도신경은 초대 교회에서 제정해 11세기 교회 대분리schisma 이후 서방 교회에서 공식적으로 채택된 기도문이며 지금은 천주교와 개신교 모두 사용한다.

이 기도문 14행에 가톨릭이라는 단어가 나오는데, 라틴어 사도신경에는 이렇게 되어 있다. "상탐 엑클레시암 가톨리캄"Sanctam Ecclēsiam Catholicam, 이를 천주교에서는 '거룩하고 보편된 교회'라고 읽고, 개신교에서는 '거룩한 공교회'라고 읽는다. 심지어 영국의 헨리 8세Henry Ⅷ(1491~1547)가 아라곤Aragón의 캐서린Catherine 왕비와의 이혼 불허를 빌미 삼아 로마 교황으로부터 영국 교회의 독립을 선언하며 창설한 교회를 '홀리 가톨릭 처치'Holy Catholic Church라 칭했으며, 이를 우리는 단어 그대로 '성공회'聖公會라 번역하여 불렀다. 그러니 가톨릭교회라는 것이 사실은 그리스도를 메시아로 인정하는 모든 교회를 의미하는 단어며, 어떤 의미에서는 기독교의 기본적 정신이다. 예수의 가르침이 그러했다. 보편적 가치를 강조했으니 누구든지, 어디에 살았든지, 무엇을 했든지, 자신을 버리기만 하면 다 받아 제자로 삼았던 것이다. 그래서 예수였다.

버스는 아르케스낭 가운데에 위치한 르두의 이상 도시 앞에 정차했다. 이 도시의 정문은 도시 한가운데를 가르는 축선 위에 있는데, 감독관 청사와 일직선으로 연결된다. 입구 광장을 형성하는 벽조차 도시의 중앙을 점거한 감독관 청사로 향하여 있으니 철저히 단일 중심적 구성임을 알 수 있다. 소금이 추출되는 형상을 표현한 콘크리트 조형물이 있는 벽면을 가진 박공집이 앞을 가로막는데, 그 중앙에 도리아식 열주의 출입문이 웅장한 모습으로 서 있다. 방문자를 겁박한다고 느낀 게 선입관념 때문이라고 쳐도, 과장된 형태로 만들어 진정성 없는 듯한 문을 들어서면 정면으로 감독관 청사를 마주하는데, 마치 너는 누구냐고 대놓고 묻는 것 같아 방문자를 머뭇하게 한다. 신전처럼 우뚝 선 이 집은 그렇게 거침이 없다. 강심장 아니면 중앙 축으로 전진하지 못하고 옆으로 비키듯 물러서 걷지만, 감시의 눈길을 내내 피하지 못한다. 파놉티콘Panopticon. 이 말에 딱 맞는 상황인 게다. 실제, 여기서 일한 노동자들도 이 시선을 피하려 건물과 담장 사이를 찾아 겨우 숨을 쉬었다고 한다.

여기에 세 번을 왔건만, 늘 구석진 곳을 찾아다니길 좋아하는 나인 까닭에 아직도 이 노출된 공간에 몸을 던지는 게 감당이 안 된다. 비실비실하며 감독관 청사로 향했다. 왕실 건축가 르두는 프랑스 혁명 후에 체포되어 감옥에 갇혔고 2년 뒤 출옥하여 그가 필생의 과업으로 여긴 이 제염 도시를 완전한 원형의 도시로 확대하려고 애썼지만 그의 유토피아는 이미 효력을 다하고 말았다. 제염소로서 이 건축은 1895년 생명을 끝내고 만다. 감독관 청사와 작업장은 이제 미술 작품을 전시하고 마을의 역사를 알기 쉽게 소개하는 박물관으로 쓰이고 있다. 원래 기능은 죽어서 그 기억만 남았으나 문화는 이 건축의 생명을 지속시키고 있으니, 그게 글로 바뀐다는 문화文化의 본뜻인 게다.

산 자만이 부활의 삶을 산다

아르케스낭에서 벨포르까지는 150킬로미터 거리다. 고속도로를 탄 버스는 한 시간 반 남짓 달려 도착했다. 스위스 국경에서 불과 20킬로미터 떨어진 벨포르는 프로이센-프랑스Preussen-France 전쟁 때에 끝까지 프로이센에 항전한 도시여서 프랑스인에게는 긍지의 도시로 이름나 있는데 가보면 왜 그랬는지 단박에 알 수 있다. 벨포르 중심의 언덕 위에는 난공불락의 요새가 지금도 위용을 자랑하고 있다. 그래서 도시 이름을 '아름다운 성채'라 했을 게다.

우리 숙소는 구도심 한가운데 광장에 면하고 있었다. 광장에는 야외 카페들이 판을 벌이고 있어 틀림없이 숙면을 방해할 게니 오늘 밤도 잘 자긴 틀렸다. 남프랑스에서부터 편안하고 신속하게 버스를 운전하여 우리를 편안

벨포르.
'아름다운 성채'의
완강한 모습.

하게 한 알렉스가 내일부터는 다른 사람이 온다고 이별을 고한다. 존재감을 잊을 정도로 조용히 자기 할 일을 수행하는 성실한 기사였다. 거듭 감사를 건네고, 최고라고 인사했다.

오늘 저녁 식사는 마지막으로 조별로 나눠서 하는데, 나는 이은 감독 조에 속했다. 이은 감독은 아내 심재명과 함께 명필름 대표며 영화제작자다. 명필름은 영화 〈공동경비구역 JSA〉, 〈접속〉, 〈건축학개론〉 등의 히트작을 제작한 바 있어 사세가 확장되어 파주출판도시 2단계 사업부지에 터를 잡았는데, 그 사옥을 내가 설계하여 지었다. 나는 이 건물을 단순한 사옥이 아니라 하나의 작은 영화 도시로 설계했다. 영화 제작을 위한 사무와 작업이 기본 기능이지만 그와 별도로 영화 학교가 그 속에 있으며 학생들의 기숙사도 있다. 물론 작은 규모의 영화관도 있고 영화 관련 각종 자료를 모아놓은 전시 공간도 있어, 그야말로 영화에 관한 거의 모든 시설을 갖춘 작은 도시다. 건물을 둘로 나누는 가운데 길이 주위와 긴밀하게 접속하고, 많은 이가 모일 수 있는 광장도 있어 주변과 밀접하다. 무엇보다 누구에게나 열려 있는 이 건축은 안에서 사는 모습이 커다란 가운데 유리 벽을 통해 밖에서 영화처럼 보이게 만들었다. 이런 내 생각을 이은 감독은 하나도 빠짐없이 받아들였다. 그는 동숭학당이 시작될 때부터 같이한 멤버로 매년 떠나는 동학 기행에도 빠진 적이 없다. 그런데 어떤 행사에서도 무대의 주인공이 되려 하지 않는다. 가만히 생각하니 이해되었다. 감독이나 제작자는 항상 크레디트에만 나온다. 스크린에는 그들이 만든 인물들이 펼쳐지지만 정작 본인은 나타나지 않는데, 이은 감독이 여행 내내 하는 행동이 그렇다. 늘 조용히 우리를 관찰하고 스마트폰으로 찍어 남긴다. 그의 직업이 그렇게 만들었을까…. 한 번은 물어봐야겠다고 여겼지만, 여태 묻지 못했다.

우리는 벨포르의 구시가지를 한정하는 서쪽의 사부뢰즈savoureuse 강 너머에 있는 카푸친 호텔Hôtel Les Capucins 식당을 찾아내어 갔다. 카푸친은 수도회의 일종이다. 카푸친 수도회Couvent des Capucins는 프란체스코 수도회의 초기 정신을 다시 가다듬으며 가난과 봉사에 매진하고자 16세기에 설립되었다. '카푸치노'cappuccino라는 커피 이름이 바로 카푸친파 수도사가 입는 수도복 후드에서 비롯된 터라, 수도회와 관련된 것을 모를지라도 이 이름은 우리에게 익숙하다. 사실은 이 식당을 정한 것도 이름 때문이었다. 그러나 찾아간 호텔에서 수도원의 흔적은 찾아볼 수도 없고 이 이름을 쓰는 연유도 알지 못해 다소 실망했으나 호텔 내 식당은 훌륭했다. 급하게 예약한 우리의 좌석은 별실 창가였다. 동양인들이 몰려오자 우리를 별실로 안내했음이 틀림없다. 물론 창가의 분위기도 좋긴 했지만, 정체가 보장되지 않는 동양인 손님들로 메인 홀 분위기를 망칠까 염려하는 그들의 습관적 태도가 늘 짜증스러운 나는 그들을 반성하게 하는 효과적인 방법을 안다. 좋은 와인을 주문하는 게 최고다. 비싼 게 아니라 일반화되지 않은 최적의 와인을 고르는 거다. 와인 리스트에서 샤토 지스쿠르와 샤토 베이슈벨을 달라고 했다. 아니나 다를까, 조금 지나자 메인 셰프까지 달려와 호들갑을 떤다.

식사를 주문하고 담소가 이어졌다. 공지영 씨와 가톨릭에 관한 여러 가지 이야기를 나누다가 제2차 바티칸 공의회 내용에 이르렀다. 1962년부터 1965년까지 네 번의 회기로 개최된 이 공의회는 정말 중요한 결정을 남긴 역사적 회합이었다. 내가 기억하기로, 우선 수백 년 동안 갈라졌던 동방정교회와의 화해가 이 회의에서 결정되었고, 더불어 다른 종교의 가치까지 인정했다. 라틴어로만 보던 미사를 각국 언어로 보게 한 것도 이 회의였고, 사제와 신자가 서로 마주 보며 전례를 진행하기로 결정하기도 했다. 늘 배척해온 개신교를 분리된 형제로 표현하기로 했고, 양심적 병역 거부자를 위한 대체 복무 제도를 권장하는 등 가톨릭교회 역사상 최고의 전환을 이룬 대사건이었다. 보편성이라는 가톨릭 정신에 더욱 가까이 간 것 아닌가. 우리는 이런저런 이야기로 교회 관련 화제를 이어갔다.

그러다가 내가 공지영 씨도 잘 아는 이제민 신부에 관한 말을 꺼내게 되었다. 이제민 신부는 현재 밀양의 낙동강 근처에 명례성지를 짓고 있는데, 내가 설계를 맡았다. 명례성지는 1866년 병인박해 때 누룩과 소금 장수였던 신석복申錫福(1828~1866) 마르코가 순교한 것을 기념하는 장소다. 그는 소금을 팔고 돌아오다 김해에서 포졸에게 붙잡혔는데, 고문을 받고도 천주교도로서의 태도와 신념을 계속 고수하여 교수형을 당했다. 그를 기념하는 한옥 성당이 이미 현지에 있다. 15평 남짓한 한옥 성당인데, 1928년에 봉헌되었다. 그러나 중간에 태풍으로 전파되어, 1938년 파괴된 성당의 잔해를 모아 원형을 축소해 복원한 것이 현재 모습이다.

이제민 신부가 2006년 신석복의 생가 터를 이곳에서 발견했다. 그리고 스스로를 녹여 맛을 내는 소금을 팔다가 순교한 신석복의 신앙에 깊이 감동하여 이 일대 전체를 성지화하는 일에 매진하게 된다. 나는 이 신부를 알지 못했다. 설계 논의를 하고 싶다는 전갈을 받고 현지에 가서 처음 만났는데, 경상도 사투리를 낮은 목소리에 담아 말하는 자세가 심상치 않았고 뭔가 단단한 내공이 있음을 느꼈다.

나는 그의 글을 찾아 읽었다. 그리고 그가 얼마나 진보적인 신앙을 가졌는지 이내 알았다. 《가톨릭뉴스 지금여기》에 2012년 게재된 그의 강의록 일부를 발췌한다.

대부분의 그리스도인이 가지고 있는 저승에서 영생을 누리게 된다는 부활 신앙은 복음적이지 않을 뿐만 아니라 복음의 삶을 사는 데 방해가 된다. 세상을 떠나야 부활의 삶을 살 수 있다고, 영생을 누릴 수 있다고 믿는 것은 복음에 근거하고 있지 않기 때문이다. 이들을 향하여 예수님께서 복음을 선포하시면서 말씀하신다. "회개하고 복음을 믿으라"(마가복음 제1장 15절) (…) 나는 산 자만이 부활의 삶을 살 수 있다고 믿는다. 산 자만이 부활의 삶을 살 수 있다는 것은 부활은 살아 있는 동안 체험해야 한다는 것을 의미하며 동시에 산 자만이 죽을 수 있다는 것을 의미한다. 무덤에 묻힌 시체가 다시 살아나 영생을 누릴 수 없다는 것을 의미하며 동시에 산 자만이 죽을 수 있다는 것을 의미한다. 그들은 이미 부활했거나 아니거나 둘 중의 하나다.

(…) 예수님께서 '죽은 다음' 사흘 만에 다시 살아나셨다는 것은 '인생이 끝난

현존하는 한옥 성당의 내부. 지을 때부터 성당의 기능을 수용하기 위한 시설이었다.
남녀 출입구가 별도로 나뉘어 있으며, 내부도 남녀 영역이 기둥으로 구분되어 있다.

다음' 사흘의 시간이 흐른 후에 다시 살아나셨다는 의미가 아니다. '사후'는 인생 한복판에서 일어나는 사건이며 또 이 시간 안에 일어나게 해야 하는 일이다. 살아 있는 동안 내 인생에 '사후'가 발생하게 할 때 새 하늘·새 땅·새 세계가 열리는 체험을 하게 될 것이다. 그는 새 인간으로 살아가게 될 것이다.

(…) 이런 면에서 부활은 깨달음의 문제다. 살아 있는 자만이 깨달을 수 있기에 그만이 부활의 삶을 살 수 있다. 죽은 자가 부활할 수 없는 것은 죽은 자는 깨달을 수 없기 때문이다. 부활 신앙이 우리에게 말하고자 하는 것은 '살아 있는 동안 부활의 이치를 깨달아 새 삶을 살도록 하라'라는 것이다. 부활 신앙은 살아 있는 우리로 하여금 영생을 살게 해준다. "살아서 나를 믿는 자는 영원히 죽지 아니하리니"(요한복음 제11장 26절)

어떠신가? 저승을 믿지 않는다는 그가 고백하듯 말하는 부활에 대한 생각, 산 자만이 부활의 삶을 살 수 있다는 말. 아… 그의 말은 내 정수리를 때렸다. 그러나 이제민 신부의 이 강의는 천주교 내의 보수적인 입장에서는 불편할 수밖에 없는 견해여서 경고까지 받았다고 한다. 그럴 게다. 그러나 나는 그의 말이 너무도 반가웠다. 내 어린 신앙이 늘 의심하던 영역을 명쾌히 짚은 것이었다. 이 이야기를 하며 좌석을 살피니 주현신 목사의 표정이 다소 심각해져 있었다.

명례성지

이제민 신부가 소명처럼 힘을 기울여 조성하는 명례성지는 원래 낙동강과
바로 만나는 언덕 위에 마을이 있는 땅이었다. 이곳은 나룻배로 강을 건너 경
상도 남부 지역으로 소금 행상을 나가던 소금 길이 시작되는 곳인데, 이명박
전 대통령의 4대강 삽질로 인해 언덕에 면한 강이 오토 캠핑장으로 변해 아
름다운 강변의 언덕 마을은 그 풍취를 잃고 말았다. 참 못된 짓이었다.

언덕 위 마을에는 원래 50여 채의 가옥이 있었다. 여기에 거주하는 사람
이 점차 사라지자 이 필지들을 이제민 신부가 매입했다. 현재 몇 필지를 제
외하고는 거의 다 성지 영역으로 포함되었다. 이곳에서 가장 중요한 시설은
물론 80년 된 한옥 성당이다. 외롭게 놓여 있는 이 건축은 그 세월이 만든
연륜의 때와 더불어 가장 아름답게 보여야 했다. 그래서 새롭게 짓는 시설
은 그 크기가 어떠하건 건축이 아니라 이 한옥 성당의 배경 혹은 언덕 풍경
을 위한 요소로 존재하도록 했다.

새로 지어야 하는 기념 성당은 낙동강을 바라보는 전망대나 축대 같은
시설이 되게 하고, 그 안에 공간을 만들어 성당의 기능을 수행하도록 했다.
성지 전체의 땅 크기가 1만 평에 가까운 만큼 이 모두를 성지로 엮으려면 특
별한 장치가 필요한데, 천주교 성당 내부 벽에 붙어 있는 14처 조각을 기존
가옥이 있던 필지 열네 곳을 골라 하나하나에 그 상징을 두어 연결되도록
하면 십자가의 길을 실제로 순례하게 되어 땅 전체를 회유할 수 있는 방법
이 된다. 이는 언덕 능선에 있는 필지들을 선택하여 잇는다. 그러면 그 필지

명례성지. 한옥 성당이 존재감을 유지하도록 새로운 시설은 축대처럼 축조했다.

축대 속에 형성한 순교자 기념 성당

를 한정하는 벽들이 만드는 실루엣 또한 아름다운 풍경이 될 듯했다. 여기를 찾는 순례자를 위한 숙소와 사제관, 수녀원은 기존의 터에 남은 흔적을 따라 그대로 설계하여 결국 원래의 마을 형태를 복원하도록 한다. 이러한 여러 제안을 이제민 신부는 쾌히 받아주었다. 오랜 설계와 시공 기간이 지나서 이미 1단계인 기념 성당을 준공했고 나머지 시설도 곧 완공한다.

무엇보다 이 성지는 신석복이라는 순교자를 기리는 곳이다. 순교라는 것. 이 여행을 시작하면서 일행에게 말한 적이 있었다. 예수의 삶을 닮아 스스로를 경계 밖으로 영원히 추방하는 행위, 그곳은 쓸쓸하고 외로우며 아프고 어둡지만 그 모든 것을 견디기로 결단하는 자, 보이는 걸 바라는 것은 희망이 아님을 믿는 자…. 나같이 세상에 철저히 속한 자는 도무지 꿈꿀 수조차 없는 일이지만, 그런 이들 덕분에 나는 더 진보된 세상에서 살게 되는 게다.

그런 이를 기념하는 곳, 그래서 되도록 건조하고 다소 거칠게 전체의 풍경을 다듬었다. 한 가지가 부족했다. 순교자의 성상을 만들어야 하는데 기존의 어떤 성상도 선뜻 마음에 와닿지 않았다. 도나텔로의 울부짖는 마리아라면 모를까…. 그래서 임옥상 형에게 부탁했다. 그는 가톨릭 신자는 아니지만 능히 해낼 수 있으리라 믿었다. 말은 하지 않았으나 그도 엄청나게 부담을 느끼고 있음을 알았다. 사실은 나도 다소 불안했다. 결국 몇 개월이 지나 그가 만들어 가져온 순교자상은 내 기대를 완전히 충족시키고도 남았다. 어디에서도 보지 못한 성상이었다. 콘크리트 벽 위에 매달린 잘린 듯한 두상, 그 위의 가시덤불 면류관. 참으로 처절했으나 이 두상은 기묘하게도 온화한 표정이다. 오! 거룩, 거룩하도다. 주의 어린 양… 상투스 상투스 아뉴스

데이 Sanctus Sanctus Agnus dei.

뜻대로만 된다면, 이 명례성지는 우리가 지금 찾는 수도원 순례 여행지처럼 세계의 순례자들이 목적하며 찾는 리스트에 오를 수 있지 않을까? 그들의 상처받은 영혼을 치유하는 좋은 장소가 되어, 결국 그들이 살면서 부활할 수 있기를 간절히 바란다.

식사도 훌륭했고 끝내 샤토뇌프 뒤 파페 와인까지 주문하여 먹었으니, 좋은 와인 향기로 다들 취기가 올랐다. 대화도 유익하여 어제저녁 라 투레트 수도원의 간단한 식사가 오늘 정찬을 위한 준비였다고 서로 말했다. 걸어서 구시가지 한복판 광장의 한 카페로 가 모두 다시 앉았지만, 밤의 벨포르를 탐색하고 싶은 나는 양해를 구하고 벨포르 골목길로 스며들었다. 이른 여름밤 골목길의 기운에는 습기가 많았다. 하늘을 보니 구름이 잔뜩 드리워 아마도 내일은 비가 올 듯했다.

가능하면 몸을 좀 더 피곤하게 만들고 들어가서 샤워한 후에 잠을 간곡히 불러야 했다. 그러나 한 시간 남짓 배회하니 이 작은 도시에서 더는 갈 곳이 없어 발길을 광장에 면한 호텔로 옮겼다. 밤이 늦었는데도 아직 많은 이가 광장에 앉아 있었다.

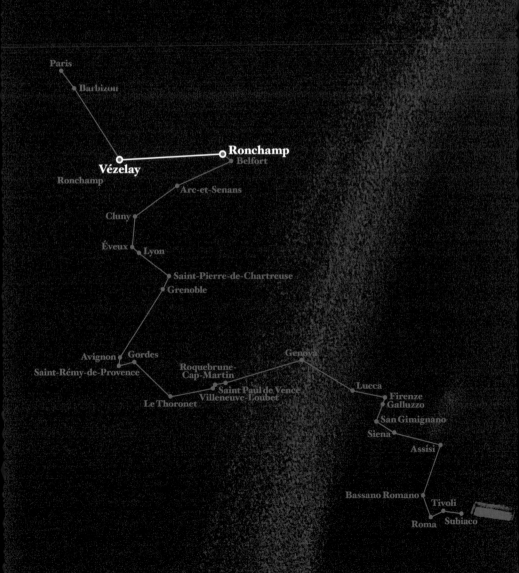

Paris

Barbizon

Ronchamp
Belfort

Vézelay

Ronchamp

Arc-et-Senans

Cluny

Éveux Lyon

Saint-Pierre-de-Chartreuse

Grenoble

Avignon Gordes

Saint-Rémy-de-Provence

Roquebrune-
Cap-Martin

Saint Paul de Vence
Villeneuve-Loubet

Le Thoronet

Genova

Lucca

Firenze
Galluzzo

San Gimignano

Siena

Assisi

Bassano Romano

Tivoli

Roma Subiaco

제 13 일 ─ 건축은 빛 속에 빚어진 매스의 장엄한 유희

Ronchamp 롱샹
Vézelay 베즐레

FRANCE

샤펠 노트르담 뒤 오 드 롱샹 ●
롱샹 ●

● 벨포르

● 퐁트네 수도원

● 베즐레 성 마들렌 성당
● 베즐레

● 아르케스낭

BOURGOGNE FRANCHE
-COMTÉ

클뤼니 ●

에브 ●

● 리옹

프로테스탄트

역시 어젯밤도 잠은 내 주위만 빙빙 돌았을 뿐 가까이 오지 않았다. 더구나 호텔 방에 에어컨이 없어 잠을 이룰 수 없을 만큼 후덥지근했다. 환기를 하려고 문을 열면 좁은 길 건넛집 안이 다 보이고 광장 소음도 속절없이 들어왔다. 엊그제도 거의 밤을 새우다시피 했는데…. 내가 어쩔 수 있는 일이 아니다.

새벽까지 뒤척이다가 일어나서 시계를 보니 오전 11시 반을 가리키고 있다. 서울 시간이다. 나는 어디를 가든 내 손목시계의 시간을 변경하지 않는다. 시차 계산은 그리 어렵지 않은 일이지만, 여행 중에서도 서울 시간을 인식하면 서울에서 일어나는 일을 지각하고 있는 것과 같아서 나에게는 늘 두 세계가 있다. 지금이면 서울 사무실이 점심 전이라 급히 화상 회의를 청했다. 인터넷이 발달한 지금, 어디를 가든 웬만한 곳이면 서울에서 진행하는 일을 실시간으로 접하며 내 생각을 바로 전할 수 있어, 멀리 떨어져 있어도 중단 없이 일을 진행할 수 있다. 그러나 이런 행태가 가지는 부작용과 이율배반을 또한 잘 안다. 서울의 실황을 완전히 버릴 수 있어야 경계 밖으로 추방된 자의 자유를 만끽할 수 있음이 분명한데, 또 그렇게 남들에게 누누이 강조하여 말하기도 하는데, 나는 말과 행동이 다르다. 아직 갈 길이 머니 그런 게 다 내 불면의 원인인 게다.

오늘은 롱샹 성당을 방문하고 베즐레까지 가는 일정이다. 롱샹 성당까지는 20킬로밖에 안 되니 가까운데, 이 기행의 마지막 밤을 보내게 되는 베즐레까지는 300킬로미터 거리여서 도중에 들를 퐁트네 수도원을 일정에 포함시켰다. 전날 저녁 식탁에서 나눈 대화가 의미가 있어서 그 대화를 복기하느라 잠을 설치기도 했다. 밤새 생각한 것 중 하나가 꽤 많은 이가 기독교와 천주교, 개신교를 잘 구분하지 못한다는 것이다. 이를 문득 깨달았다. 물론 교회와 교회당, 성당 등도 잘 구분하지 못하는 듯해 설명할 필요를 느꼈다.

오늘과 내일 우리를 싣고 갈 새 기사가 일찍부터 대기하고 있었다. 포르투갈인이라는데 좋아 보였다. 대형 버스인데 좁은 길을 마다치 않고 굳이 호텔 앞까지 차를 끌고 오기까지 했다. 반갑게 인사를 건네고, 버스에 모두 타자마자 마이크를 잡았다.

"오늘 우리가 방문할 첫 장소는 롱샹 성당입니다. 불어로는 '샤펠 노트르담 뒤 오 드 롱샹'Chapelle Notre-Dame du Haut de Ronchamp입니다. '롱샹의 언덕 위 성모 교회당'이라는 뜻인데, 영어로는 보통 '롱샹 채플'Ronchamp Chapel이라고 합니다. 채플을 이탈리아어로는 카펠라cappèlla라고 하지요. 그래서 아카펠라라고 하면 영어로 '앳 채플'at chapel이니까 '채플에서'라는 뜻입니다. 이게 남성 수도 사들이 성소에서 부르는 성가라는 형식으로 이해되면서 무반주 남성 중창을 뜻하는 이름이 되었습니다. 채플의 어원은 '캡'cap입니다. 캡틴captain의 어원 이며 우두머리를 뜻합니다. 그래서 이 이름의 장소인 채플은 성당 내부의 중 요한 예배 공간입니다. 큰 성당에 가면 벽면 안쪽으로 있는 크고 작은 예배소 가 그것입니다. 그러니 채플은 공간을 뜻하는 말이며, 우리말로는 예배당으로 번역하는 게 마땅하고 성당으로도 쓸 수도 있습니다.

그런데 교회라는 단어는 다릅니다. 교회의 어원은 에클레시아라는 라틴어에 기초합니다. 부르심을 받았다는 뜻입니다. 그러니 교회는 건물을 뜻하는 게 아닙니다. 속된 세계에 있는 이들이 부름을 받아 모인 공동체가 교회입니다. 이들을 위한 건축이 교회당인 겝니다.

여기서 그들은 누구일까요? 바로 크리스천Christian을 가리킵니다. 아시겠지 만 그리스도라는 말은 기름이 부어진 자라는 뜻으로 예수를 의미하는 단어가 되지요. 그래서 그리스도인이라 하면 예수를 그리스도로 믿는 믿음을 고백한 자입니다. 그리스도인이라는 말은 터키의 안디옥Antioch에서 바나바Barnabas 라는 바울의 동역자가 사람들을 모아, 모인 이들을 가리키며 최초로 썼습니 다. 신약성서의 사도행전 제11장 26절에 그 기록이 나옵니다. 그 후로 그리스 도인이 믿는 종교를 '크리스치아니티'Christianity 즉 기독교라 불렀습니다. 그 러니 천주교든 동방정교회든 개신교든 모두 기독교이며, 교회라는 말은 그리 스도인의 공동체라는 뜻을 지닌 공통 용어입니다."

나는 개신교도다. 프로테스탄트 Protestant. 독실하다고 결코 말할 수 없지만 확실한 개신교도이며 여기에 대한 자부심도 있다. 물론 나는 세상의 모든 종교를, 잘못된 가르침을 전하는 이단이 아니라면, 존중하며 거기에서 배우는 바도 너무나 많다. 특히 내 건축은 불교 건축을 제외하게 되면 설명할 방법이 없을 정도여서 불교에 항상 부채 의식이 있기도 하다. 개신교는 내가 선택한 종교가 아니다. 스스로 의식을 갖기 전에 이미 내게 주어진 종교며, 그래서 나는 신에 의해 선택된 자라고도 여긴다. 무엇보다, 개신교가 항의자라는, 프로테스탄트라는 사실에 자부심이 있어서 그렇게 날 선택한 신에게 늘 감사한다.

따지고 보면 예수는 좌파다. 그것도 채찍까지 휘두르며 상업주의와 물질주의를 적극적으로 배척한 행동가였으니, 요즘 말로 하면 극렬 좌파다. 그는, '나는 이 세상에 속한 자가 아니다'라고 말하며 기존 체제를 인정하지 아니했고, 부자에게 천국 가는 일은 낙타가 바늘귀 들어가는 일보다 어렵다고 일갈했으며, 어둠에 처한 자와 가난한 자, 과부, 고아, 이방인을 껴안으며 사랑했다. 철저히 반체제 인사였으며 민심을 교란하고 대중을 선동하는 혁명가요, 사상가였으니 늘 세상의 경계 밖에 스스로를 위치시켰다. 그러나 그의 말과 행위가 다 옳아서 모두가 메시아로 그를 받들려 할 때, 예수는 또다시 그들이 사는 세상의 경계 밖으로 스스로를 영원히 추방하여 불멸이 되었다. 결국 그를 따르는 기독교가 탄생했으며, 그로 인하여 천지는 개벽하고만다.

사랑과 평화를 외치는 기독교는 로마제국을 바꾸며 세계의 종교가 되었다. 그러나 시스마, 즉 교회 대분열까지 일으키며 세속 권력과 야합하기 시작한 이 종교가 14세기 말에 이르러 타락의 정점에 다다르자 아무도 천당에 갈 수 없을 듯 죄의식으로 가득 찬 사회적 분위기가 형성된다. 이에 민중은 자신의 죄를 뉘우치기보다는 성물 구입이나 교회 기부금 납부에 의탁하며 더욱 타락의 길로 접어든다.

드디어 1515년 마인츠의 대주교 알브레히트Albrecht II(1490~1545)가 대주교 입후보 자금을 충당하고자 면죄부를 판매하는 일이 발생했다. 이에 아우구스티누스Augustinus 수도회의 수도사 마르틴 루터Martin Luther(1483~1546)가 1517년 비텐베르크Wittenberg 성당의 정문에 95개 조항의 반박문을 내걸고 개혁의 깃발을 들었다. 그는 이미 '주 예수여, 당신은 저의 정의이며, 저는 당신의 죄인'이라고 고백하며 자신을 포기한 바 있었다. 또한 그는 '오직 성경, 오직 믿음, 오직 은혜, 오직 그리스도, 오직 하나님 영광'Sola Scriptura, Sola Fide, Sola Gratia, Solus Christus, Soli Deo Gloria 에 의해서만 구원에 이른다고 외치고, 이를 믿는 모든 이가 성직자의 신분이 된다고 했다. 따라서 성직자의 독신이나 종신서원을 폐지하고 면죄부 판매를 중지하라고 요구했으니, 돈으로 면죄부를 사서 구원에 이른다는 교황과 대주교의 말은 그에게는 도저히 용서할 수 없는 거짓말이었다. 결국 그는 1520년 11월 그의 파문을 명시한 교황 교서를 받는다. 그는 즉시 그 교황 교서를 교회 법전들과 함께 불태우며 "교황이 자신의 교회에서 나를 끊어버렸으나 주님은 나를 영접하셨다"라고 말한다.

루터는 결국 보름스Worms의 황제에게 소환되어 재판을 받으며 그의 언설과 글에 대한 철회 여부를 심문받았다. 이제는 목숨을 건 재판이었다. 그의 최후 진술은 다음과 같았다.

> 성서의 증거와 명백한 이성에 비추어 나에게 죄가 있다는 것이 증명되지 않으므로 나는 교황들과 교회 회의의 권위를 인정하지 못합니다. (…) 내 양심은 오로지 주님의 말씀에 사로잡혀 있습니다. 나는 아무것도 철회할 수 없고 또 그럴 생각도 없습니다. (…) 하나님이여, 이 몸을 도우소서, 아멘.

이 장면은, 마치 예수가 본디오 빌라도의 법정에서 빌라도가 듣고 싶어 하는 한마디만 하면 목숨을 부지할 수 있었지만, '내 세상은 그런 세상에 속하지 않는다'라고 한 장면과 같았다. 그래서 빌라도는 체념하듯 물었다. '진리가 무엇이냐?'

도대체 목숨을 거는 예수의 진리란 무엇인가, 그에 대한 경외감이 일지 않았을까…. 빌라도는 그런 예수를 죽음으로 몰고 싶지 않았다. 분명한 죽음을 목전에 두었음에도 정의와 진리가 아닌 것을 아니라고 하는 자, 그들은 비극으로 삶이 마감할지 모르지만 그들로 인해서 세상은 진보하는 거다.

황제를 비롯한 몇 제후들도 마르틴 루터를 보호하고 싶었다. 루터는 그 후 얼마간 은거 생활에 처해 성경을 독일어판으로 번역하는 데 힘쓴다. 이전까지는 성경이 라틴어로 되어 있어 일부 사람들만 읽고 이해했기에, 성서의 본뜻이 왜곡되어 전해지기 일쑤였다. 루터의 독일어판 성경은 당시 인쇄술의 발달과 더불어 많은 이에게 읽히게 되었다. 비로소 성경의 참뜻을 이

해한 민중이 마르틴 루터의 개혁에 동의했고 급기야 개신 교회, 프로테스탄트가 등장하게 되었다. 종교 개혁이 이루어진 것이다.

그러니 프로테스탄트는 기존 제도나 권력의 부패를 비판하고 항의한 진보주의자며, 요즘 말로 예수의 계보를 잇는 좌파다. 심지어 루터의 뒤를 이은 츠빙글리Huldrych Zwingli(1484~1531)나 칼뱅 Jean Calvin(1509~1564)은 더 급진적이었다. 심지어 신줏단지 모시듯 한 성상들을 십계명 제2조를 어긴 우상이라 하며 우상 파괴를 전개했으니, 요즘 죄목으로 치면 미풍양속을 해치고 사회 질서를 교란한 국사범이 아닐 수 없다. 그러나 그들에 의해 '오직 성경, 오직 은혜, 오직 믿음'이라는 기독교의 핵심은 세상 속으로 깊숙이 전해졌고, 세상은 그로써 다시 진보했다.

멀리 갈 것도 없다. 우리나라에 전해진 개신교의 파급력은 세계에 유래를 찾을 수 없는 역사를 쓴다. 선교사보다 성경이 먼저 보급된 나라였다. 성경을 우연히 읽고 예수를 믿게 된 이들이 놀라운 숫자로 늘어나면서 그 어린 신앙을 지키고자 목숨을 바치는 이들도 나타난다. 1907년 1월 평양의 장대현 교회의 예배는 한국 기독교가 결코 잊어서는 안 되는 역사며, 세계의 기독교 역사에서도 초유의 사건이었다. 한 사람이 예배 중에 나와 자기의 죄를 고백하자 뒤이어 수많은 이가 죄를 고백하기 시작했다. 참회와 회개의 물결이 그칠 줄 몰랐고 이윽고 밖으로 퍼지며 한반도 전역에 영향을 미쳤다. 아마도 구한말의 시대적 변화와 나라의 위기 속에 기댈 곳 없고 믿을 데 없어 암흑에 처한 민중이 성경에서 빛을 찾은 까닭이었다.

기미 독립 선언서에 서명한 33인 중 개신교인이 열여섯 명이라는 것은 간과할 문제가 아니다. 민족 종교라는 천도교인 열다섯 명, 불교계 두 명이 나머지를 채웠다. 그렇게 부정과 불의와 억압에 맞서 저항한 게 한국 프로테스탄트의 초기 모습이었고, 바로 개신교의 본질적 자세였다. 오늘날 '개독교'라고 놀림과 비난, 질책을 당하며 마치 '수구꼴통' 보수의 대명사처럼 되거나 종교 사업장같이 된 한국의 개신교계는 돌이켜보아야 한다. 다시 대참회를 해야 하지 않을까?

롱샹 성당

버스는 벨포르를 떠난 지 반 시간도 되지 않아 롱샹 성당으로 오르는 비탈길에 들어섰다. 물론 여기도 나는 초행이 아니다. 다섯 번을 왔을 겐데, 대개 그렇듯 첫 번째 방문이 가장 강렬했다. 앞에서 언급한 바대로 1991년 라 투레트 수도원을 같이 여행한 이일훈 씨와 10년 후인 2001년 다시 오자고 한 약속을 지키면서 여기에도 왔고, 그게 처음이었다. 이일훈 씨 외에 다른 네 명의 건축가도 흔쾌히 같이 가겠다고 하여 여섯 명이 함께했다. 프랑스의 수도원을 중심으로 일정을 짜자는 내 제안에 모두 동의했고 프랑스에서 유학 생활을 한 정기용 형이 전체의 틀을 구성했다.

　정기용 형은 너무도 아쉽게, 우리 곁을 일찍 떠났다. 2011년 66세로 우리와 이별한 그는 깊고 넓은 인문학적 지식을 지닌 건축가였으며, 그 바탕에는 사회 정의에 대한 열망과 인간을 향한 신뢰가 있었다. 무엇보다 로맨

티시스트여서 그와 같이 있으면 따뜻하고 풍요로웠다. 세상을 뜬 지도 오래 건만 지금도 그의 부재가 아쉽다. 당시 여행 준비 모임에 정기용 형이 가져온 여행 계획 지도는 우리 모두를 깜짝 놀라게 했다. A1 크기의 트레이싱지에 프랑스 전체 지도를 그려놓고 우리가 들르는 장소를 표기한 후 그 위에 기행에 필요한 모든 사항, 숙소와 식당은 물론 도로 풍경과 중요한 장소, 보아야 할 건축의 내용 등등을 담은 마치 방대한 인문 지리서 같은 지도였다. 지금은 어디에 있는지 모르지만, 그 그림 자체만으로도 압도적 가치가 있는 보물이었다.

내게 부과된 임무는 운전이었다. 전체 여섯 명이어서 12인승 밴을 렌터카 회사에 요청했는데 받은 차는 20인승 소형 버스, 원래 여러 명이 나눠서 운전하기로 했으나 큰 차를 운전할 수 있는 자가 나뿐이어서 무려 2,500킬로미터에 이르는 전 구간을 열흘 내내 혼자 운전해야 했다. 그러나 그 여행은 너무도 아름다웠다. 그때 이미 이 수도원 기행의 근간이 다 이루어졌을 게다. 롱샹 성당, 세낭크 수도원, 르 토로네 수도원, 베즐레를 모두 그때 처음 갔으며 느베르Nevers를 찾아 영화 〈히로시마 내 사랑〉Hiroshima, Mon Amour(1959)의 주인공 이야기를 나누기도 했다. 코르뷔지에의 라 투레트와 유니테 다비타시옹 혹은 시골의 고성에서 자고 먹으며, 여행 내내 유쾌한 토론과 발칙한 생각을 나눴고, 그칠 줄 모르는 지적 유머가 순간마다 넘쳤고, 서로에게 배우며 따뜻한 우정과 깊은 신뢰를 느꼈다. 여태껏 내가 한 여행 중에서 가장 아름다운 기억으로 남아 있는데, 정기용 형을 생각하면 그 기억은 더 귀하다.

롱샹 성당

그 여행에서 롱샹 성당을 찾았을 때의 주변 상황이 오늘과 달랐다. 몰고 간 버스가 커서 산길을 오르지 못한다는 경고판이 있었다. 그래서 우리는 굴다리 밖의 주차장에 차를 세우고 걸어 올라가야 했는데, 거리는 2킬로미터가 채 되지 않았으나 그 부근에서 가장 높은 곳에 있는 롱샹 성당까지 걷는 게 그리 쉽지만은 않았다. 그러나 아카시아와 보리수, 참나무가 무성한 산속의 길을 걷는 동안 순례 성당의 뜻을 새삼 깨달았으니 롱샹 성당은 이미 아래에서부터 시작된 것이었다.

롱샹 성당의 정식 명칭인 '롱샹 언덕 위의 성모'가 의미하듯, 이 성당의 시초는 4세기에 성모 마리아에게 봉헌된 이 자리에 있던 다른 성당이다. 이곳은 오랫동안 끊임없이 많은 순례자가 찾는 장소였고, 나지막한 구릉이지만 주변과 비교하여 가장 높은 곳이며 요새 같은 지형 조건을 갖춘 탓에 중세부터 군사적 요충지로 쓰이기도 했다. 여기 있던 성당은 1936년에 증축되기도 했으나, 제2차 세계대전이 끝을 향해 가던 1944년에 이 봉우리를 독일군이 재점령할 것을 우려한 연합군이 폭격으로 파괴하여 오랜 역사의 성지는 폐허가 되고 만다. 그 가운데서도 이 성당이 모시고 있던 성모상은 기적처럼 소실되지 않았고, 이는 코르뷔지에가 새 성당을 지을 때 중요한 오브제로 삼았다.

전쟁이 끝나고 이 성지에 새로운 성당을 건립하기로 했을 때, 당시 프랑스 가톨릭계에서 미술과 건축에 관한 권위를 인정받은 쿠튀리에 신부에게 이 프로젝트를 위임했다. 그리고 즉각 코르뷔지에에게 설계 작업을 맡긴 것이다. 1950년이었다. 코르뷔지에는 성당 설계를 실패한 경험이 있어 처음

제단 뒷벽에 안치된
폭격에 살아남은 성모상

에는 거절했다고 한다. 그러나 쿠튀리에 신부의 설득과 이 땅이 가진 특별한 성격이 그의 영감을 자극하여 위대한 역사가 시작되었다. 나중에 라 투레트 수도원 설계까지 코르뷔지에에게 맡긴 쿠튀리에 신부는 롱샹 성당이 완공되기 1년 전인 1954년 병환으로 세상을 뜨고 말았다. 코르뷔지에에게는 더할 나위 없는 슬픔이었다.

이 땅은 코르뷔지에의 고향 라 쇼 드 퐁에서 멀지 않은 곳이다. 코르뷔지에가 처음으로 이 언덕을 올라 아래로 펼쳐진 주변의 광활한 평원을 보았을 때 자신이 태어나 자란 쥐라산맥이 남쪽으로 보였다. 당연히 어머니에 대한 생각이 일었고 성모 마리아에게 다시 봉헌될 이 순례 성당이 어머니의 이미지와 겹쳤다. 노트르담 뒤 오. 아주 오래전부터 사람의 발길과 소망이 닿고 쌓인 이 순례의 장소는 이미 수없이 많은 이야기를 가지고 있었다. 그러나 그에게 이 언덕은 무엇보다 그가 젊은 시절 방문한 아테네의 아크로폴리스와 같았다. 그때 그는 아크로폴리스를 그리며 건축을 빛 속에 빚어진 매스의 장엄한 유희라고 정의했다.

그를 모더니즘의 창시자며 완성자라고 했다. 기계 미학에 심취하여 직각만이 유일하고 불변한다고 한 그의 건축은 늘 직각의 육면체여야 했으며, 이성은 그 속에서 번뜩이며 오만하게 거주자들을 노려보고 있었다. 그러나 기계 문명이 인간의 살육을 대단히 효과적으로 돕는 것을 목격한 그는 직각의 기계를 떠난다. 롱샹의 평면은 원시 동굴 혹은 지중해의 패각류처럼 둥글고 휘어졌다. 벽체마저 기울어졌고 두께도 일정하지 않았으며, 그 위에는 기선의 아랫부분처럼 육중한 콘크리트 지붕이 앉았다. 도무지, '직각은 합

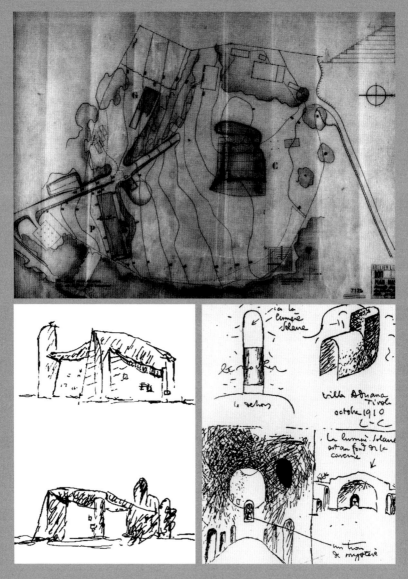

롱샹 성당을 위한 코르뷔지에의 도면과 스케치

법적이며 결정론의 한 부분으로 의무'라고까지 한 그 아닌가. '순수 기하학으로 만들어질 때만 질서가 창조된다'라고 단호히 선언하던 그였는데, 여기에는 그가 선봉에 서고 모든 기준과 강령을 만든 모더니즘의 흔적조차 없었다. 모더니즘을 창시하기 전인 젊은 시절의 감성으로 돌아간 것일까. 아니면, '직관은 후천적으로 획득한 지식의 총합'이며, '감정은 기억된 후천적 지식의 발산물'이라는 그의 말처럼 모든 이성의 최종 목적지가 감성일까. 어떻든, 이 롱샹은 그를 교주처럼 따르던 모더니스트에게는 뼈아픈 배반이어서 그의 변절을 통절히 규탄하는 이들도 있었다.

그러나, 그는 아랑곳하지 않았다. 마치 이 언덕에 앵커링anchoring을 하듯 사람 크기의 나무 십자가를 제단에 세우며, 착공한 지 2년 만인 1955년 6월 25일 이 세기의 성당을 완공했다. 수많은 이가 운집한 가운데 축성 미사가 집전되고 아이들로 구성된 성가대의 아름다운 목소리가 언덕 위를 감돌며 채웠다. 성서적 풍경Biblical Landscape이 그런 것일 게다. 이틀 후에도 흥분이 사라지지 않았던 68세의 코르뷔지에는 95세의 노모에게 다음과 같은 편지를 보낸다.

토요일의 롱샹에서는 모든 것이 장엄하게 흘렀습니다. 온갖 환희가 있었고, 아름다움과 영적 웅장함이 넘쳤습니다. 당신의 코르비는 영예로웠고, 과분한 칭송 가운데 존경과 사랑을 받았습니다. (…) 이 건축은 오랫동안 만들어온 것 중 가장 혁명적인 건축입니다. 특히 종교적으로, 가톨릭계에서 특별하며, 거행된 미사의 형식에서도 그렇습니다. 성서를 통해 보더라도 제 건축으로

성당 정문

인해 전례가 더욱 품위 있었으며 그 목적이 분명해졌습니다.

이 걸작을 두고 수녀의 두건, 노아의 방주, 기도하는 손 등 수많은 은유가 나왔지만, 나는 그 어떤 것도 따르고 싶지 않다. 그저 코르뷔지에의 조형이며 추상일 뿐이다. 이 건축 형태의 모티브는 철저히 기능의 필요에 대한 그의 반응으로 이루어져 있다. 롱샹 성당 영역으로 들어가 곡선의 마지막 순례길을 오르면 나타나는 성당의 남쪽 면은 경사진 벽체가 순례객을 맞는다. 투시도적으로 생각하면 이는 실제보다 그 높이를 훨씬 크게 보이게 하는데, 그 위를 덮는 콘크리트 지붕은 그래서 더 압도적이다.

코르뷔지에가 그린 가로세로 3미터의 철제문은 바로 눈에 띄어 그곳이 입구인 것을 안다. 사실 이 문은 큰 전례가 있을 때 사용하는 문이며, 평상시에는 북쪽의 작은 문을 사용한다. 남쪽 문은 공간의 깊이가 충분해서 성당의 전통적 현관인 나르텍스narthex 역할을 한다. 33센티미터의 두께지만 피벗 힌지pivot hinge로 부드럽게 회전하는 문을 열고 들어가면, 아, 완벽하게 다른 세계… 도무지 현실이 아니다. 잠시 시간을 두어 로마네스크적 어둠에 적응할 때면, 우선 성당을 짓누른 그 육중한 콘크리트의 지붕이 벽체 위 수평의 빛에 의해 가볍게 떠 있음을 보게 되면서, 이 건축의 공간은 우리의 상식을 뛰어넘어 마음을 흔든다. 그리고 이내 남쪽의 경사진 벽이 그냥 벽체가 아니라 깊은 창을 품고 있음을 알게 되고 그 깊은 창 속의 공간 모두가 성소라는 것을 인식하면, 스테인드글라스의 빛이 경건하게 느껴진다. 외부에 치솟던 타워는 모두가 작은 성당이어서 이곳에 서거나 앉는 풍경 모두

성당 내부

성당 남쪽 벽

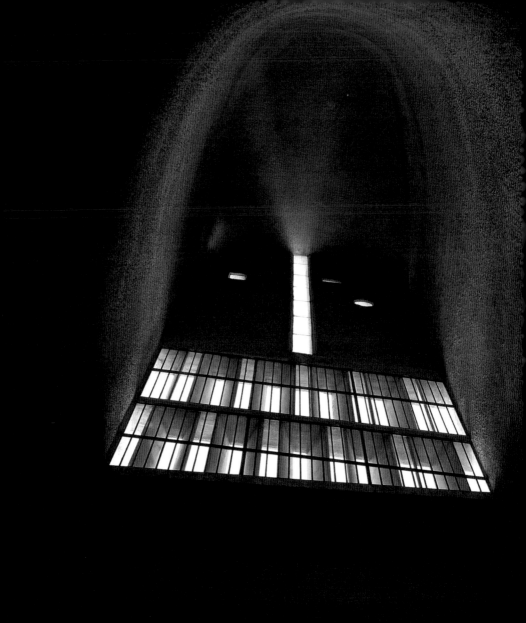

기도소

완결적이다. 바닥은 제단 앞으로 쏠린 경사면인데 내부에 놓인 장의자, 제단, 강론대, 십자가 또한 그것만으로도 사명적이어서 경건하다. 제단 뒷벽 위 작은 창에 모신 성모가 폭격에도 살아남은 성모상이다. 내일도 살아 있을 것이다. 제단의 오른쪽 한편에는 촛대가 있다. 코르뷔지에의 장례식이 거행되던 날 이 촛대의 촛불이 밤새도록 켜져 성당과 성모를 희미하게 비추었다. 자비하신 성모여….

성당 외벽은 네 면이 다 다르다. 특히 성당 동쪽에는 순례객 1만 명이 함께 미사를 볼 수 있도록 넓은 풀밭의 공간이 있으며 이 미사를 십선하는 제단 시설들이 성당 동쪽 입면을 구성하고 있다. 그 건너에는 피라미드 같은 돌무덤이 있다. 이 성당을 지을 당시, 이곳에서 폭격으로 희생된 이들을 기억할 수 있는 기념비를 세워달라고 요청받은 코르뷔지에가 기존 성당에 사용된 돌을 모아 만든 기념비다. '평화의 피라미드'Le Pyramid de Paix 라 불렀다. 그 옆에 청동 비둘기상을 만들어놓았는데, 나는 이 비둘기를 평화의 상징이라기보다 코르뷔지에가 지속적으로 품은 바다에 대한 오마주로 이해했다.

코르뷔지에는 종탑을 만들지 않았다. 현대 세계에서 종소리가 어울리지 않는다고 여겼는데, 전례를 진행하면서 그 필요성이 지속적으로 제기되어 코르뷔지에가 죽은 지 10년이 지나고 나서야 비로소 세워진다. 옛 성당에서 사용한 종탑을 다시 세우는 일이었지만, 이 프로젝트에 참여한 장 프루베 Jean Prouvé(1901~1984)는 얼마나 켕겼을까. 성당 서쪽에 세워진 이 종탑은 실제로 성당과 꽤 거리를 두고 독립적으로 있었고 마치 설치물 같은 형태일 뿐이었다. 능히 짐작이 가고도 남는다.

평화의 피라미드

종탑

버스는 우리를 롱샹 성당의 리셉션 센터가 있는 주차장까지 데려갔다. 비교적 넓게 조성된 주차장과 리셉션 센터는 렌조 피아노^{Renzo Piano(1937~)}가 지은 것이다. 렌조 피아노. 지금 세계 최정상에 있는 건축가이며, 전 세계의 중요한 건축을 도맡아 설계한다. 롱샹 성당의 부속 건물일 뿐인 리셉션 센터 설계가 그의 이력에 별 도움이 안 되었을 테지만, 쾌히 이 일을 맡았고 또 자신이 취해야 할 태도도 명확히 인지하고 있었다. 리셉션 센터는 형태가 없었다. 롱샹의 언덕 밑부분을 파고들어 공간만을 열고 있으며, 그냥 풍경의 한 부분으로 존재하는 데 충실했다. 거장 코르뷔지에를 철저히 존경한 결과였으니 그 또한 이 시대의 거장임이 틀림없다.

　우리는 표를 끊고 언덕길을 올랐다. 오르는 길 오른편에는 코르뷔지에가 성당과 함께 설계한 방문자 숙소가 있다. 이도 롱샹의 자태를 침해하지 않도록 마치 지형을 들추듯 땅속에 공간을 만든 것이어서, 리셉션 센터 설계도 이 방식을 따르는 게 편안했을 게다.

　아크로폴리스의 언덕을 올라 파르테논의 부서진 신전을 보며 탄식하듯, 우리는 모두 성당의 입면 앞에서 찬탄을 부르며 와자지껄했다. 두고 보라. 조금 후 여러분은 충격적 침묵 속에 빠져들 게니…. 남문은 열리지 않았다. 우리는 서쪽으로 돌아 북쪽 문으로 들어갔다. 아니나 다를까, 모두 소리조차 지르지 못하고 벽으로, 의자 속으로 묻히고 있었다. 공간은 그대로였다. 빛은 여전히 빛났으며 어둠은 마찬가지로 짙었다. 나도 뒷자리에 앉아 일행이 충분히 이 공간에 익숙해질 때까지 가만히 있었다. 일행은 느리게 움직이며 성당의 이곳저곳을 훔쳤다. 모두의 표정이 심각해졌고, 더러는 깊

렌조 피아노의 리셉션 센터

성당 남측의 방문자 숙소

은 한숨을 내쉬었고 기도에 들어갔다. 아니나 다를까, 공지영 씨는 머리를 깊이 숙이며 한없이 기도하고 있었다. 카메라 셔터 소리가 그치지 않았지만, 여기의 고요는 그마저 덮었다. 고요. 그렇다. 순례의 끝에 발견하는 풍경은 고요다. 트랜킬리티Tranquility. 순례라는 게 여기 오는 것이 목적이 아니라 그 자체가 목적이며 가치라면, 그 과정에서 이미 순례자의 고통과 번민, 불안과 근심, 증오와 시기, 욕정과 탐심, 오만과 분노 모두가 해소되었을 게다. 그러면 그 순례의 끝에서 얻어지는 건 고요밖에 없다. 그게, 내가 도달하지 못하는 피안이라서 그렇다. 나는 고요, 이 단어를 참 좋아한다.

한참 지나 하나둘씩 자리를 뜰 무렵, 나는 제단 앞으로 나가 촛대에 두 개의 가늘고 기다란 초를 세우며 불을 켜고 잠깐 기도했다. 하나는 내 가정의 안녕을 위해, 또 하나는 오늘 여기에 온 우리 모두의 평화를 위해….

다시 밖으로 나왔다. 날씨는 갰지만 아침부터 간간이 뿌린 비가 지붕에서 뻗어내린 콧구멍처럼 생긴 콘크리트 홈통을 타고 조르르 흘렀다. 바람은 선선하고 공기는 말끔했다. 동쪽 야외 미사장으로 돌아서 야외 제단에 올라 콘크리트로 된 신부좌에 앉았다. 바로 앞에는 사람 크기의 십자가가 제단 바닥에 박혀 여기는 성스러운 땅이라고 선언하고 있었다. 너무도 단호해서 질문조차 생각나지 않았다. 한참을 또 앉아 있었다. 코르뷔지에가 이 건축을 설계할 당시의 나이가 지금 내 나이라는 사실에 좌절감을 느꼈다. 내 하는 일 모두를 다시 들여다봐야 한다. 되뇌고 되뇌었다.

푸른 잔디가 완만한 경사를 이루며 펼쳐지고, 저 건너 돌로 쌓은 피라미드 위에 벌써 최수연 씨가 올라 촬영에 열심이다. 그는 사진작가면서 목수다. 무언가 만들어내는 일은 공간에 개입하는 것인데, 순간을 기록하는 일도 같이한다면 이는 정확한 손과 눈이 필요할 수밖에 없어 여행 내내 그의 손과 눈을 쳐다보았다. 그가 만들어 내게 선물로 준 만년필은 놀랄 만큼 정교했다. 일행 중에는 목수가 한 명 더 있는데, 김윤관이다. 잘생긴 얼굴을 한 그는 뭔가 분노를 늘 가슴에 품고 있는 듯하다. 다스릴 수 있는 크기라면 분노는 스스로 부패하지 않기 위해서도 필요한 것이다. 사실 내게도 늘 분노가 있다. 어릴 적에는 세상의 불공평이나 군부 독재 정권 등에 대한 분노가 있었고, 지금은 아마도 공공성의 가치나 우리 인간의 존엄성을 해치는 자들에 대한 분노가 있을 게다. 그게 나를 부패하지 않게 한 동인이다. 김윤관의 목공예도 그런 결과로 빚는 것이라고 여기는데, 그의 작품을 보면 단순하고 간결한 목가구 속에 응축된 힘이 잠재하고 있다. 최수연 씨가 만든 목가구는 본 적 없지만, 틀림없이 많은 이를 위로하는 모습일 게다.

공지영 씨와 롱샹 성당의 비탈길을 같이 걸어 내려갔다. 그녀는 코르뷔지에는 천재라고 했다. 이미 라 투레트 수도원 이전에 롱샹 성당으로 그 천재적 재능이 충분히 발휘되었다고 하며 벅찬 감동을 전했다. 아마도 그녀에게는 라 투레트 수도원보다 이 롱샹 성당이 더 감동적이었을 게 분명했다. 다른 일행도 여기에서 더 감동한 듯 그 감동의 크기를 숨기지 않고 말한다. 그럴 게다. 일반적으로 모두들 형태적 요소가 분명한 롱샹을 더 감동적인 건축으로 여긴다. 그런데 여기서 우리 모두가 받는 감동은 사실 압도적 공간의 아름다움이다. 그러나 공간은 설명하기 어려워, 우리는 늘 그 울림을 시

성당 동쪽 야외 미사장 제단

각으로 환산해서 말한다. 더구나 롱샹 성당의 형태 요소는 기발하고 특별하다. 원시적 향수를 불러일으키기도 하며, 그래서 더러는 수녀의 두건, 혹은 기도하는 손, 심지어는 기선의 형태라고 하며 롱샹 성당의 감동을 구체화하려 수없이 시도했다. 조건이 다른 건축은 비교 자체가 성립되지 않는 일이건만, 롱샹 성당이 라 투레트 수도원보다 더 좋다고 말하는 이들이 그런 까닭으로 많다.

그러나 공간이 건축의 본질이며 건축은 우리 삶을 구축하고 지속시키는 가장 유효한 수단이라는 것을 아는 나는 그렇게 생각하지 않는다. 더구나 코르뷔지에가 이제 다시 찾은 원초적 감성을 철저히 죽이고, 고전에 굴복하여 다시 본질에 돌아가 라 투레트 수도원을 지은 것이라면 모든 형태 요소를 넘는 가치가 있다고 믿는다. 그래도 롱샹을 더 좋아하시는가? 어쩔 수 없다. 사실은 내 마음 한구석에도 이에 동의하는 기색이 있기도 하니….

퐁트네 수도원

버스 안에 롱샹 성당의 감동이 넘치고 흘렀다. 몇몇이 내게 이런 곳에 데려와 주어 고맙다는 인사까지 한다. 두고 보시라. 나도 이렇게 순례하는 루트를 만들 테니…. 사실은 내가 그리는 게 있다. 근래에 내가 짓고 있는 몇 건축이 영성에 관계하는 기능을 가졌는데, 공교롭게도 낙동강을 중심으로 한 지역에 모여 있다.

노무현 대통령 묘역

앞에서 설명한 적이 있는 밀양의 명례성지인데 강 건너의 봉하마을에는 노무현 대통령 묘역이 있어 수많은 이를 부르고 있으며 곧 기념관도 완공될 예정이라 명례성지와 더불어 이 일대가 우리를 성찰하게 하는 순례의 루트가 될 수 있지 않을까 한다. 또 인근의 경산시에 하양 무학로 교회당을 최근에 지었다. 불과 15평 남짓한 작은 건물이지만, 그래서 오히려 거추장스러운 것을 다 걷어내고 성소의 본질만 드러내려 했으니 대형 시설에 주눅 든 우리에게는 이 작은 성소가 특별할 게다.

또한 여기서 북쪽으로 한 시간을 가면 경북 군위군 부계면에 '사유원'이라는 수목원이 있는데, 600년 수령의 모과나무를 비롯한 특별한 수목이 볼 만하고 산세의 풍광도 참으로 아름다운 데다가 짓고 있는 시설도 현암玄庵, 명정冥庭, 사담思潭, 와사臥寺, 천단天壇 같은 수상한 이름이 붙은 건축들이어서 예사가 아니다. 그리고 이들 장소를 오가는 사이에 부산에서 숙박하면 유난한 공간 구조를 가진 통도사通度寺도 기착지가 될 수 있으니, 이들을 다 묶으면 우리를 성찰하게 하는 좋은 순례길이 되지 않을까? 한번 해볼 게다. '영성의 지도'라고 이름까지 정했다.

롱상 성당에서 내려온 버스는 아름다운 시골길과 마을을 거치며, 점심을 먹기로 한 랑그르Langres라는 마을로 갔다. 이 작은 마을을 관통하는 좁은 길은 대형 버스가 진입하면 안 되건만 이 적극적인 포르투갈 기사가 잠시 머뭇하더니 들어섰다. 일방통행의 폭 좁은 길에 대형 버스가 들어서자 모든 교통이 난리가 났다. 사달을 일으킨 것을 안 기사가 우리를 식당 바로 앞에

부계 수목원 사유원

내려주고 외곽으로 빠지겠다고 하며 황급히 내달렸다. 점심을 먹고 나왔는데, 그때까지 우리 버스로 인한 난리가 멈추지 않고 있었다. 버스가 갈 길을 몰라 헤맸다고 했고 경찰들이 나와서 마을 교통을 차단하고 버스에 우리를 태우게 한 다음 경찰차로 에스코트까지 하면서 마을 어귀까지 데려다주었다. 점심도 먹지 못한 기사에게 상황을 물으니 스티커를 떼였다고 했지만, 씩 웃는 게 그리 불쾌한 표정이 아니었다. 이방의 버스로 엉망진창이 된 교통 상황을 이해하는 시민, 이를 해결하고자 바삐 움직이는 경찰, 연신 미안한 표정으로 끙끙대는 기사…. 모두가 선하고 올바르다. 흐뭇했다.

버스는 한 시간을 더 달려 퐁트네 수도원Abbaye de Fontenay에 도착했다. 퐁트네 수도원은 시토회 창시자인 로베르와 뜻을 같이한 클레르보의 베르나르가 1147년에 완공한 시토회 수도원이다. 세속화된 클뤼니 수도원을 떠나 베네딕토 규칙을 준수하는 수도원 설립을 목표로 한 만큼, 정통적 수도사의 삶을 원하는 이들이 모여들었으나 번창하면서 다시 위기를 맞는다. 13세기 중엽 왕실 수도원으로 승격되었으니 세속 권력과 결탁한 수도원의 운명은 뻔했다. 왕실의 기관이었던 만큼 전쟁에서는 늘 공략의 목표가 될 수밖에 없어 백 년 전쟁이나 종교 전쟁에서 첫 번째로 약탈당하고 파괴되었으며, 결국 프랑스 혁명에 이르면서 수도원의 기능은 완전히 폐쇄되고 제지 공장으로 바뀌고 말았다. 오늘날에는 한 예술 애호가의 손에 넘어가 박물관으로 쓰이고 있다.

유네스코 문화유산이 된 박물관인 만큼 폐허의 수도원이지만 그 상태는 매우 양호하다. 로마네스크 양식으로 빛과 어둠도 적당하고 특히 왕실의 수도원이었으니 품위 있는 장식의 석재로 구성되어 있다. 66미터 길이의 성당은 그 크기도 장중하고 정확한 석재의 맞춤이 예사롭지 않다. 40~50명의 수도사가 기숙하는 대침실, 정교한 장식의 석재로 마감된 챕터 하우스, 그리고 장중한 열주와 그림자 짙은 회랑… 어느 하나 빠지지 않는 정교한 건축이다. 그러나 여기에는 수도원이 주는 영성의 감동이나 폐허가 지닌 애절함이 없는 건 무슨 까닭일까?

폐허의 수도원으로 나에게 가장 인상 깊었던 곳이 아일랜드의 도니골 수도원Donegal Franciscan Friary이었다. 아일랜드는 수도원 전통이 뿌리 깊은 곳이다. 아일랜드 수도원은 베네딕토 수도원과 함께 서방 수도원 문화의 두 축이었다. 패트릭Saint Patrick(387?~461?)이라는 인물이 등장하는데, 4세기 말 영국에서 태어난 그는 아일랜드로 노예로 잡혀갔다가 탈출하여 갈리아Gallia 지방으로 도망한다. 곡절 끝에 갈리아의 수도원으로 들어가 수도사가 되었는데, 계시를 받고 다시 아일랜드로 가서 수도원을 일으킨다. 그가 받은 훈련은 이집트 광야에서 성행한 금욕적 수도 방식이어서 그 전통을 이어받은 아일랜드 수도원은 극단적 금욕이 보편적 수도 방식이었다. 완전한 삶을 살려고 노력한 그들이 조그마한 잘못도 상급자에게 고백하는 관습이 중요한 의식으로까지 발전하여 오늘날의 고해성사로 이어졌다. 또한 성경과 교부들의 저작을 읽고 익히는 일은 완전한 기독교인이 되려는 그들에게는 필수적인 수도 행위여서 자연스럽게 학문이 발달한다. 그래서 경전의 보급과 연구에도 괄목할 만한 성과를 낸 수도원 전통이 아일랜드에 있었다. 그 결과

퐁트네 수도원.
민간단체 소유로
말끔하게 관리되어
폐허의 처연함이
없어졌다.

폐허가 되어서도 죽은 자들을 위해 기능하고 있는 도니골 수도원

로 유럽 대륙에 수도원을 보급하는 데 결정적 역할을 한 보니파키우스Saint Bonifacius(672?~754)라는 수도사를 배출하기도 했다.

아일랜드의 엄격한 수도원 전통을 이어받아 1474년에 세워진 도니골의 수도원은 지금은 폐허로 남아 있다. '장소'를 주제로 삼은 지난 2015년 동숭학당 여름 기행 때 문학 속의 장소를 찾아 아일랜드로 방향을 정해 우연히 이 수도원을 방문할 수 있었다. 아일랜드 서쪽 끝 작은 도시 도니골을 거쳐 북대서양으로 흐르는 에스케Eske 강변에 있는 이 수도원은 17세기 후반까지 아일랜드에서 가장 영향력 있는 프란체스코 수도원이었으나 전쟁으로 파괴되고 만다. 폐허로 변한 수도원이지만 수도원 마당과 성당, 숙소 등 공간의 흔적이 여전히 분명했다. 그런데 이 폐허의 수도원이 놀랍게도 모두 무덤으로 쓰이고 있다. 여기저기 돌로 된 문턱의 파편을 넘나들며 묘지가 있었고 간간이 부서진 비석들이 죽은 자의 이름을 부르고 있었다. 성당으로 쓰인 공간에는 제단이 버려진 듯 놓여 있고, 한구석에 놓인 오래된 묘지 옆에는 석탁石卓이 지난밤의 빗물을 담고 있다. 죽은 자의 수도원. 폐허가 되어서도 여전히 수도원으로 복무하는 이곳, 건축의 마지막 순간이지만, 그 건축이 가장 아름답게 빛나는 풍경이었다.

그에 비하면 이 퐁트네 수도원은 박제된 유물이다. 이따금 문화 행사를 위해 임대해주기도 하고 박물관이 된 수도원의 건축을 보려고 오는 방문객을 받기도 하지만, 잘 정비된 대장간에 설치된 옛날 장비들은 방문객에게 보여주고자 새롭게 만든 가짜였으며 그 시설을 이용해 만드는 공예품에서는 어떤 진정성도 느끼기 어려웠다. 차라리 숙박 시설로 쓰면 어떨까…. 나

퐁트네 수도원 정문 앞에 있는 청동의 십자가.

이곳에서 일어난 모든 일을

오랜 세월 동안 목격한 연륜이 그대로 드러나 있어.

는 이제 여기에 다시 오지 않을 것이다. 이렇게 다짐하며 수도원 밖으로 나와, 수도원 앞 광장에 이 수도원의 징표로 세운 청동의 십자가에 이별을 고했다.

베즐레 성 마들렌 성당

버스는 베즐레Vézelay로 향했다. 한 시간도 걸리지 않는 거리다. 베즐레를 마지막 숙박지로 택한 까닭은 내일 비행기를 타야 하는 파리가 가깝기도 하고 숙박하는 호텔이 수도원 순례 여정을 마치며 마지막 만찬을 하기에도 적절하지만, 무엇보다 여기는 출발을 다짐하는 힘이 있는 장소여서다.

베즐레는 지정학적으로 중요한 교역로에 위치해서 로마 시대부터 마을이 형성되었는데, 프랑스에서 산티아고Santiago로 가는 네 개의 순례길 중 한 루트의 시작점이기도 하다. 9세기부터 수도원이 있었지만 이곳이 중요한 종교적 성지가 된 건, 1050년경 이곳의 수도사가 막달라 마리아의 것이라고 주장하며 유해를 가져온 게 발단이다.

막달라 마리아Magdala Maria 혹은 마리아 막달레나Maria Magdalene/Mary Magdalene라는 여성. 이미 피렌체 기행에서 도나텔로의 마리아를 말하며 언급한 적이 있었다. 예수의 십자가 죽음과 부활을 목격하고 사도들에게 사실을 알린 갈릴리 출신의 이 여성은, 남성 위주 사회인 초기 그리스도 교회에서 공공연히 배척당했지만 사도 중의 사도라고 불렸다. 일설에 따르면, 그

베즐레 전경

녀는 예수의 부활 이후 언니인 마르타Martha와 함께 예루살렘에서 추방되어 마르세유 항구에 도착하면서 그 부근의 한 동굴에서 만년을 은수자로 살며 예수의 가르침을 전파했다. 또 다른 설도 있는데, 에페소스Ephesos에 살다가 운명했다고도 하고 예루살렘을 떠나지 않았다고도 한다. 아무튼 마르세유 설을 따르면, 엑상프로방스Aix-en-Provence 근처의 생 막시맹 라 생트 봄Saint-Maximin-la-Sainte-Baume에 매장했다는 그 유해를 바딜로Baddilo라는 수도사가 베즐레로 옮겼다는 것이다.

　성서에 있는 중요 인물의 유해를 이곳에 가져왔다는 것은 사실 여부를 떠나 일대 사건이었다. 더구나 그 후로도 많은 이가 이를 사실로 증언하기도 했고 교황 이노센트 2세Innocentius II(1130~1143)까지 가세하면서 베즐레는 기독교인에게 가장 중요한 순례지가 되고 말았다. 그래서 이곳에서 열리는 미사나 전례는 늘 붐볐고, 중요한 종교 행사에도 이 성지가 최적의 장소로 여겨졌다. 루이 7세Louis VII(1120~1180)가 참석한 1146년 이곳의 부활절 미사에서 클레르보의 베르나르는 예루살렘 탈환을 위하여 제2차 십자군을 일으킬 것을 강조하는 설교를 하며 전쟁을 다시 불러왔다. 또한 1190년 영국 왕 리처드Richard I(1157~1199)와 프랑스 왕 필리프Philip II(1165~1223)가 여기에서 만나 선례를 받들며 다시 제3차 십자군 전쟁을 선포하기도 한 장소였으니, '성령이 머무는 언덕'이라는 칭호가 붙은 이곳은 결기의 땅이었다. 물론 그 결과는 잔인한 살육이었으나, 동시에 빈번한 인적·물적 교류가 불가피하게 일어나서 유럽 대륙이 새로이 변화하는 계기를 만든 곳도 여기였다.

언덕의 가장 높은 곳에 있는 베즐레 성 마들렌 성당Basilique Sainte-Marie-Madeleine은 원래 클뤼니 수도회 소속의 수도회 성당이었다. 마리아의 유해를 보려고 수많은 순례객이 모이자 12세기 초에 대대적인 증축을 했으나 12세기 중엽 화재로 인해 무너졌고, 이를 복구한 게 오늘날에 이르는 모습이다. 16세기 중엽 백 년 전쟁의 후유증으로 수도원 기능은 이미 폐쇄된 까닭에, 이 성당은 수도원이 궤멸되던 프랑스 혁명 때 오히려 문화재로서 가치가 인정되어 복구 계획을 세우고 그 당시 젊은 건축가였던 외젠 비올레르뒤크Eugene Viollet-le-Duc(1814~1879)에게 일을 맡겨 오늘날의 모습을 갖게 된다. 프랑스 아르 누보 시대를 연 비올레르뒤크는 특히 성당 정면의 상부 조각을 그의 특유한 조형 감각으로 다시 만들었다. 팀파눔tympanum이라 불리는 이 부분의 조각은 전통적으로 사도의 행적이나 최후의 심판 같은 성서적 내용을 표현하지만, 여기서는 많은 이교도에 대한 승리를 표현하며 십자군에게 영적 동기를 부여하는 내용으로 구성했다.

순례 성당은 순례자들의 동선 순환이 원활해야 하는 만큼 회중석의 양측에 있는 측랑의 폭이 넓다. 순례 동선이 제단과 회중석 사이를 지나며 전체를 순조롭게 순환하게 하려면, 트랜셉트 공간이 발달하지 않은 바실리카 형태의 공간 구조를 가질 수밖에 없다. 또한 이 성당의 전실, 나르텍스의 크기는 다른 성당에 비해 월등히 크다. 많은 순례자를 수용하기 위한 공간이기도 하지만 성전에 들어갈 수 없는 이들을 포용하는 목적도 있었기 때문이라는데, 파눔과 프로파눔을 잇는 사이 공간인 듯 흥미롭기 짝이 없다. 성당 내부의 천장을 지지하는 아치는 마치 모스크mosque의 아치처럼 서로 다른 돌

성 마들렌 성당.
경사진 순례길을
빠져나올 때 고개를
들면 마주하게 된다.

순례 성당 내부

지하 경당은
상부 본당보다 훨씬
원초적이어서 여전히
영성이 깊게 울린다.

로 연결되어 회중석의 축을 더욱 강조하고, 이를 지지하는 100개의 기둥머리 장식은 정교하다. 내부 회랑의 측벽에는 각지에서 온 둔탁한 나무 십자가들이 벽에 붙어 있어 순례 성당의 장엄한 분위기를 더하고 측랑의 너비도 충분하다. 성녀 진위가 불분명했던 마리아의 유해는 이제는 이곳에 없지만 유해를 보관하던 장소인 지하 경당에는 여전히 많은 이가 모여들며 그 공간 또한 어느 성소보다 경건하다. 이 대성당을 지은 후 베즐레 인구는 급증했으며, 마을 구조도 대성당에 오르는 길을 중심으로 순례의 행로를 지원하는 시설과 공간으로 채워졌다.

성녀 마들렌의 유해를 참배하려고 온 순례자들이지만 이들은 여기서 다시 삶을 새롭게 살기로 작정하고 성녀에게 그 결심을 고한 후, 야고보Jakobus의 유해가 있는 산티아고 데 콤포스텔라Santiago de Compostela까지 1,600킬로미터가 넘는 길을 걷고자 떠난다. 오늘날에도 산티아고로 떠나는 이들의 숫자가 보통이 아니다. 파울로 코엘료Paulo Coelho(1947~)가 쓴 『순례자』O Diário de um Mago(1987)의 영향이 크다고 하지만, 이제는 그의 영향을 넘어 삶의 한 방법이 되었다. 전례 없이 풍요로운 삶을 사는 현대인이 떠나는 순례길. 지나온 삶을 성찰하고자, 그래서 새로운 삶을 찾고자 떠난다고 하는 그들이 그 끝에서 공통적으로 얻는 건, 아마도 평화일 게다.

십자가

우리는 베즐레 성당으로 오르는 입구 광장의 건너편에 있는 호텔에 5시 넘어 도착했다. 오텔 드 라 포스트 에 뒤 리옹 도르 Hôtel de la Poste et du Lion d'Or라는 다소 긴 이름의 호텔은 200년 전에 세워진 건물인데 대형 마차가 머물 수 있는 저택이었다고 한다. 여기에 묵은 적이 세 번 있어 내겐 익숙한데, 저녁 식사 분위기가 좋아 우리 기행의 마지막 만찬을 하기에 아주 좋은 장소일 거라 여겼다. 모두에게 만찬 시간을 7시 반이라고 알리고 내 방으로 갔다. 3층 남쪽으로 면한 방에서 보는 풍경은 그야말로 온건했고 평화로웠다. 평화…. 방에는 큰 욕조가 있었다. 베즐레 언덕으로 올라갈 생각을 지우고, 어젯밤의 불면과 오늘의 수고를 보상받고자 더운물을 받아 곤고한 몸을 밀어 넣었다. 부디 가거라, 이 곤고함이여….

식당으로 내려가니 이고은이 오늘 저녁의 와인 값을 이은 감독과 김윤식 원장이 부담하기로 했다고 전한다. 아마도 예상한 것보다 더 많이 나올 게 분명하여 미리 미안했지만, 감사하는 수밖에 없다. 모두 자리에 앉아 그동안의 장도를 서로 위로했다. 아까 롱샹 성당을 떠나오는 버스 안에서 전부 소감을 밝힌 바 있었다. 대부분 내게 감사하는 말이어서 민망했다. 여행은 대개가 자발적 이방인이 되게 하여 스스로를 성찰하게 하는 성질이 있지만, 이 기행에서 느낀 것은 각별할 수밖에 없다. 굳이 종교가 아니더라도 영적 충만을 위해 일상의 삶을 도도히 버린 이들의 흔적을 좇는 일은 자기 내면을 들추는 일과 같기 때문이다. 그것은 어쩌면 두려우며 당혹스러운 일일 수 있다. 그때 같이한 동행이 있다는 것은 더할 나위 없는 위안이다. 그래서일 게다. 서로에 대한 신뢰와 애정이 듬뿍 담긴 자리였다.

　즐거운 대화 속에 취기가 한참 올랐다. 호텔 여주인은 끊임없이 새로운 와인을 주문하는 우리에게 온갖 친절을 베풀었다. 아마도 이 호텔의 와인 저장고는 이날 다 비워지는 듯했다. 모두 여태까지의 장정을 축하하며 취했다. 그런데, 갑자기 장윤규가 내 자리에 와서, 조금 전 자리를 돌며 술을 권한 내가 자기 머리를 두드린 것에 대해 사과하라며 두 눈을 부릅뜨고 섰다. 다른 이들 앞에서 내가 한 행동으로 기분이 상해 취기에 참지 못하고 항의하러 온 것이었다. 다소 당황했으나, 나는 즉시 사과했다. 장윤규는 내가 생각한 만큼 나와 친한 게 아니었는데, 내가 실수한 것이다. 설혹 친하다 해도 다 큰 사람을 함부로 대하는 게 아니었다.

　잠시 서먹했던 자리는 다시 술의 향과 즐거운 소리에 묻혀 회복되었지만, 나는 취기가 이미 가버려 슬쩍 밖으로 빠져나오고 말았다. 그리고 혼자 베즐레 성당의 언덕을 향해 발길을 옮겼다. 적당한 오르막의 순례길이 어둠 속에서도 선명하게 앞으로 내달렸고 길옆에 늘어선 상점들은 모두 철시했지만 석재로 얽은 집의 표정과 창문 모양이 가로등 불빛으로 더욱 도드라져 나를 반겼다. 아름답다. 무수히 많은 이의 발자국을 견뎌냈을 길 표면은 빛났고 발걸음 소리를 내는 게 미안해서 나는 몸을 띄워 걸었다. 10분 정도 걸었을까, 성당이 눈에 들어왔다. 비올레르뒤크의 성당 정면은 조명에 의해 금색으로 물들어 있었다. 문은 굳게 닫혔고 주위는 사위어 고요가 내려앉았는데, 밤바람은 비단결처럼 흘러나간다. 계단 끝에 엎드렸다.

"저의 헛된 욕망과 질투, 오만과 분노와 나태를 당신의 십자가 위에 못 박아 죽게 하소서…."

나를 구원하소서. 리베라 메Libera me, 리베라 메. 한동안 그렇게 있었다.

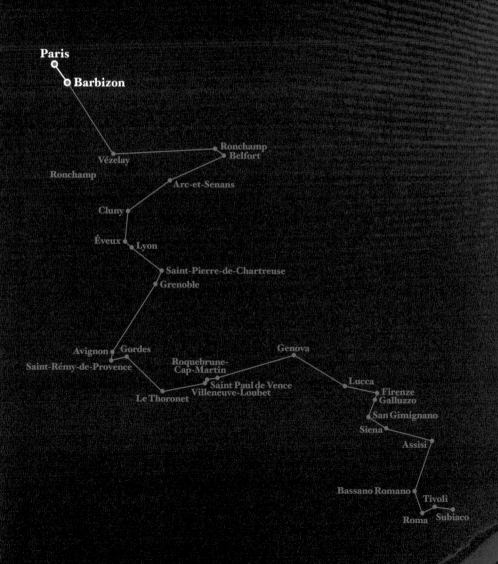

Paris

Barbizon

Ronchamp
Belfort

Vézelay

Ronchamp

Arc-et-Senans

Cluny

Éveux Lyon

Saint-Pierre-de-Chartreuse

Grenoble

Avignon Gordes Genova

Saint-Rémy-de-Provence

Roquebrune-
Cap-Martin Lucca

Saint Paul de Vence
Villeneuve-Loubet Firenze

Le Thoronet Galluzzo

San Gimignano

Siena

Assisi

Bassano Romano Tivoli

Roma Subiaco

우리에게 평화를 주소서

퐁피두 센터
●
● 파리
●
추방당한 순교자 기념관

● 바르비종

추방당한 순교자 기념관

어젯밤 성당에서 돌아온 후 바로 침대 위에 쓰러지다시피 하여 잠들었지만, 악몽이 잠을 자르고 들어와 깨어버린 잠은 다시 오지 않았다. 새벽 4시. 일어나 그간의 행적을 다시 복기하며 이 글을 쓰기 위한 키워드를 적었다. 명례성지의 이제민 신부가 카카오톡으로 몇 장의 사진을 보내왔다. 명례의 아름다운 야경이었다. 나는 이 명례성지를 내 삶이 끝나는 날까지 다듬겠다고 헌당 미사에서 회중 앞에 맹세한 바 있다. 그럴 것이다. 사진을 보며 다시 마음에 새기고 새겼다.

　오늘은 이 기행의 마지막 날이다. 파리^{Paris} 시내에 있는 '추방당한 순교자 기념관'^{Mémorial des Martyrs de la Déportation}을 방문하고 공항으로 가면 기행이 끝난다. 베즐레에서 파리로 가는 길에 밀레^{Jean François Millet(1814~1875)}의 역사가 있는 바르비종^{Barbizon}을 들러서 점심을 먹고 파리 시내로 들어가면 시간이 딱 맞을 것이라 여겼다. 19세기 중반 화가 루소^{Théodore}

추방당한 순교자 기념관.
멀리서 보면 존재감 없는 이 시설은
입구에 들어서는 순간,
건축에 내재한 기운을 느끼게 한다.

Rousseau(1812~1867)와 밀레가 콜레라가 만연한 파리를 떠나 거처를 틀면서 새로운 운명을 시작한 작은 마을 바르비종은 우리 수도원 기행의 목적지가 아니지만 파리의 공항만을 이용하려는 여행객에게는 중간 지점으로 대단히 효과적인 장소다. 대도시의 번잡함을 피할 수 있을 뿐 아니라 예술 향이 넘치는 고즈넉한 마을 풍경이 그저 그만이다.

그렇지만 샤를 드골Charles de Gaulle 공항으로 가기 전 파리 시내의 한 곳을 마지막으로 들러야 이번 기행이 완성된다고 여겼다. '추방당한 순교자 기념관'이라는 곳인데, 사실 이번 기행의 제목은 여기서 따왔다. '스스로 추방당한 자들의 공간, 그 순례'라고 했다. 이를 영어로 '필그리미지 온 더 스페이시스 오브 더 셀프 디포티드 피플'Pilgrimage on the spaces of the self-deported people이라고 적었을 때, 이고은이 '볼런터리 엑자일'voluntary exiles이라고 해야 하지 않느냐고 물은 적이 있다. 이고은이 말한 단어는 에드워드 사이드가 지식인에 대한 정의를 말하며 쓴 단어라 더 적확한 게 사실이다. 그러나 이 기행의 마지막 지점이 파리의 이 기념관이며 여기서 '디포테이션'deportation이라는 단어를 쓴 연유로 '셀프 디포티드 피플'self-deported people이라고 했다고 설명했다. 그러면서 내심 기분이 좋았다. 이고은은 틀리지 않는다는 것을 다시 확인한 까닭이다.

1962년 프랑스 건축가 조르주 앙리 팽귀송Georges-Henri Pingusson(1894~1978)이 설계한 이 기념관은 나치의 괴뢰 정권이었던 비시 정부Régime de Vichy하에서 독일의 수용소로 강제 추방을 당해 학살된 20만 명을 위한 홀로코스트Holocaust 기념관이며 공동묘지다. 그 가운데는 어린이 1만 2천 명이 포함되어 있다. 파리에서 관광객이 가장 많이 찾는 곳 중 하나가 노트르담 대성당Cathédrale Notre-Dame de Paris인데 이 성당 오른편을 돌아 200미터 남짓 가면 담장인 듯한 낮은 건물이 보인다. 노트르담 사원 앞은 수많은 인파로 늘 북적대지만, 여기는 놀랍게도 한적하다. 사실은 여기에 이 기념관이 있는 것을 대부분 알지 못한다.

아주 오래전, 한국에 온 파리 출신의 한 젊은 건축가는 이곳을 아느냐는 내 질문에 얼굴만 붉혔다. 내 설명을 듣고 난 후 거기에 대해 아무런 지식도 없는 자신이 몹시 부끄럽다고 했다. 그러니 관광객은 알 리가 없다. 이곳은 일단 노트르담 사원의 소음에서 벗어나 있다. 무엇보다, 이 기념관은 형태가 없다. 노트르담 대성당에서 가다 보면 멀리 낮은 담장만 보이니 도무지 건물이나 기념관으로 인식하지 못한다. 형태가 없는 이 건축은 화려한 노트르담 사원을 존중한 듯 자신을 지운 겸손한 태도로 존재한다. 그럴까? 내가 짐작하기로는, 팽귀송은 그런 화려함보다 더 중요한 내면이 있다고 믿었으며 그 내면을 표현하는 게 더 가치 있다고 믿었을 게다.

수평으로 내려앉은 흰 벽에는 예리한 칼로 후벼 판 듯한 핏빛 글씨가 있다. '마르티 프랑세 드 라 디포르타시옹'MARTYRS FRANÇAIS DE LA DÉPORTATION. 추방당한 프랑스 순교자. 이 글만으로도 이미 노트르담 사원을 압도한다. 국방부에서 관리하는 이 기념관은 정해진 시간에만 쇠창살로 된 문을 연다. 제복을 입은 군인이 표정이 전혀 없는 얼굴로 문을 열면, 들어서자마자 좁은 틈 사이에 갑자기 가파른 계단이 나와 마치 낭떠러지로 떨어지는 듯 길을 잇는다. 긴장하지 않을 수 없어 조심스레 계단을 내려가면, 마

핏빛으로 새겨 판 듯한
이 글귀는 최근에 부드러운
황금색으로 변했다.
그럴 만큼 치유된 것일까.

완벽히 격리되어

고요만이 내려앉은 세계. 파눔.

당 건너에 날카로운 철 조각이 여기는 일상이 아니라고 외치듯 서 있고 그 아래에 센^{Seine} 강이 흐른다. 넓지 않은 마당은 5미터의 백색 담장으로 둘러싸여 바깥의 소란은 고요 속에 사라진다.

몸을 돌리면 흰 벽 사이 좁은 틈새가 있는데 순교자들이 죽어 거주하는 공간으로 들어가는 문이다. 그 안에는 그들의 아픈 이름이 적힌 벽면이 끝 모르게 뻗어 있고, 작은 방에는 절규가 벽을 후벼 파고 굳어버렸다. 이곳에 들어온 누구 하나 어떤 소리도 내지 않는다. 마음이 편할 리 없다. 이내 밖으로 나오면 백색 공간에 홀로 서게 되는데, 세상의 모든 사물이 멈춘 듯 고요하다. 기댈 곳 하나 없는 텅 빈 마당에 홀로 서서 어쩔 수 없이 받은 침묵의 세계. 침묵을 모르는 도시는 몰락을 통해 침묵을 찾는다고 했던가…. 세상과 격리된 이곳, 바로 파눔이다. 바깥은 이 파눔의 밖, 프로파눔이니 그게 속된 세상, 프로페인이며, 그래서 예수는 '내 나라는 이 세상에 속한 것이 아니라'라고 했다.

빌라도의 물음

이 추방당한 순교자 기념관이 우리 기행을 마무리하기에는 최적의 장소라고 여겼다. 그러나 우리는 이곳을 가지 못했다. 바르비종에서 점심을 마치고 바로 추방당한 순교자 기념관을 보려고 파리 시내로 버스를 향하게 했다. 한 시간이면 갈 수 있는 거리였다. 그런데 버스 기사가 몇 군데와 통화를 마치더니 금요일 오후의 파리 시내 교통이 데모와 축제 등으로 최악의 상태여서 시내 한복판에 있는 기념관을 군이 가자면 적어도 세 시간은 소요된다고 했다. 그러면 비행기 시간을 맞추지 못한다는 것이다. 사실은 나도 구글맵 등을 살피고 나서 은근히 걱정하던 차여서 수긍할 수밖에 없었다. 사정을 모두에게 설명하고 양해를 구했다. 버스는 공항으로 바로 향했다. 섭섭해하는 이들에게 이로써 다시 와야 하는 이유가 생긴 것이라 말하고 위로를 건넸다. 그리고 마지막 말을 했다.

"수도원을 가보면 이런 문구가 곧잘 문 위에 적혀 있습니다. '이곳에 오는 모든 이에게 평화를.' 평화. 그렇습니다. 예수를 가리켜 평강의 왕이라고 합니다. 세상의 평화를 이루고자 왔다는 겁니다. 사도 바울이 쓴 신약 성경 서신문을 보면 모두 '은혜와 평강이 너희에게 있을지어다'라고 시작과 끝을 맺습니다. 성 프란체스코는 늘 자신을 평화의 도구로 써달라고 기도했습니다. 우리가 이번 기행에서 방문한 수도원은 대부분 험준한 지형의 세상 끝에 위치했습니다. 세상은 불화가 가득해서 그 속에서는 평화를 구할 수 없어 모든 것이 정지된 곳으로 가 신을 만나 평화를 이루겠다는 겁니다. 그러니 평화는 수도사들의 가장 큰 목표였습니다.

그런데 평화는 무엇일까요. 한자로 '평화'平和는 서양의 평화와 뜻이 좀 다릅니다. '평'平이란 글자는 물 위에 수초가 고만고만하게 떠 있는 모양이라고 합니다. 수평을 이룬다는 뜻이지요. '화'和는 벼禾와 입口를 합한 글자인데, 벼를 사람들에게 골고루 나눈다는 뜻이어서 참 아름답습니다. 그러니 한자로 평화

아시시의
산타 마리아 성당 광장
바닥에 새겨진 글,
'평화와 행복'.

는 모두가 대등한 관계를 이루는 공평한 상태를 가리킵니다.

그러나 서양의 평화는 다릅니다. '피스'peace 혹은 라틴어로 '파체'pāce, '팍스'pāx의 동사형은 '퍼시파이'Pacify입니다. 그래서 '퍼시픽 오션'Pacific Ocean을 큰 평화의 바다라는 태평양太平洋으로 번역해 쓰지요. 그러나 '퍼시파이'의 원래 뜻은 '평정하다'입니다. 그 말은 남을 정복해서, 상대방을 무릎 꿇게 한 상태에서 얻어지는 게 평화라는 뜻입니다."

그렇다. '팍스 로마나'라는 말, 바로 로마의 강제력으로 이루어진 평화를 뜻한다. 현대의 '팍스 아메리카나'Pax Americana는 미국의 힘에 의한 일방적 평화이니, 이는 대등한 관계가 아니다. 대등하여 이루어진 평화 상태는 늘 긴장할 수밖에 없으며, 언제든지 깨어질 수 있는 위험을 전제로 한다. 그러니 평화는 상대방의 힘에 복종함으로써 얻어지는 결과라는 게 서양인들이 내린 결론인 게다. 그렇다면 수도사의 평화는? 신과 인간은 애초부터 평등한 상태가 아니다.

"그래서 수도사들이 얻는 평화, 파체는 절대자인 신에게 완전히 굴복하여 그를 내 삶의 주인이라고 인정한 후 그의 뜻에 순종함으로써 얻어지는 겝니다. '진리가 너희를 자유케 하리라'라는 성경 구절이 그 말을 뜻하며, 진리를 찾아 이 속에서만 거주하면 평화를 얻게 된다는 것이지요. 물질을 버려서 얻는 자유인 청빈이나 육체의 훈련으로 얻는 동정보다 번뇌와 욕망으로부터 벗어나 정신적 자유를 얻어야 행해지는 순종이 더 어려운 까닭입니다. 그러나 순종은 평화에 이르는 가장 유효한 방법입니다. 그래서 수도사들은 순종의 대가로 '도나 노비스 파쳄'Dona Nobis Pacem을 부릅니다.

그런데 극도의 절제와 인내로 스스로를 학대하며 순종을 통해 평화를 찾는 과정에서 일어날 수밖에 없는 번민과 회의를 그들은 어떻게 극복했을까요? 제가 추측하는 바로는 동료애입니다. 다른 말로 하면 연대의 힘입니다. 홀로 폐쇄된 공간에 있을 때, 혹시 두려움이 쌓여도 바로 옆방에서 동료 수도사가 같이 기도하고 있다는 사실이 그에게 큰 힘이 되고 위로가 되었을 것이라고 생각합니다. 그게 노자老子(?~?)가 말한 화광동진和光同塵입니다. 빛도 같이 나누고 고난도 같이한다는 뜻입니다. 그러니 우리가 수도원의 삶에서 배우는 것은 진리에 대한 사모와 그를 지키려는 열망, 그리고 이를 남과 같이 나누려는 선의라고 할 수 있습니다.

마지막 질문이 남습니다. 진리가 무엇일까요? 그 답을 찾든 찾지 못하든 이 질문을 품는 것 자체만으로도 가치가 있다고 믿습니다. 늘 자신을 다스릴 수 있기 때문입니다. 나는 모든 사람에게 다른 진리가 있을 수 있고, 그 모두가 모두에게 존중받아야 한다고 여깁니다. 그러니 각자가 자신의 진리를 찾아야 합니다."

각자의 진리. 나로서는 건축을 수단으로 진리를 찾으려 하는 자인지도 모른다. 건축은 다른 이들의 삶을 확실히 좌지우지하는 직능이며, 세상에 하나밖에 없는 한 사람의 삶을 바꾸는 이 행위는 성직 아닐까. 그래서 나는 내 일이 실패할까 늘 초조하고 두려우며 항상 주저하니, 진리를 아직 찾지 못한 까닭이거나 찾았으나 아직 완전히 굴복하지 않아서일 것이다. 이야기를 마무리했다.

"저는 이 기행을 오랫동안 생각해왔고, 이번에 그 모든 생각을 나누려 노력했습니다. 그러나 제게 주어진 인솔의 권리를 거의 일방적으로 행사한 것이어서 민망합니다. 저의 모자라는 말과 행동으로 상처받으신 분이 계시면 이 자리에서 용서를 구합니다. 그러나 그렇게 순종하신 까닭으로, 우리의 기행이 무사히 끝납니다. 그것도 평화의 풍경이라면 또 일방적인가요? 이번 기행에서 여러분이 보여주신 헌신을 존경하고, 여러분께 깊이 감사드립니다."

이제 이 기행을 끝내는 시간이다. 모두 얼굴에서 광채가 났다. 여행을 마친 사람은 항상 그렇다. 일상의 삶을 살며 알게 모르게 축적된 환상은 거짓이기 쉬워 힘이 없다. 힘은 진실에서 비롯한다. 그 진실은 늘 현장에 있으니, 여행은 이를 마주하는 가장 유효한 기회며 이를 통해 우리는 다시 현실에 복귀할 에너지를 얻는 것이다. 더구나 진리를 찾고자 스스로를 추방하며 경계 밖 극한의 현장에서 삶을 산 이들을 탐색한 여행이야 두말할 나위가 없을 게다. 우리는 같은 지대에서 같은 곳을 보았고 수많은 언어를 나눴다. 그래서 그 가치를 공유하고 만 우리는 깊고 진한 동료애로 서로 포옹하고 감사하며 격려했다.

샤를 드골 공항에서 대부분을 떠나보내고 나는 파리에 남았다. 다른 약속이 있긴 했으나 하루라도 홀로 이방인이 되고 싶었고 기행 인솔이라는 무거운 책임을 떨치고 푹 자고 싶었다. 파리의 금요일 밤은 역시나 많은 이로 붐볐다. 오랜만에 한국 식당에 가서 파리에 남은 이들과 함께 공지영 씨가 산 저녁을 맛있게 먹고 헤어진 후, 홀로 차를 타고 가다 호텔에서 가까운 퐁피두 센터 Le Centre Pompidou에 내렸다. 인체로 치면 건물의 내장 격인 덕트duct나 에스컬레이터를 밖으로 내보내 외관을 형성하고, 내부를 완전히 비운 이 건축은 건축 공간의 역사에 획을 그었다. 그렇지만 그건 그럴 수 있었다. 내가 놀랍게 여긴 점은 광장을 경사지게 만든 것인데, 건축가 스스로 시에나의 감火 광장을 참고했다고 설명했다. 고전은 과거가 아니라 현재다.

경사진 광장을 가로질렀다. 시에나의 광장에서처럼 경사면에 많은 이가 앉거나 누워 있어 풍경이 같았다. 노트르담 성당까지 걷는 동안 인산인해를 이룬 재즈 축제의 광장도 지났다. 멀리 돌았는데도 열기가 전해졌다. 이 역시 헤테로토피아의 현장일 게다. 아직도 많은 이가 모여 있는 노트르담 성당은 조명으로 더욱 화려했고, 여전히 주변을 지배했다. 성당을 비켜 돌아 추방당한 순교자 기념관으로 향하는데, 조금 전 광장의 소음이 사라지며 어둠과 고요가 들어섰다. 생각한 것보다 훨씬 갑작스러웠고 재빨랐다. 닫힌 기념관의 벽체는 적막에 짓눌린 듯 더욱 낮아 보였다. 거친 질감의 벽에 붉은 핏빛으로 새겼던 글자는 황금색으로 변해 그 존재마저 희미했다. 추방당한 프랑스 순교자. 그 앞 가로등 밑의 풀밭에 앉아 세월 속에 희미해진 글자의 윤곽을 한참동안 쳐다보며 되뇌었다. 그래, 그토록 붉었던 절규마저 잔잔해진 지금, 이제 평화하시리라. 도나 노비스 파쳄, 도나 노비스 파쳄….

여름밤의 바람이 부드럽게 밀려왔다. 그리고 지난 열흘이 바람결에 하나씩 다가오더니 허물어진 몸 위로 천천히 지나갔다. 평화인가? 문득 질문 하나가 다시 가슴을 세차게 후비고 들어왔다. 빌라도의 오래된 물음이었다.

진리가 무엇이냐….

… 진리가 무엇이냐.

순 례 를 끝 내 며

.

현장에 진실이 있다고 주장하는 나는 이 명분으로 세계 곳곳을 숱하게 돌아다녔다. 지인들과 모의·작정하고 여행을 떠나는 일도 있지만, 설계 일이나 회의·강의로 해외를 가는 경우가 훨씬 많은데 그런 때라도 혹시 틈이 생기면 그곳에서 가까운 수도원과 묘역을 찾는 습관이 생긴 지가 꽤 오래다. 이두 시설에 소위 꽂혔다고 말할 수 있다.

사실 이 둘은 비슷한 성질이 있다. 이들이 위치한 지역의 풍경이 늘 아름다워 먼 길을 찾아간 자의 수고를 충분히 위로한다는 점도 있으나, 그보다는 둘 다 세상을 등진 이들을 위한 시설이라 그들이 지닌 스산함이 마냥 나를 이끈다. 그들의 삶을 빌려 내 육신의 비루함을 잠깐이라도 잊고 삶의 근본을 다시 확인하게 하니 길 떠난 자에게 이만한 보상이 없다. 또 하나 있다. 무덤은 대개 그 지방 고유의 집을 축약한 형태며 수도원은 가장 기초적 형식의 건축이라서, 건축하는 내게 늘 본질을 각성하게 한다.

그러다가 수도원이나 묘지만을 골라 가는 여행 일정을 거듭하자 더러는 내게 이런 여행을 안내해달라고 청하는 모임도 나타났다. 이 이력이 거듭되면서 수도원과 묘지에 관한 지식이 꽤 늘었는데, 근래에 비슷한 여정으로 같은 이야기를 반복하는 나의 퇴행을 보며 이 일을 그만둘 때가 되었다고 여겼다. 그래서 동숭학당 5년 차 여행이 수도원으로 확정되자 이를 기록으로 남겨 내 수도원 여행의 마지막으로 삼고자 한 게 이 책인 셈이다. 묘역에 관한 책? 혹시 언젠가 쓰게 될지도 모른다는 불안감이 없는 것도 아니다.

여행이야 한자의 본래 뜻으로 보아 여럿이 무리 지어 다니는 형태이며 기행은 이를 글로 적는 일이지만(사실은 글이 아니라 기억으로 남겨도 기행이라고 여긴다), 이 여정은 굳이 순례라고 했다. 방문하는 장소나 건축이 우리 일상에서 쉽게 만나는 곳이 아니라 예를 갖춰 두루 찾아다녀야 하는 시설이며 우리를 사유하게 하는 공간인 까닭이다. 또한 건축가가 수도원을 찾아 단편적인 글을 남긴 경우는 있으나, 이렇게 장황하게 쓴 것은 내가 아는 한 이 책이 처음이어서 '건축가 승효상의 수도원 순례'라고 부제를 달았다.

이 책의 글은 네 개의 레이어^{layer}를 가지고 있다. 수도원과 건축, 여행, 그리고 나 자신에 대한 이야기가 서로 얽히고설키면서 전체 글을 형성한다. 첫 번째 레이어인 수도원에 관해서는 항간에도 연대기적으로 그 탄생과 흥망성쇠를 다루며 설명한 책이 꽤 여럿 있다. 다른 책처럼 이 책에서도 방문하는 수도원을 설명하지만, 내 관점은 그곳에서 평생을 살기로 결심한 수도사들, 세상의 경계 밖으로 스스로 추방당한 자들에게 있다. 그들의 내밀한 심사—불안과 고독, 체념과 복종—에 이르러 그들의 절박을 기술하고자 한 게 이 글의 바탕이다.

이와 더불어 이들 공동체와 뗄 수 없는 종교에 관해 언급하지 않을 수 없었다. 종교의 영어인 '릴리전'^{Religion}의 어원을 로마 시대의 키케로

Marcus Tullius Cicero(기원전 106~기원전 43)는 신성에 대한 존경과 복종의 뜻이라고 했지만, 키케로보다 300년 후의 사람인 락탄티우스Caecilius Firmianus Lactantius(240?~320?)는 '리-리가레'Re-Ligare에서 비롯되었다고 주장하며 종교는 다시 묶는 일이라고 했다. 개인적으로는 후자가 더 맞는 뜻이라고 여기는데, 성 아우구스티누스도 여기에 동의했다고 한다. 원래 하나인 신과 인간이 죄로 말미암아 분리되었는데 스스로를 신과 다시 묶는 행위가 종교라는 것이다. 그래서 곳곳에서 그 종교적 삶의 형태에 대해 많은 기술을 했다. 단지 내가 생각하는 종교, 특히 기독교에 관한 서술이 정통 신학자들이 정리한 것과 더러는 다를 수 있어서 여간 켕기는 게 아니지만 그게 바로 내가 가진 한계일 게다.

두 번째 레이어는 역시 건축이다. 근대에 들어서면서 건축가의 직업적 위치가 공고해져 건축물은 전문가가 따로 위탁받아 설계하고 짓게 되었지만, 그런 직종 분류가 없던 옛날에는 거주하고자 하는 이들이 건축 일에 재능을 가진 이들의 도움을 받아 집을 지었다. 그 재능이라는 것은 당대에 통용되는 양식과 기술에 대한 이해고 숙련된 노동이겠지만, 수도원 건축은 거기에 더해 신앙의 표현일 수밖에 없다. 그러니 수도사들은 자신에게 허용된 조건 속에서 최선을 다해 수도원을 지었고, 이는 대개 그 시대를 대표하는 최고의 건축이 되게 마련이었다.

무엇보다도 건축은 세상 이치에 명징한 분별력이 있는 자가 잘할 수 있는 일이다. 그래서 건축은 논리가 없으면 구축될 수 없으며, 그러한 건축을 이해하는 일은 그 시대를 꿰뚫는 정신을 이해하는 것과 같다. 그러니 수도원 건축을 이해하면 수도사가 지닌 영성을 파악하는 것과 다를 바 없지 않을까? 문제는 나 자신에게 있는데, 건축을 주업으로 삼은 지 45년이 된 만큼 내가 건축을 보는 눈이 객관적일 수 없다. 그러하니 이 책에서 건축을 설명한 내용도 어쩌면 온갖 편견과 선입관념으로 채워져 있을 게다. 이 책의 건축에 관한 부분은 이를 감안하고 읽으며 이해하시길 바란다.

세 번째는 여행에 대한 것이며 특히 동숭학당 2018년 여름 여행이 주축을 이룬다. 먼저 말해야 하는 것은 이 여행에 동행한 모든 인물의 선의인데, 감사하지 않을 수 없을 정도로 대단했다. 내가 까탈스럽고 매몰차게 여행을 진행했음이 틀림없는데 모두가 보인 관대함과 배려심, 존중과 연대는 가히 감동적이었다. 동행자의 면면을 표현하면 내 위주의 여행에서 좀 벗어나 제삼자적 시각을 제공할 수 있을 것 같아서 이에 대해 간략히 쓰기도 했다. 그 덕분에 글에 생기가 더해졌다고 믿는다. 혹시 잘못된 기술이 있어 당사자의 기분이 상할 수도 있는데, 여행 중에 보여준 관대함에 또 기댈 수밖에 없다.

동행한 모든 이가 글 가운데 등장하지는 않았다. 건축가 김영옥과 이호남 그리고 서울시설공단 처장인 안찬, 이 세 사람은 여행 때 말 한마디 들을 수 없을 정도로 줄곧 조용히 제자리만 지키며 내게 특별히 쓸거리를 주지 않았던 게다. 그렇다고 이 세 사람을 파악하지 않고 있었던 것은 아니다. 김영옥은 그녀 일상의 모습처럼 수도원 건축 공간을 내면으로 흡수하고 있는 것을 내내 보았으며, 이호남 역시 바람처럼 이곳저곳을 내달리며 주어진 시간을 아까워하고 감명하고 있음을 알았다. 안찬은 독실한 가톨릭 신자여서 모든 일정과 방문지가 그에게 깊은 신앙을 더하였다.

나는 이번에 동행한 모두에게서 감명받았다. 여태껏 이런저런 종류의 여행단에 포함되어 길 떠난 횟수가 상당하지만, 이들만큼 월등한 동행이 없었다는 것을 굳이 밝혀야겠다.

마지막 레이어는 결국 나 자신이다. 어쩔 수 없는 일이었다. 이 글의 내용은 수도원과 건축과 여행에 관한 것이라기보다, 어쩌면 나에 관한 게 분명하다. 그래서 그런지 책의 꽤 많은 부분에서 전에 쓴 글을 전재했다. 이제껏 영성이나 종교 혹은 나 자신의 속내를 드러낸 글들이 이 책의 행간을 연결하는 데 만부득이 필요했다. 이 또한 이해해주시기 바란다.

이 여행이 스스로를 묻는 수도원 순례인 만큼 자기 고백을 담지 않을 수 없어, 부끄러움을 무릅쓰고 어릴 적 모습도 나타냈고 내 속에 감추고 있는 불안과 방황도 뱉고 말았다. 다만 자신에 대해 글을 쓰다 보면 대개 감성적으로 흐르기 마련이며 스스로를 정당화하고자 하는 유혹에서 자유로울 수 없는 것을 안다. 그러지 않고자, 썼다가 지우고 다시 쓰며 묵상하기를 거듭하는 일로 글 쓰는 시간 대부분을 보낸 것도 사실이다. 그러니 이 글을 다 쓰기까지 나는 수도원 순례를 끝낸 게 아니었다. 결국 이 책의 제목은 '묵상'일 수밖에 없었다.

나는 실무 현장에 있는 건축가지만 책을 여럿 낸 저자가 되었다. 생각해

보면 1996년에 처음으로 쓴 『빈자의 미학』이 원인이었다. 강의 노트로 쓴 내용을 작은 책자로 만든 게 그만 외부로 판매되면서 사달이 생긴 것이다. "세상 모든 것 중에서도 가장 뛰어나고도 위험한 언어가 인간에게 주어졌다"라는 횔덜린 Johann Christian Friedrich Hölderlin(1770~1843)의 경구를 늘 외우면서도 내가 쓴 글을 변명하느라 거듭 쓰게 되었고 결국 사태를 걷잡지 못했다. 급기야 중앙 일간지에 칼럼니스트로 기고도 하고 이를 또 모아서 책을 출간하는 일이 잦아지며 나는 내가 쓴 글의 내용에서 빼도 박도 못하게 된 것이다. 한국의 건축가 중에서도 생각이 뛰어나고 언어 구사가 탁월한 이들이 많은데, 그들이 책을 내지 않는 이유는 분별력 때문이다. 그러니 나는 참 분별없는 자인 게 분명하며 돌아가기에는 이미 틀렸다.

더욱이 이전까지의 책은 출판사로부터 이미 써놓은 글을 모아 출간하기를 적극적으로 권유받은 결과지만, 이 책은 거의 내가 스스로 원했으며 또 책의 출간을 목표로 작정하고 썼기에 여태의 책들과는 사뭇 다르다. 그래서 이 출간의 결과가 어떻게 나타날지 더욱 두렵다. 아, 내게 필요한 건 이제 침묵일 게다.

이 수도원 순례를 위해 참고한 도서가 많고, 이 글을 쓰느라 다시 들춰본 책도 적지 않다. 다음의 책들이다.

『건축을 향하여』(르 코르뷔지에 지음, 이관석 옮김, 동녘, 2002), 『건축, 사유의 기호』(승효상 지음, 돌베개, 2004), 『권력과 지성인』(에드워드 사이드 지음,

전신욱·서봉섭 옮김, 창, 2011), 『그리스도와 지성』(마크 A. 놀 지음, 박규태 옮김, IVP, 2015), 『도시 건축 미학』(카밀로 지테 지음, 손세욱·구시온 옮김, 태림문화사, 2000), 『도시의 영성』(필립 셸드레이크 지음, 김경은 옮김, IVP, 2018), 『르 코르뷔지에』(도미나가 유주루 지음, 김인산 옮김, 르네상스, 2005), 『르 코르뷔지에의 동방여행』(르 코르뷔지에 지음, 최정수 옮김, 안그라픽스, 2010), 『베네딕트의 규칙서』(베네딕트 지음, 권혁일·김재현 옮김, KIATS, 2011), 『보이지 않는 건축 움직이는 도시』(승효상 지음, 돌베개, 2016), 『성 프란체스코』(마그 갈리 지음, 이은재 옮김, 예경, 2006), 『수도원의 탄생』(크리스투퍼 브룩 지음, 이한우 옮김, 청년사, 2005), 『수도원의 역사』(최형걸 지음, 살림, 2004), 『르 코르뷔지에: 언덕 위의 수도원』(니콜라스 판 지음, 허유영 옮김, 컬처북스, 2013), 『오래된 것들은 다 아름답다』(승효상 지음, 컬처그라퍼, 2012), 『유토피아』(토머스 모어 지음, 주경철 옮김, 을유문화사, 2007), 『인간과 말』(막스 피카르트 지음, 배수아 옮김, 봄날의책, 2013), 『종교개혁: 루터와 칼뱅, 프로테스탄트의 탄생』(올리비에 크리스텡 지음, 채계병 옮김, 시공사, 1998), 『죽은 신의 인문학』(이상철 지음, 돌베개, 2018), 『침묵의 세계』(막스 피카르트 지음, 최승자 옮김, 까치, 1993), 『헤테로토피아』(미셸 푸코 지음, 이상길 옮김, 문학과지성사, 2014), 『Architecture of Silence』(David Heald 사진, Terryl N. Kinder 지음, Harry N. Abrams, 2000), 『Architecture of Truth』(Lucien Herve 지음, Phaidon, 2001), 『Cistercian Europe: Architecture of Contemplation』(Terryl N. Kinder 지음, William B. Eerdmans, 2002), 『Dialogue in the Void: Beckett & Giacometti』(Matti Megged 지음, Lumen Books, 1992), 『Hadrian's Villa』(Benedetta Adembri

지음, Mondadori Electa, 2003), 『Ideal Cities: Utopianism and the (Un)Built Environment』(Ruth Eaton 지음, Thames&Hudson, 2002), 『Invisible Cities』 (Italo Calvino 지음, Vintage, 1997), 『Le Corbusier, Architect of a New Age』 (Jean Jenger 지음, Thames and Hudson Ltd., 1996), 『Le Corbusier Architect of the Twentieth Century』(Kenneth Frampton 지음, Harry N. Abrams, 2002), 『Le Thoronet: Une abbaye cistercienne』(Yves Esquieu·Vanessa Eggert·Jacques Mansuy 지음, Actes Sud, 2006), 『Metromarxism』(Andy Merrifield 지음, Routledge, 2002), 『Monasteries and Monastic Orders: 2000 years of Christian Art and Culture』(Kristina Krüger 지음, H. F. Ullmann Publishing, 2008), 『Monasteries of Western Europe: The Architecture of the Orders』(Wolfgang Braunfels 지음, Thames&Hudson 1972), 『Palladio and Palladianism』(Robert Tavernor 지음, Thames&Hudson, 1991), 『The City Assembled: The Elements of Urban Form Through History』(Spiro Kostof 지음, Bulfinch Pr, 1992), 『The Final Testament of Père Corbu』(Le Corbusier 지음, Yale University Press, 1997), 『The Necessity for Ruins』(J. B. Jackson 지음, University of Massachusetts Press, 1980), 『Vatican Chapels』(Francesco Dal Co 편집, Electa architecture, 2018), 『Ways of Seeing』(John Berger 지음, Penguin Books, 1972)

돌베개가 이 책의 출간을 또 맡아줘서 감사하다. 사실은 돌베개 김서연 편집자가 아니었으면 이 책의 출간을 결심하지 못했다. 기행을 떠나기 전 이미 이 책에 관해 이야기를 나눴고, 내게 던진 찬사가 분에 넘치는 언어라는 걸 알면서도 허술한 나는 사기가 돋아나고 만 것이다. 그러나 이 책의 편집에서 보인 그녀의 성실함과 진정성을 언제고 잊지 못할 게다. 책의 디자인을 기꺼이 맡아준 디자인비따에도 감사하지 않을 수 없다. 디자인비따 김지선 실장은 이 기행의 동행이었으니, 그녀는 내가 쓴 모든 것을 이해하고 책을 꾸몄을 게 틀림없다. 또한 귀한 여행 사진을 쓰도록 허락해준 최수연, 강미선, 김호중, 이충기 네 분에게도 감사한다.

내가 어디에 가건 무사 귀환을 기도하며 기다리는 내 가족의 사랑이 아니면 내가 할 수 있는 일이 히니도 없음을 안다. 이 글을 쓰는 도중, 손녀 비윤이와 손자 하윤이가 훗날 이 책을 읽고 미소 지을 일을 생각하며 글 쓰는 곤고함을 위로받기도 했다.

이 책이 수도원 순례 안내서가 될 수 있으면 좋겠다. 그러나 군이 그렇게 먼 길 떠나지 않더라도 제자리에서라도 호흡을 가다듬고 잠시 비켜설 수 있게 하는 작은 동기가 된다면, 나는 너무도 만족할 것이다.

결국, 세상의 경계 밖으로 스스로 추방당한 이들에게, 그 믿음과 결단에 경외와 사랑을 표하며 이 책을 바친다.

2019년 4월
태평양 상공, 서울로 향하는 KE18에서

수도자는 삶과 죽음을 꿰뚫는 인생의 본질, 곁가지를 다 쳐내고 난 그 핵심 하나를 안고 정진하는 사람이다. 그 하나에 대한 믿음이, 또는 그에 대한 갈망이 수도자의 삶을 지배한다. 수도원은 그렇게 자신을 비운 이들의 삶이 동화된 공간이다. 이런 삶이 투영된 수도원의 건축이라면, 그 자체가 문밖의 사람들에게도 수도자의 내적 영성을 드러내 보여주는 힘을 지닐 것이다.

이 책에서 건축가 승효상은 잘 준비된 정보와 함께 유럽의 이름난 수도원들을 돌아보며 얻은 생생하고 현장감 있는 여행기를 들려주며, 탁월한 건축가의 안목과 구도자의 마음으로 빛과 주위의 자연과 호흡하는 공간을 읽어낸다. "진리란 무엇인가?" 승효상이 줄곧 던지는 이 질문이 아마 그런 안목으로 승화했을지 모른다. 그래서 이 책이 건축의 아름다움이나 의미에 관한 설명을 넘어 수도자의 내면과 영성에 접속할 기회를 제공하고 그 속에 깃든 깊은 평화를 체험하도록 도움을 주는 것 아니겠는가.

– 이제민 신부

승효상은 지난 40년간 같은 길을 걸어온 나의 도반道伴이다. 예술적 지향점도 같고, 인문적 실천도 뜻을 같이해왔다. 그리고 무수한 여행의 도반이었다. 우리 땅과 중국, 일본의 유적지를 함께 갈 때면 언제나 내가 길을 안내했지만, 유럽에서는 반대로 그의 뒤를 따라 서구의 건축과 인문을 체험했다. 아주 오래전, 그가 직접 운전하며 이탈리아 토스카나 지방을 일주일간 여행할 때 피엔차의 성당과 시에나 광장에서 들려준 유럽 도시 이야기는 정말 혼자 듣기 아까운 지식의 향연이었다.

그때도 승효상이 진정 마음에 두고 있는 것은 수도원이었다. 피렌체의 산 마르코 수도원에 갔을 때 그는 전혀 다른 사람이 되어 외따로 떨어져 침묵으로 일관하며 수도원 안팎의 공간을 뚫어져라 응시했다. 내가 프라 안젤리코의 성화 앞에 머물러 있는 동안, 그는 두 눈에 한껏 힘을 주고 수도원 공간의 구석구석을 살피고는 마침내 예배당 긴 나무 의자에 앉아 묵상에 잠기던 모습이 잊히지 않는다.

승효상이 동숭학당 정례 답사로 수도원 기행을 떠난다고 했을 때 정말 같이 가고 싶었다. 그와 함께 유럽의 수도원을 답사하면, 중국의 석굴 사원이나 일본의 석정石庭이나 우리나라 산사山寺와는 전혀 다른 문화적·종교적 체험을 할 수 있을 것 같았다. 아마도 수도원 건축의 낱낱 공간이 지닌 의미와 함께 인간의 종교하는 마음이 얼마나 숭고한 것인가를 배웠을 것이다.

아쉽게도 같이 가지 못했지만, 그가 '묵상'이라는 이름으로 펴낸 수도원 기행을 남보다 먼저 읽어보니 마치 나처럼 함께하지 못한 사람들을 위해 쓴 듯이 아주 친절하다. 정보는 정확하고 내용은 중후한데 이야기는 살갑고 곁들인 에피소드는 절로 미소를 짓게 한다. 승효상이 글을 잘 쓴다는 것은 그의 칼럼을 통해 익히 알려진 바이지만, 이처럼 하나의 주제로 한 권의 책을 펴낸 것은 이번이 처음이라고 알고 있다. 이 책을 통해 그는 이제 한 사람의 저술가로서 나와 또 다른 도반의 길로 들어섰다는 기분이 든다.

— 유홍준 미술사가, 『나의 문화유산답사기』 저자

승효상은 위대한 건축가이기 이전에 탁월한 여행 가이드다. 그를 아는 사람이라면 적어도 이 말을 부인하기 어려울 것이다. 내가 아는 것만 해도 그렇다. 죽은 자들을 위한 공간인 묘지를 기행하고, 아무것도 남아 있지 않은 폐허를 순례하며, 세상의 경계 밖으로 스스로 추방된 자들의 도시를 쫓는 여정은 그가 아니면 불가능했을 것이다. 우리가 여행에 대해 상상할 수 있는 바 그 너머로 우리를 인도하는 것, 그것이 그의 여행법이라고 할 수 있다. 그래서일까. 2018년 여름, 로마에서 파리까지의 수도원 기행을 담고 있는 『묵상』은 나에게 도시와 도시로 이어지는 공간의 탐험이기 이전에 여행 설계자 승효상의 내면에서 내면으로 이어지는 영혼의 고투로 읽히기도 한다. 무엇보다도 그가 여행의 와중에 "건축과 도시는 사라지는 숙명을 피할 길이 없으며, 남는 것은 오로지 우리가 거기에 있었다는 기억뿐"이라고 이야기할 때, 그리고 "이 사실만이 진실"이라고 다시 한번 힘주어 반복할 때, 이런 심정은 더욱 증폭된다. 자신의 직업에 깃든 숙명, 그 불가항력에 대한 순종과 회의 사이에서 고뇌하는 그의 맨얼굴을 대면할 때 누가 전율하지 않을 수 있을까. 그것은 어쩌면 우리가 비로소 자기 욕망의 소멸을 응시하는 건축가를 가지게 되었다는 예감의 전조인지도 모르겠다. 이 두 겹의 눈을 가진 건축가의 내면으로 당신을 초대하고 싶다. 『묵상』이 그것이다.

– 신수정 문학평론가, 명지대 문예창작학과 교수

사진을 제공해준 분

© 강미선

194쪽, 452쪽(좌)

© 김종오

467쪽

© 김호중

24쪽, 36쪽, 274쪽, 284쪽, 366쪽, 378쪽, 442~443쪽

© 이충기

44쪽, 69쪽, 89쪽, 112쪽, 386쪽, 446쪽, 459쪽(상)

© 최수연

88쪽, 91쪽, 111쪽, 180~181쪽, 212~213쪽, 250쪽, 283쪽, 363쪽, 370쪽, 376~377쪽, 459쪽(하)